古墳時代を考える

森浩一著作集編集委員会 編

森浩一 ①

新泉社

外山（桜井）茶臼山古墳（二〇〇九・九・一六）

刊行にあたって

小学生の頃、近くの川で見つけた須恵器片に関心を持って以来、八五歳で鬼籍に入るまでの七〇年あまり、森浩一のあふれんばかりの知的好奇心には、一切ぶれがなかった。それは著書や発言、またその生き方が語っている。

「環日本海文化」、「関東学」、「東海学」など日本の各地域に視点を置いた研究方法を提唱し、ともすれば中央指向の歴史観に偏りがちなこの国の歴史を、重層的にとらえようという姿勢を崩すことはなかった。

「考古学は地域に勇気をあたえる」という名言には、そこで暮らした人びとの生活の痕跡（遺跡、遺構、遺物）を資料として復元し、わずかな文献史料では知ることのできない、地域の生き生きとした真実の歴史を、考古学はよみがえらせることができるという思いがこもっている。晩年、病を患って以降も、不自由な体をおして積極的に旅をし、自身で現地に立って考えるという姿勢を貫きとおした。

研究者のみならず考古学、古代史に関心を持つ多くの人びとを魅了しつづけたその学問への姿勢と情熱、そしてその膨大な知識と自身の経験に基づく学説を、このたび著作集五巻にまとめて出版することとなった。

三五〇冊を超える著作のうち、一般書、対談などは広く刊行されているが、考古学、古代史研究のうえで欠かせない多くの先駆的な研究論文や研究ノートは、現在では入手が困難で読むことができない。この著作集はそれらの論考を厳選し、それぞれに解題を付して「森古代史」の研究の軌跡をたどることができるようにした。

第一巻『古墳時代を考える』には、古墳時代、古墳文化を俯瞰的にとらえた著作をまとめた。

第二巻『和泉黄金塚古墳と銅鏡』では、若き日の調査のなかでも、特に学史上多くの成果をあげた和泉黄金塚古墳と銅鏡についての論文などを集めた。

第三巻『渡来文化と生産』は、森の研究テーマの一つであった古代産業（窯業、製塩、漁業など）に関するものを選んだ。

第四巻『倭人伝と考古学』では、発掘された銅鏡の銘文、文字瓦、木簡など文字資料についての研究をとりあげた。

第五巻は『天皇陵への疑惑』と題して、最も大きな学問上の成果として評価される天皇陵の問題をとりあげた。

多角的な視野をもち、定説にとらわれず、常に前向きに生き、亡くなる直前まで研究をつづけた森浩一の座右の銘は「生涯不熟」。研究者はもちろん、一人でも多くの方々に「森古代学」の奥深さを見、触れていただきたい。

森浩一著作集編集委員会　前園実知雄

森浩一著作集1　古墳時代を考える　もくじ

古墳時代の展開と終末……105

凡例

・漢字の旧字体は新字体に、旧仮名遣いは新仮名遣いに改め、明らかな間違い、誤字、脱字などは修正した。
・地名および遺跡名は当時のままとし、遺跡名にはできるかぎり読みをつけた。
・年の表記は西暦に改め、年号は（　）内に入れた。
・図版は割愛したり、差し替えたものがある。
また、原図の一部には、スケールや文字を付け加えた。
・本書に収録した論考のタイトル、見出しは初出時のままにしたが、一部タイトルを変更したものは、論考末に原題を掲げた。
・現在からみると、不適切な表現と思われるものもあるが、故人の論文であり、歴史性を考慮して原文のままとした。ただし、一部変更した箇所がある。
・文中［　］内は、編者の註である。

森浩一著作集

1

古墳時代を考える

森浩一

古墳文化の成立

古墳と古墳時代という用語をめぐって

一

日本考古学では暫定的な時代区分の用語のひとつとして〝古墳時代〟を使っている。暫定的な考古学用語とはいうものの、新聞などでは社会的共通語となりつつある観もある。古墳時代は、おおよそ西暦四世紀から七世紀までを包括しているが、最近学界で定着してきた終末期古墳の築造期を含めると、畿内地方では八世紀の初頭、あるいは前半まで及んでいるとみてよかろう。ただし終末期古墳は、それに先行する古墳時代後期にくらべて古墳の造営数が激減していて、さらに畿内地方でも造営された場所が限られているので、古墳時代という時間的なまとめからははずした方がよい。このことは、東北地方や北海道、あるいは山口県見島などでの古墳の終末（ある場合は出現から終末）が畿内の終末期古墳の年代よりもかなりおくれていて、ほぼ同一の年代的な線がひけないこととも関連している。

高等学校の日本史の教科書や日本史の概説書などでは、縄文時代とか弥生時代、あるいは飛鳥時代とか奈良時代とかの時代名は使いやすいし、また実際によく使われているが、弥生時代と飛鳥時代の間、あるいは弥生時代と奈良時代の間は、時代名であらわすことを避けている傾向がある。つまり社会用語として古墳時代が盛んに登場する反面、教科書類では使用がことさら忌避されている。

今日では次第に使われなくなってきたが、〝大和時代〟という用語がかつては一般的であった。現用の教科書でもなお使われていることはあるが、その場合は、弥生時代と奈良時代の間を〝大和時代〟にしていて、文化の欄では、〝大和時代〟と平行に、古墳文化、飛鳥文化、白鳳文化をあてている。つまり考古学でいう古墳時代にその終末期をくわえた期間にほぼ一致している。

〝大和時代〟の名称が次第に使われなくなってきたのには、肝心の〝大和朝廷〟がさまざまな角度で検討され、かつて考えられたような実態であるのかどうかに疑念が生じてきたからであろう。とくに大和にあった政治勢力が四世紀段階から日本列島の唯一の統一政権であったということの証明はきわめてむつかしくなっている。たとえば大規模な墳丘の古墳を資料にすると、たしかに四世紀代では日本列島最大の前方後円墳は大和（天理市渋谷向山《しぶたにむかいやま》古墳）にあるとはいえ、五世紀には和泉（堺市大山《だいせん》古墳）や河内（羽曳野市誉田山《こんだやま》古墳）の古墳が大きく、大和の前方後円墳は同世紀に限ると全国で六～七番目の規模のウワナベ古墳（奈良市）が最大であり、多少の年代的検討の余地はあるが、吉備の造山古墳《つくりやま》は全国四位の規模である。したがって古墳の規模の大小でもって、政治勢力復原の目安にするのであれば、大和朝廷（政権）を抽出するのと同様に、吉備朝廷（政権）をはじめ、いくつかの地域での政権の抽出が可能ということになる。

さらに東アジア的な共通の墳形として、方墳や円墳も重要であるが、日本列島最大の円墳は武蔵の丸墓山《まるはかやま》古墳と吉備の小盛山《こもりやま》古墳である。ともに直径一〇〇メートルの円墳であって、大和最大クラスの円墳規模を凌駕している。この丸墓山古墳こそ、一九七八年に金象嵌銘の鉄剣の存在がわかった埼玉稲荷山《いなりやま》古墳と相接し、同一の古墳群を構成しているもので、古墳群の解析をおこなわずに、〝大和の大王と地方の豪族〟といった図式だけで性格をとらえることに不安をおぼえている。

〝大和時代〟の使用が減少しているのは、中心的な政治勢力そのものへの検討も大きく影響しているだろう。騎馬民族征服王朝説、王朝交替説、三輪（初瀬）王朝・河内王朝説、イリ王朝・ワケ王朝などと多岐にわたっていて、また最近では王朝を王権といいかえる研究者もいるが、いずれにしてもこれらの仮説は常識的な大和朝廷観とは違っている。私は、常識的な大和朝廷観はとらないが、それを要約すると次のようになると理解している。

〝大和の弥生社会が大和朝廷の原型を生みだし、それが急速に成長して大和朝廷となり、古墳文化を創造し、政治支配力の波及——統一活動——とともに古墳文化の地方への伝播現象をともない、また一方朝鮮半島南部への軍事出兵の付随現象として大陸文化を摂取し、やがて朝鮮経営の失敗もあって律令政府へと変貌していく〟ということになるかとおもう。要するに政治勢力内部でのトラブルは別にして、この政治勢力はたえず大和という同一の土地に政権の中心をおきながら成長をつづけたわけで、そこに大和朝廷という用語の成立の基礎があった。

先にあげた仮説は、①他民族の移動による政治勢力の交替、②九州からの他集団の移動による政治勢力の交替、③近畿内部での政治勢力の交替の三つの状況の差があり、さらに大和内部での政治勢力の交替を想定する意見もあるが、かつて使われていたような〝大和時代〟の内容とはあいいれないものがある。これらの仮説が、どの程度他の研究者にうけいれられているかは一概に云々できない。というのは、多数意見の研究者たちが視野を一まわり大きくした基本的知識の吸収に欠けていることもないではなく、したがって多数意見、少数意見という区分は参考にならない。私のみるかぎり、これらの仮説はいずれも充分学問的な検討の対象である。だがこのような仮説の提出が、〝大和時代〟という用語の使用頻度を減少させている一原因であると考えられるし、それは考古学をも含めて古代史学の発達のあかしであろう。

二

かつて、〝大和時代〟の名称であらわそうとした時代は、〝地方〟という表現のされることの多い日本列島各地域の歴史的特色が軽視される傾向をもっていた。このことを逆にいえば、政治的にも文化的にも大和中心の見方が根強く、大和の古代史で日本列島の古代史を代表させ、他を切りすてる結果になっていた。このような歴史の見方が生まれ、それが定着していた理由の一つは、『古事記』や『日本書紀』（以下、記紀と略す）を最有力な史料にしていたからであり、当然のこととしてその史料に厳密な文献批判をくわえたとしても、地域的偏りという欠陥はいかんともしがたいのである。もちろん記紀には大和とその周辺以外の地域も時には描かれているが、それは大和への反逆とか服属など特異な状況下の事件が扱われていることが多く、すでに記紀への収録にさいして選択がおこなわれている。

私は記紀を古代史の史料として軽視しているのではない。それは東アジアの古代の歴史書のなかでは、さまざまな対象を網羅し、体裁も形式にとらわれることは少なく、したがって傑出した歴史書ではあるが、大和とその周辺が主として描かれているという性質は認めねばならない。

これにたいして、古墳は日本列島のほとんどの府県に存在している。しかもそれぞれの府県においても、一箇所か二箇所にかたまっているのでなく、極端な場合は島根県での〝村落古墳〟という比喩的な言葉にみられるように空間的普遍性をもっている。島根県での〝村落古墳〟とは、主としてこの地域における後期古墳の一面をとらえているのであって、江戸時代に村落（大字《おおあざ》）があった土地を単位として区切ってみても、ほとんどの土地に古墳が造営されているということである。

このような現象は島根県だけでなく、程度の差を別にすると各地にあらわれているけれども、この場合、空間的に普遍性をもっているということは、常識的な古墳観である〝大王や豪族の墓〟という規定がまったく適応できないことを意味しており、古墳は社会の階層とか身分制の研究という視点にたっても、広汎な史料性をもっているとみてよかろう。

このように史料としての記紀と古墳をくらべると、空間的普遍性において古墳が大きく秀でているけれども、さらに社会構成の点でも村落の成員の史料である場合が少なくない。もちろん古墳を史料とするには、まず考古学的な検討や研究を厳密におこなうという操作をへてからのことである。一基の円墳は、ただそれだけの知識では考古学の資料であっても直ちに史料ではなく、それについて年代的な検討がおこなわれ、その地域内での比較や他地域との比較によって特色などが明らかになってから、歴史復原の史料になる。

古墳はたんに考古学の資料であるだけでなく、歴史学の史料になりうる条件は、大古墳とか小古墳の規模の差にかかわりなく具わっている。しかもこれらの史料は、そのほとんどが四世紀から七世紀の間に造営されたものであって、実際にそれぞれの土地とは切りはなせない関係で存在している。つまり全国のほとんどの市町村に実在している史料であり、また仮に古墳を見出せない市町村でも、古墳造営期の集落遺跡や生産遺跡を見出すことは容易である。

私は、暫定的な用語とはいえ、〝古墳時代〟という時代の画し方については、おそらく根本的な修正は今後も生じないと考えており、この点〝大和時代〟とはまったく違っている。だから〝古墳時代〟や、さらにそれを細かく区分した時期を時間の推移の基本にして、社会史、政治史、外交史、経済史などの領域ごとにまとめ、それを集大成すればよい。その場合、日本列島をまぜこぜにするのではなく、各地域ごとの研究と整理が基礎になり、それを集大成できるときがくれば、〝大和時代〟に代わる歴史的な時代名ができるだろう。

三

暫定的にしろ〝古墳時代〟を時代名に用いようとする場合、古墳そのものについての共通の認識が必要である。古墳が考古学用語であるかぎり、それは考古学的な諸条件で規定すべきであって、「大和朝廷の政治秩序のもとで造営された盛土を有する墓が古墳」であるとか、「卑弥呼の死にさいして国際的な政治秩序のもとで大きな墓（『魏志』倭人伝では冢《ちょう》）を造営し、それより以後が古墳時代」というような歴史的な諸条件によって、古墳とか古墳時代にわくぐみをあたえてはいけない。

この二つの引用文はもちろんある特定の研究者の文章によったのではなく、多くの研究者がしばしば発言したり、あるいは拘泥しているところから仮に短く作文したのであるが、このような考え方は現在なおかなり有力である。ところが最初の考え方をとりあげると、それは古墳の定義ではなく、むしろ研究課題の性質をもっていると私は考えている。つまり「古墳のなかに、大和朝廷の政治秩序のもとで造営されたものがあるのか」という問いかけか、あるいは「すべての古墳は大和朝廷の政治秩序のもとで造営されたのか」という問いかけにすぎず、仮にそのような問いかけをしようとすれば、日本列島に約一五万基存在している古墳を資料として検討をすすめねばならない。まして後者の考え方については、卑弥呼の冢の実態ばかりでなく、卑弥呼が君臨した邪馬台国の位置すら解明できていない現状で、安易に文献にあらわれている冢の記載をもって、〝最初の古墳〟と速断してしまうのは不可能というほかない。

要するに古墳が何であるかの定義づけは、まず考古学的におこない、そののちにさまざまな角度での研究によって、古代史のなかでの発言へと進むべきものであるから、考古学的な検討が不充分な段階での古代史的発言は、見かけのうえで興味をひくものになっていても、仮説の域をでていないのである。もちろん充分な検討をへた過程で生まれた仮説は、学問を進める手続上必要であるが、そこまでいかない仮説が時には定説であるかのように偽装されることがある。

考古学的に古墳という用語を検討すると、〝墳〟の字があらわすように盛土をしてこしらえた墓である。埋葬施設の種類とか副葬品の数量の問題などは副次的な視点であって、それは古墳を規定する条件からは除外しておけばよい。

古墳を「盛土によってこしらえた墓」と規定できるとして、実際には多くの難点がのこる。まず盛土という行為にこだわるならば、地面に墓穴（壙）を掘って、死者、または死者をおさめた棺（多くは木棺）を壙の中へいれ、その上へ壙を掘ることによって生じた土を盛りあげても、言葉のうえでは盛土になっている。その程度の盛土をもった墓は、縄文時代にも存在したであろうが、慣例として古墳には含めない。

古墳を規定する盛土とは、漠然と墓に土を盛る行為によるのではなく、そこが特定の個人、または集団の墓であることを視覚的に表現するため、ある高さとある形を創りだすことにあった。具体的に説明すると、われわれが、古墳を求めて雑木林のなかを踏査する場合、茂りがきつく目で確かめられないときには、前方への進み方が平坦でなく、急に少しでも上方への傾斜をもってきたところへさしかかると、古墳の可能性の徴候として注意し、次にはその傾斜がある形を示すかどうかを、もちろん後世の変形のことをも考慮しながら探索する。つまり現代人がおこなっている分布調査では、古墳が普通の土地から区別され、識別される最初の手がかりは、ある形になった盛土という点にある。

ある形とは、円（墳）、方（墳）、八角（墳）、前方後円（墳）、前方後方（墳）、双方中円（墳）など平面形としては八種類ほどあることはよく知られていて、ここでは説明しないが高さについてはさらに私見を述べておこう。先にもふれたように、中国の壮大な壙（例えば長沙の馬王堆の漢墓）を別にして、日本列島の古墳では、壙の掘りだしで生じた土程度では、たとえ盛土することによってある形を作っても、夏草がおいしげるとその土地を墳丘の有無によって墓であることを識別できない。だから常識的にとらえると、二メートルほどの盛土の高さがあれば夏草がおいしげっていても、かなり容易にその土地を人為的に造営した墓であると識別はできるが、夏草の長さによって古墳の高さの下限を規定してもそれほどの意味はない。

要するに、古墳というのは、そこに葬られた死者と同時代の人たち、あるいは後世の人たちが、視覚によってある特定の土地を墓であると識別できる目的で造営された人為的構築物であり、視覚によって識別するためには、高さと形を当然必要とした。だからその意味では、古墳時代に盛んにつくられた地下式横穴や横穴は、墳丘をともなわないかぎり、古墳時代の墓制、葬制を総合的にとらえ、ひいてはその時代そのものの研究にとって重要資料であるが、厳密な意味での古墳に含めることはできない。

四

弥生時代と古墳時代に、円形周溝墓や方形周溝墓という墓制の存在が明らかになったのは、ここ二〇年のことである。それらのうちのある場合が、視覚的に識別できる人為的な墳丘を本来もっていたとすれば、墳丘の削平された周溝のある円墳や方墳に含めねばならない。現時点で墳丘が無い場合でも、本来そうであったかどうかを厳密に復元して、円墳の名称にするか円形周溝墓の名称にするかなどを決めなければならない。もしその区別ができない場合は、〝現状では円形周溝墓〟などとしておくべきであろう。

このように古墳を規定するうえで墳丘という条件が重視されるわけであるが、視覚による識別を前提にした場合、その墳丘が自然地形を利用しているのか、それとも人為的に盛土をしているのかの相違の問題がある。

仮に平面が円形とか方形をしたひときわ目立った独立丘があって、その独立丘の頂上に壙を掘って死者を葬っただけでは古墳とはいえない。だが実際には、これに類する墓を古墳に含めていることは少なくなく、とくに埋葬施設が立派で副葬品をもっている場合には古墳に包括していることが多い。このように丘陵や山脚の先端などの自然地形に墓を営んだ場合、斜面に葺石をほどこすとか円筒埴輪列によって一定の区画が示されておれば、自然地形を墓にとりこもうとした意図がわかる。しかし葺石や円筒埴輪列がなく、また地形をまったく改変していない場合は、墓を営んだ当時の人たちが、その自然地形全体を墳丘として意識したかどうかを知る手懸りはない。

日本考古学では普通これらの自然地形利用の墓——ただし諸条件によってほぼ古墳時代並行と認められるもの——にたいしては、葺石や埴輪などの考古学的証拠がなくても〝古墳〟扱いしているが、中国やヨーロッパの考古学者にそこを〝古墳〟だと説明することはむつかしい。その意味で自然地形利用のいわゆる〝古墳〟をさらに分類すると次の三者になる。

a、独立丘・山頂・山脚先端・丘尾などのたかまりのある自然地形上に埋葬施設がある場合、その自然地形のたかまり全体を現代の研究者が古墳と考えている。

b、aと同じであるが、自然地形のたかまりの部分に葺石をほどこしたり、埴輪列で区画して、特別の土地であることを示す過去の表示がのこされている。

c、自然地形のたかまりを利用しているが、土木作業によって、部分的に盛土をほどこし、あるいは部分的に土や岩石を除去して、ある形に改変している。この場合、盛土、つまりその土地以外から土を運んできて、その土地の土量を増加させることによって人為的に墳丘としての形をととのえる工法と、その土地の土を別の土地へ運び去る、つまりその土地の土量を減少させることによって人為的に墳丘としての形をととのえる工法との二種があって、後者にたいして〝墳丘墓〟という名称が使われることもある。しかし人為的に盛土をしたのが墳丘であるという伝統的な考えがあるので、盛土古墳にたいして削減古墳とでもいっておけばよい。もちろん自然地形利用の場合には、ある部分が盛土で、ある部分を削り取っていることもあって、截然と区別することはできない。

五～六世紀には、平地や台地など平坦な地面に大量の盛土をした巨大な古墳があらわれる。これらはそれぞれの土地の言葉で、〝つくり(造・作)山〟とか、〝つき(築)山〟とかよばれているが、人間の力によって地上に創出された古墳であり、その創出によって景観までが改変されたのである。

これらの造山としての古墳と先にあげたa～cまでの古墳とでは、仮に墳丘の規模、たとえば墳丘の長さや高さが同じであっても、それぞれの造営に要した労働力、日数、土木技術などはまったく違っている。もちろん自然地形利用の古墳は、五〜六世紀にもつくられていて、これも截然とした時期区分の条件にはならないが、個々の古墳についてこれらの点は充分検討されねばならない。

日本列島の古墳と東アジア諸地域の古墳の比較は今後の重要な研究テーマであるが、そのさい現行の〝古墳〟という用語や墳丘の規模として示される数値をそのまま比較してもそこからえられる結論には混乱が生じる。造山としての古墳（規模が小さく造山という表現が過ぎる場合は盛土古墳）を標準的な意味で〝古墳〟とよぶとすれば、少なくとも前述のa〜cを用語のうえで〝古墳〟と区別する必要がある。もちろん造山としての古墳の場合でも、自然地形に墳丘の方向や濠の輪郭などを左右されていることはあるが、あくまで墳丘の創造性という点を重視した。早急にa〜cを包括した好い用語の考案が期待されるけれども、便宜的に地形利用古墳とか山丘古墳とかを使っておこう。

付記1　本稿では、個々の実例や参考文献を省いたので、機会をえて補うことにする。なおこの問題を中国との関係でとらえようとしたものとして、森浩一「古墳と墳墓の用語について——卑弥呼の冢の解釈の前提として——」（『先史学研究』五号、一九六五年）があり、それに中国での見聞をくわえたのが拙著『古墳の旅』（芸艸堂、一九七九年）である。

付記2　本稿執筆中に、大阪府東大阪市にある瓜生堂《うりゆうどう》の弥生遺跡の発掘を見学した。いわゆる方形周溝墓のなかまではあるが、人工的な盛土があり、その点では小型の方墳といってよい。だがすでに弥生後期にはその墳丘が土砂によって地下に埋まっていた点と、墳丘上に雑木の株が点在していて、それは埋没前の景観を推定させるので、当時墳丘の存在を視覚的に識別することは困難であったと推定される。(一九七九年十月二十二日)

——一九七九年『文化史学』第三五号、文化史学会

考古学用語と地域名

一

日本考古学、とくに弥生時代や古墳時代の研究をみていると、遺跡を軽視し、遺跡からきりはなした遺物の研究（?）が一人歩きしている傾向がいぜんとしてある。最近の例をとっても、京都府福知山市の広峯《ひろみね》一五号古墳出土の年号鏡の場合、どのような古墳、いつごろの古墳から出土したかにはあまり注目されず、出土した銅鏡だけからさまざまな、時にはかなり恣意的とすら思える情報をそのものから引出そうとしていた。年号が鋳出されている銅鏡とはいえ、それは棺内遺物の一つにすぎず、一括資料としての管玉、鉄製の剣、斧、矛などから切りはなして扱えるものではない。

島根県簸《ひ》川《かわ》郡斐《ひ》川《かわ》町荒神谷《こうじんだに》遺跡は、すでに銅剣遺構の調査（一九八四年）と銅鐸・銅矛遺構の調査（一九八五年）がおこなわれ、それぞれの発掘調査概報も島根県教育委員会から刊行されている。その概報に収載されていて、私が注目しているのは、銅剣調査に関連しておこなわれた地磁気測定である。それによると、五九〇年±三〇年と、九五〇年±一〇〇年の二つの年代の異なる焼土が銅剣埋納坑の周辺で検出されることである。

荒神谷での焼土は山火事や火山噴火など自然現象による成因ではなく、その土地でおこなわれた人為的な行為がのこした考古学的証拠である。しかも遺跡の状況からみて須恵器製作とか製鉄にともなう高熱作用の跡でないとすれば、信仰的な行事による火焚きが一つの可能性をもってくる。ここでの火の焚かれた古い方の年代は六世紀末ごろであるが、それは荒神谷遺跡出土の須恵器に近い年代であると聞いている。

こうなると、銅剣そのものが弥生時代の所産であっても、荒神谷遺跡での銅剣、ことによると埋納とか埋納された品々への信仰的行為のあった年代は、弥生時代ではなく、遺跡に散布、包含されている土器や点々とのこる焼土の堆積――これが人為的によるものなら一種の遺構に含める必要がある――がその年代の一端を示しているのかもしれない。

二

日本考古学において、遺跡重視を貫いた考古学の定義が発表されたのは、故水野清一先生で、一九六三年のことであった。考古学の対象とする有形物に、遺物、遺跡があることを説明したあと次のように述べておられる。

「遺物は可動的なもの、遺跡は不可動のものとして、いちおう区別するが、遺物も、遺跡のなかにおいて、はじめてほんとうの意味がわかるという点よりすれば、それは遺跡の一部でしかないわけである。考古学の対象は遺跡の一語につきる。」(「考古学の問題点」『世界考古学大系』第一六巻、一九六三年)

水野先生は、一九七一年に急逝されるまで、同志社大学大学院の講義に、出講していただいていたが、いつも授業の一時間前に私の部屋においでになって、雑談をされる。雑談のようだが、例えば三角縁神獣鏡や仏獣鏡のこと、横穴と中国の石窟のことなどが話題になるので、こちらはまるでテストをうけているゼミの学生といった形である。それが大学の教師になりたての私にはずいぶん勉強になった。ことによると、雑談という形式にことよせて、未熟な私を鍛えられたのであろう。

そのような経験から推測すると、先ほどの一文で、「遺跡のなかにおいて、はじめてほんとうの意味がわかる」といっておられる〝ほんとうの意味〟とは、歴史的な意味のことであろう。遺跡から切りはなした遺物が語っているのは、考古学的な意味であって、極限すれば、分類上の意味であったり、せいぜい形式学上の位置づけであったりする。私たちが根気のいる分類や型式編年をおこなうのは、それ自体に終極の目標があるのではなく、遺物から〝ほんとうの意味〟を読みとるための基礎作業をおこなっているにすぎない。その基礎作業がたとえいかに彪大であり、結果的には、一人の人生のうちに終わらないとしても、それはあくまで終極の目標ではないのである。

三

私はまず話題の提供のため、福知山市と斐川町の二つの遺跡を例にあげた。前者は律令体制の行政区分にしたがえば丹波国であり、後者はいうまでもなく出雲国である。丹波国とか出雲国のような律令体制下の地域区分は、古代の寺院址、国衙や郡衙などをまとめるのに、〝同時代の地域名〟として適当であるし、またほぼ同時代の集落遺跡、さらには製鉄、製塩、窯業などの生産遺跡をまとめるのには適切な地域区分である。もちろんさらに国の下部地域名としての〝郡《こおり》〟を扱うのにこしたことはないが、この場合は郡界の変遷などがかなりむつかしく、安易に遺跡と対応させると混乱をきたすことがある。まして郡の下の里・郷の場合は実際の範囲をきめるのがむつかしく、考古学遺跡との対比は容易ではない。

古墳時代とりわけその後期には律令制編成の前段階的なきざしがあるため、国名を使用するのはそれなりの意味はあるけれども、古墳時代の前期や中期、ことに弥生時代やそれ以前の時代に国名を使うことは適切でない。誤解のないようにいえば、求められるなら、律令の国、例えば出雲での前期古墳の在り方、和泉での中期古墳の在り方はもちろん説明はできる。とはいえ、その地域範囲が、古墳前期とか古墳中期に一つの政治的なまとまりであったかどうかはわからない。周知のように、日本列島屈指の巨大古墳の大山《だいせん》古墳（大阪府堺市）も、和泉の堺とか泉州堺にあるというのはおおむね八世紀以後であって、それ以前は河内国に属していた。もちろん特定の呼称とは別に、旧石器時代から連綿とつづく地域の意識があるのはいなめないが、それは主として、山脈・大河・海峡などでへだてられるなどの自然地形による地域感である。

行政的な地域区分と交通手段や自然地理的な地域区分とが一致しない例は私たちの周辺にいくらもある。今日東京都に属している伊豆諸島にしても、以前は伊豆国賀茂郡であった。伊豆諸島の所属する大地域の変更も、おそらく江戸時代末になっての新たな国際関係、とりわけアメリカの商船や軍艦の来航という新たな政治的事態の変化によって生じたものであるから、類似の事態が律令制の成立の前後にもおこりえたことであろう。つまり律令的国の範囲には、自然条件のほかに、ある時期での政治情勢が影響していることは考えておかねばならない。だから、〝河内の弥生文化〟とか〝摂津の弥生文化〟というのも、木に竹をついだ表現であるし、最近よく目にする弥生土器についての地域分類としての、和泉の甕、紀伊の甕もそぐわない。まして〝畿内の弥生文化〟という表現にいたっては、すでに〝朝廷のあった宮都周辺の地域〟という後世の価値観がまぎれこんでしまうのである。その表現を使った筆者が潜在的な優劣感をもっているかどうかは別にして、漢字文化の教養のある他分野の人がこの表現に接するならば、〝畿内の弥生文化〟という表現と、〝吉備の弥生文化〟という表現をならべると、優劣の印象がつきまとうのはやむをえないであろう。

同様の意味で、前期のある種の前方後円墳などにたいして〝畿内的な古墳〟とか〝畿内型古墳〟などとするのは、概念規定が曖昧であるばかりか、〝いわんとする地域にずっと後になって都がつくられるのです。都がおかれる土地の以前の状況です〟という姿勢がちらついている。そのような研究者の研究にさいしての大前提としての骨組みが、〝大和朝廷による国家統一の過程をたどること〟一本槍ということがありがちになる。もちろん私の場合でも、将来四世紀とか五世紀に、考古学的な遺跡として都的な条件を具えた大集落というか、あるいは都市的機能をもった遺跡が発掘されると、〝畿内〟という表現の使用もおかしくないと思うが、現時点では六世紀においてもなお奈良県、大阪府、あるいは京都府南部に、群馬県群馬町の三ツ寺《みでら》遺跡をはるかに凌駕するような遺跡は検出されていない。

こう説明してもなお七〜八世紀とそれ以降に都がおかれたのは確実だから、〝後の畿内という地域〟という意味で、〝畿内の弥生文化〟とか〝畿内型古墳〟と使ってもよいではないかとする考えがあるだろう。もしそうならば、少し極論だが今日の東京都にある石神井城跡《しゃくじいじょう》や葛西城跡《かさいじょう》などの中世遺跡にたいして、仮の言葉だが、〝江戸型居館〟はまだしも〝東京型城郭〟を使ってみると地域名としてなじまないだろう。その土地の後世の出来事と、そのいわんとする時代の状況とはたち切って説明しないと、そこにも余分の印象がまじってしまう。

四

考古学で使う地域名の表現には、現在の行政区分と地理的用語を併用するのが普通である。〝筑後川流域の弥生文化〟とか〝河内平野の古墳〟となると、そこには律令の国名がつくとはいえ、それは地理的用語になっている。それに、筑後国と筑後川流域、河内国と河内平野とではそれぞれの指す範囲が異なることはいうまでもない。

私は、一九八一年から富山市でひらかれている〝日本海文化を考えるシンポジウム〟に参加してきた。また一九八四年に金沢市でひらかれた〝環日本海金沢国際シンポジウム〟にも参加した。それらは、いずれも日本海沿岸地方を再評価する目的でおこなわれたものであったが、これらのシンポジウムの一つの成果として裏日本という表現が次第に一般社会から少なくなってきた。仮に考古学の大地域名として、〝裏日本の弥生文化〟とか〝裏日本の古墳文化〟が使われるなら、それは横浜港開港以後の東京重視の価値観を不用意に考古学へもちこむことになる。裏とか表ではなく、日本海沿岸地方とか太平洋沿岸地方という表現で充分であろう。

この一文の冒頭で、京都府福知山市の広峯一五号古墳を例にあげた。福知山市は、律令国名でいえば丹波国である。その丹波国は海に面しておらず、内陸地形という印象がある。だが七一三（和銅六）年以前には、丹後国をも含んでおり、『日本書紀』雄略二十二年秋七月の条におさめた水江浦島子《みずのえのうらしまのこ》の話では、丹波国余社郡管川《よざのこおりつつかわ》の人ということになっている。余社郡は与謝郡とも書き、宮津湾をいだく範囲であるから、丹波国は日本海沿岸の一地域である。その意味で、門脇禎二氏が提唱している〝丹後王国論〟は、その内容への賛否とは別に、〝丹波王国論〟の方がふさわしいと思う。くどいようだが、丹後国の成立は八世紀初頭以降であるのに、それ以前のその土地での古墳の在り方がその王国論の有力資料になっている。

次のように考える人が当然いるだろう。たとえ八世紀初頭とそれ以降のことであっても、丹波国と丹後国は別々の行政組織であり、丹後国は日本海にのぞんでいるが丹波国は海にのぞんでいない。だが山椒太夫伝説のある丹後の由良（宮津市）と福知山の間は、江戸時代には由良川を利用した水運が発達していた。由良川水運でいえば、由良と福知山とは、それぞれが出発点でもあり、また終着点でもあった。

福知山の例によってわかるように、地理的に内陸部であっても、河川交通を重視すれば、福知山は日本海沿岸地域に属するのである。その意味で、広峯一五号古墳の年号鏡の銘文と相互関係にあるとみられる年号鏡が、兵庫県豊岡市森尾《もりお》古墳、島根県大原郡加茂町の神原神社《かんばらじんじゃ》古墳から出土していることは無視できない。これらの銅鏡について、よく〝畿内からの搬入〟がいわれるけれども、まずその古墳がどのような地域にあり、それがどの地域と交通手段がつながっているかなどをまず検討しなければならない。

五

最後に、古典に記されている地名を考古学の地域名としている例について述べる。『日本書紀』の崇神の条といえば、箸墓造営説話があるのでよく知られているのだが、箸墓造営の話が展開する舞台としての三輪との関係で、同じ崇神の条に「茅渟県陶邑《ちぬのあがたすえのむら》」という地名がでている。つまり三輪君らの始祖とされている司祭能力にたけた大田田根子《おおたたねこ》がさがしだされた土地としてあらわれている。『古事記』にも同じ話があるが、この方は意富多多泥古となっていて「河内之美努《みの》村」でその人を見つけたことになっている。

『古事記』のこの件では、スエが地名にはない。しかし意富多多泥古が自分の先祖のことを述べたなかで「僕は大物主大神、陶津耳《すえつみみ》命の女、活玉依毘売《いくたまよりびめ》を娶して生める子（以下略）」とあって、先祖の人物にスエがある。美努村については通説とは違った考えをもっている。須恵器生産の窯址群を見下ろす位置に後期の前方後円墳があって、後円部に家形石棺をおさめた大きな横穴式石室をもっていた。神奈備型の美しい山（湯山）の頂上にあったが、おしくも工場用地となって破壊された。この湯山古墳の所在地が見野であって、私は『古事記』の河内之美努は、堺市見野にあてている。見野あるいは見の山は、合併以前には大阪府泉北郡東陶器村に含まれていたのである。

湯山古墳は、六世紀の小型の前方後円墳だが、大田田根子の説話を考える場合、重要な資料であるとみている。だがそれは六世紀のことであって、実在性はともかくとして崇神について一般にいだかれがちな四世紀前半の年代とはいちじるしく喰違う。

このように、主として堺市、和泉市などの泉北丘陵にひろがる須恵器窯址群（大阪府南部窯址群とか、泉北窯址群とよぶ）と、大田田根子説話とが何らかの関係にあることは充分考えてよいことである。もちろん、無理に両者を接合させる必要はないにしても、それを考えながら遺跡にのぞまねばならない。

しかし崇神紀にしかあらわれない陶邑を広大な窯址群の遺跡名とすることは、賛成できない。いうまでもなく、他の窯址群については、八女窯址群、瀬戸窯址群、猿投窯址群とか現在も明確な地名によっているのにたいして、ここでは古典名を採用しているとする例外さがあり、その例外さが崇神紀にでているという安易さにあることである。仮に史料の使い方に厳密で、雄略以前あるいは応神以前（これは参考として示したもので、実際はさらに複雑であろう）の記紀の記述についてつねづね批判的な古代史の研究者が、「陶邑の須恵器は」などと引用したり記述したりすると、日頃の慎重さとは逆に崇神紀の史実を認めたという結果になる。それと史実ではないにしても、陶邑に大田田根子がいたということから、須恵器の窯に燃料でもくべている人をイメイジするのか、それとも少しおおげさにいえば各地域での小都市が邑であって、そういう土地に大田田根子がいたとするイメイジをもつのかの違いもある。『日本書紀』では、草香、名草、当麻、桑津、田身輪、檜隈などの地名に邑のついた例があり、農村風景ではない。
考古学が、開発におんぶして大きな社会的実態となってきたとする現状認識はともかくとして、陶邑一つを例にとっても、その小地域名の由来や古代史とのかかわりなどについて、研究者の一人一人が頭のなかで反芻しておかねばならない。一人一人が考えることを停止して、〝すでに使われている〟からとか〝その方が遺跡名としてよい響きだから〟などというようでは、考古学の前途に明るい見通しがあるとは思えない。

——一九八七年『同志社大学考古学シリーズⅢ　考古学と地域文化』

北九州の弥生墳墓と古墳発生の問題

はじめに

日本考古学が使用している時代区分は、先土器時代（旧石器時代）、縄文時代、弥生時代、古墳時代であり、その各々の設定の基準に一貫性がないことはすでに先学の指摘[1]するとおりであり、また多くの考古学徒が痛感していることでもある。にもかかわらず、古墳時代に代わって、土師器時代とか須恵器時代の呼称がおこなわれにくいのは、古墳の築造がある期間の日本列島の顕著な特色としてきわだっているからにほかならない。ここである期間というのは、西暦三世紀後半ないしは四世紀初頭[2]にはじまり、ほぼ西暦七世紀初頭[3]で終末をむかえるまでの約三〇〇年間をさしているが、中央政権の所在地から遠隔の地ではその終末が八世紀[4]ごろにおよんでいることがある。古墳築造の風は、たんに三〇〇年間余り継続したというだけではなく日本列島の隅々にまで伝播しており、よほどの山岳地帯でないかぎり、現行の行政区分の市町村単位で古墳の存しないところはほとんどないといっても過言ではない。水田や池、あるいは土器を焼成する窯のような生産の必要から生じたものを別とすれば、日本の長い歴史の中でも古墳ほど日本列島に濃密にゆきわたった造形的な文化は少ないのである。古墳の形態のうち、日本に特有な前方後円墳を例にとっても、南は鹿児島県大隅半島の東串良町にある唐仁大塚《とうじんおおつか》古墳から北は岩手県胆沢村の角塚《つのづか》古墳にいたるまで広範囲に分布しているのである。

古墳築造の風は、たんに外見上での墳丘の諸形態にとどまらず、各種の埋葬施設、副葬品、さらには埴輪などの表飾にも広汎な伝播性が認められており、現象上での古墳文化の伝播をたんに地方における大和文化の受容として理解するのではなく、その背後に単一の中央政権による支配圏の拡大を看取できるとする学説がある。この代表者は東洋史学の西嶋定生氏であって、「古墳というものが、大和政権の国家構造における身分的表現として造営されたのではないか」という仮説(5)で複雑多岐にわたる各地の古墳の変遷をたくみに説明している。私も、古墳文化のもっている諸特色のうち、広範囲に分布している浸透性と墳丘形態や副葬品の組合せのうえにあらわれている類似性を理解するためには、中央政権による何らかの政治的規制があったことは充分認めるけれども、それを古墳の発生期にまで遡らせることと、中央政権が系譜的に同一のものであると考えることには躊躇《ちゅうちょ》をおぼえる。考古学者の中には、古墳文化を大和政権の文化と同意に扱い、さらには、その大和政権を律令政府の前身である大和朝廷とみなしている者が少なくないようであるが、大型古墳の存在から政権の所在地を立証しようとする方法では五、六世紀の大和に中央政権が存したことを証明することはむずかしいのである。古墳を政治史、社会構成史の資料に使用する場合には文献史学の成果に先入的にとらわれることなく、それにふさわしい方法を用いねばならない。とくに最近、大和政権は畿内の弥生時代にその前史をもつという種の論議もあらわれているけれども、発言者の大胆さには敬服するが、今一度その発言の及ぼす社会的影響を考えるべきであろう。

私が弥生時代と古墳時代との関連、ひいては古墳の発生についての一文[6]を草したのは一九六二年のことであった。その後近畿地方において、弥生時代かと推定されている墳墓（その多くは、木棺直葬《ちょくそう》墓）があいついで発掘されたり、また九州、中国、近畿、中部、関東などで方形周溝遺構の存在が注目され始め、一部の学者はそれを方形周溝墓[7]と呼んで古墳発生期の重要な資料と考えている。このように、古墳の発生についての新資料がここ数年の間に激増しているけれども、その多くが正式の報告書刊行以前であるため、現段階で古墳発生の問題に発言することは困難である。しかし一方では、神話を日本古代国家の成立期の史料として義務教育に使用することが国家権力によって推進されようとしている状況では、国家の発生から成立にふかい関係のある古墳の発生についてたえず資料を検討しておくことが、われわれ考古学徒の責務でもあろう。この場合、古墳の発生をたんに墓制・葬制上の問題に限るか、それとも古墳の被葬者の系譜にまで及ぶかで方法が異なるであろう。

以下いくつかの問題について私見を述べておきたい。

一　三雲型と立岩型の副葬品

日本考古学では、縄文、弥生時代の墓や八世紀以降の火葬墓のたぐいを墳墓と呼び、古墳の名称はいわゆる高塚だけに限定している。それでは、墳墓と古墳とを区別する明確な概念規定があるかといえば、今日でも故後藤守一博士のたてられた古典的定義[8]が難点を指摘されながら一般的に使われているのが実情である。この定義は、一九五五年に古墳文化の概説の中で述べられたものであり、古墳には墳墓から区別できる特殊な四つの性格があるとされている。それは「①高い墳丘を有するもの。②遺骸を石棺あるいはその他の様式の棺の中におさめ、それをかこんで石室がある場合が多い。③豊富な副葬品がある。④遺骸をおさめた石棺や石室、それに副葬品をおさめたところを古墳の内部主体と呼ぶとすると、その内部主体は、墳丘の頂上から、二、三メートル内外のところにあるのを普通とする」。この見解は、その後一九五八年にも再び後藤博士によって繰り返されている[9]。後藤定義の個々の内容については斎藤忠博士の批判[10]もあり、筆者も逐一検討[11]したことがあるが、基本的には①・②・③を具備したものを古墳と呼ぶべきであろう。しかし、①の場合の高い墳丘がどの程度をいうのか、もし仮に墳丘のあるものを古墳とすれば、横穴や地下式横穴は古墳ではなくなり、この点も古墳研究者の苦慮しているところである。私の考えでは、古墳はしょせん墓の一形態であるから、死骸処理を根本に規定すべきであり、死骸処理に必要とする以上の空間を、平面的に、あるいは立体的に占有する構築物を古墳と呼べばよい。しかし、②の棺槨、③の副葬品も附随的には重要な条件であり、②③の一ないしは二だけを具備する場合、類古墳的、あるいは先古墳的要素と考えるべきであろう。以上の条件とともに前提的に重視すべきは成人を葬る習俗であり、古墳を政治史の資料として扱う場合には成人葬の定着した段階を問題とすべきであろう。

縄文時代にはすでに死者を埋葬する習俗が定着しており、数千体の人骨が発掘されているけれども、その多くは地下に簡単な穴をうがって死者を直接収容したもので、幼児骨をおさめる小型の甕棺をのぞくと埋葬用の施設をつくることはほとんどなく、また土を高く盛り上げることもなかった。したがって、縄文時代には墳墓とはいえ特別の構築物があるわけでなく、遺骸を処理するための墓地といった方が実情にかなっている。副葬品についても、耳飾、腰飾などの死者が身体につけていた装身具しか認められず、古墳時代の副葬品とは異っている。

弥生時代になると、前期には縄文文化の小型甕棺を踏襲したと考えられる小型甕棺や壺棺が九州に多く分布しているが、特殊な場合をのぞき一般に幼小児骨をおさめているので、この時期の成人葬の実態についてはなお不明である。弥生中期になると、墳墓の種類がふえ、また地域的差異がつよくなるが、まず成人葬が急速に普及したことが注目される。それは北九州の大型の合口《あわせぐち》甕棺である。甕棺は東アジア大陸のうち、中国大陸に最も早くあらわれるが、中国では華北にかたまっており一般的葬法とは呼べないようである。三上次男氏[12]によると、漢代に甕棺墓が幼小児のためばかりでなく、時には成人葬にも供せられ、また副葬品を伴うことが一般化した。そして北九州と関連のふかい朝鮮半島南部の大型合口甕棺については、遼寧地方の戦国末から漢代におよぶ甕棺と比較して、移住漢人系の居住民の香が強くただよっていると結んでいる。このことは北九州の甕棺葬をのこした人達の系譜、あるいは、それへの文化的影響を考える場合、重要な示唆をふくんでいる。北九州の大型の合口甕棺は地下にうがった土壙におさめ、地上に標識をもうけることは稀であるが、福岡県春日村須玖《すぐ》岡本《おかもと》墳墓群や佐賀県唐津市葉山尻《はやまじり》墳墓群などでは支石墓の下部施設に採用されている場合もある。北九州の大型合口甕棺は福岡・佐賀・熊本の三県を中心とする比較的まとまった地域に分布しており、普通五〇から一〇〇前後の甕棺が群集して墓地を形成し、豊富な副葬品をもった特定の墳墓だけが墓域を異にする傾向はなく、群集墓（共同墓と表現する人もいる）の性格が濃厚である。これらの北九州の甕棺墓の構造面から、のちの前期古墳に連なる要素を見出すのは容易でないが、成人の遺骸を土葬にし、一たび埋葬したのちは開けて内部を窺ったり、さらには遺骸の全部もしくは一部を移動さすことはなく、また一埋葬施設に収めているのが原則として一遺骸である点は古墳前期における死者の扱い方[13]に共通しているのである。もっとも、構造面でも両者の関連は皆無ではなく、福岡県前原町の甕棺墓では高さ一・五メートル程度の小封土[14]を築いており、福岡県大塚の甕棺墓[15]はその周囲を竪穴式石室状の石組でかこんでいたりしている。これらの例は、甕棺墓全体の中では、少ないものではあるが、時には甕棺を石室におさめ、あるいは小封土で覆おうとした意図は遺骸処理に必要以上の空間を占有しはじめたこととして注目される。
北九州の大型合口甕棺墓に見られる古墳的要素としてとくに重視したいのは、副葬品である。甕棺墓には玉類（勾玉・管玉・小玉）、腕輪（貝製・銅製）などの装身具だけをおさめ、縄文時代の副葬品と同じ性格のものもあるけれども、質量ともに驚嘆すべき副葬品をおさめた甕棺墓が少なくない。この厚葬の習俗は、先に述べた古墳の附随的（類古墳的・先古墳的）要素として注目されるばかりか、前期古墳の副葬品の基本的組合せに通じるものがあるので、西方からその主な遺跡を通覧しよう。

佐賀県唐津市宇木汲田《うきくんでん》遺跡(16)　一九五七年の東亜考古学会調査とさらに近年の日仏合同調査によって合計一二九基の甕棺が発掘され、うち一四基に鏡・銅製利器、玉、腕輪などの副葬品があった。銅製利器（剣・矛・戈）を副葬していたのは一一基であったが、このうちの一二号棺からは細形銅剣一口とともに多鈕細文鏡一面が副葬されていた。汲田墳墓群では、副葬品の組合せの中心が銅製利器であって銅鏡は一面しかなく、その鏡もつぎに述べるような中国製銅鏡ではないことと、朝鮮半島系の青銅利器が多いこと、および副葬品が多くの甕棺に分散されている点が特色である。甕棺の型式からみて中期前半(17)に墓地形成の主体があったようである。

佐賀県唐津市桜馬場《さくらのばば》遺跡(18)　一九四四年の防空濠の掘下げ中に発見された甕棺から方格規矩鏡二面、有鉤銅釧二六個、巴形銅器三個、鉄製刀片一個、ガラス製小玉一個が検出され、また甕外から仿製の広形銅矛片も出土している。これとは別に内行花文鏡(19)一面がこの甕棺附近で採集されている。この墳墓は甕棺型式から後期初頭のものと想定されるが、朝鮮製青銅利器に代わって鉄製利器（刀）が登場することと、中国からの舶載鏡（方格規矩鏡は漢中期、内行花文鏡は後漢）が副葬品の中心になることが重要である。また弥生時代の相対年代を推定する基礎資料とされている。それはともかく、この桜馬場墳墓では、副葬品の組合せが、銅鏡・刀・玉および腕輪であることは古墳前期の基本的な組合せと共通している。このような組合せ関係のうち、銅鏡・刀剣などの武器（銅製または鉄製は時期の差を示すものであるから、同様に扱いたい）、および玉の三種の組合せを、最初に発見された三雲墳墓の名にちなんで「三雲型副葬品」と呼んでおこう。

福岡県前原町三雲《みくも》遺跡　一八二二年に偶然発掘されたものであるが、青柳種信がのこした『筑前国怡土《いと》郡三雲村古器図説[20]』によって今日の学術報告書を読むと同じ程度に詳しく墳墓の状況を知ることができる。それによると合口甕棺の内外からは前漢鏡三五面、銅製利器（剣、矛、戈）四口、勾玉、管玉および璧《へき》があった。典型的な三種の組合せである。

福岡県前原町井原《いわら》遺跡　天明年間に農民が発見したものを青柳種信が実査し、前記の古器図説にも紹介するとともに、『柳園古器略考[21]』に詳しい記録をのこしている。井原墳墓も甕棺墓であって、梅原末治博士の復原[22]によると銅鏡は方格規矩鏡ばかりが二一面あり、そのほか巴形銅器と鉄製刀剣の破片があった。

福岡県春日村須玖《すぐ》遺跡[23]　北九州最大の弥生墳墓群であるが、一八九九年に支石墓の下で発見された甕棺からは三十数面の前漢鏡、七口以上の銅製利器、ガラス製勾玉や璧などが発見されている。これも三雲型副葬品である。

福岡県飯塚市立岩《たていわ》遺跡[24]　一九六三年と一九六五年の調査によって三九基の甕棺が検出された。そのうち五基の甕棺（中期後半）に前漢鏡が副葬されていたが、うち四基は鉄製利器（剣、戈、素鐶頭刀子）を伴うが玉を欠いていた。従って、鏡と攻撃用利器（銅製もしくは鉄製）の二種組合せを「立岩型副葬品」と呼んでおきたい。

以上例示した豊富な副葬品をもつ甕棺墓は、中期中ごろから後期初頭にいたる時期のもので、これらの甕棺の出土地がそれぞれ『魏志倭人伝』にあらわれている原始国家の領域内に想定[25]されていることは周知のとおりである。しかしここで重視したいのは、前期古墳の副葬品の基本的組合せである鏡、刀剣、玉からなる三種の組合せ、または鏡、刀剣からなる二種組合せがすでに、北九州の弥生中期後半にあらわれはじめていることである。すなわち、前者を三雲型、後者を立岩型と命名したけれども、これらの副葬品の組合せ関係がそのまま前期古墳に継承されてゆくところから、前期古墳の被葬者達と北九州の甕棺墓の被葬者達との間に何らかの系譜的関連を想定せざるをえない。

三雲型・立岩型の差異は玉をもつか、欠くかにあって、ともに銅鏡と刀剣などの攻撃用武器がその主体を占めている。とくに銅鏡を大量に埋納する習俗は東アジア全体を通してみても、北九州の大型合口甕棺と畿内の前期古墳に集中している。両者の共通性を単なる偶然に帰するだけでは、歴史学的な否定にはなっていないのである。つぎに多数の銅鏡を埋納していた墳墓や古墳を表1に掲げ参考に供しよう。

この表によって、北九州の弥生墳墓の銅鏡埋納数は、古墳時代にそのまま移行させても異常

表1　銅鏡を多数埋納していた遺跡

遺跡の名称	推定年代	鏡数
(福岡県沖ノ島祭祀遺跡)	古墳中期前後	42
福岡県平原墳墓（木棺）	弥生後期？	42
京都府椿井大塚山古墳	古墳前期	36
奈良県佐味田宝塚古墳	古墳前期	36
福岡県三雲墳墓（甕棺）	弥生中期	35
奈良県新山古墳	古墳前期	34
福岡県須玖岡本墳墓（甕棺）	弥生中期	30以上
岡山県丸山古墳	古墳前期末	31
奈良県天神山古墳	古墳前期	23
大阪府御旅山古墳	古墳前期末	22
福岡県井原墳墓（甕棺）	弥生後期	21

に多いことが判るのであり、副葬品にあらわれたかぎりでは、北九州の甕棺墓に葬られた有力な首長達がすでに大陸系の舶載品の集積では大型古墳の被葬者に劣らぬものがあった。これらの首長達が銅鏡を多数副葬するところから、首長の司祭者的な側面が強調されているが、須玖岡本墳墓での七口、三雲墳墓での四口の銅製攻撃用利器の副葬が示すように、すでに武力的支配者の側面もあらわれているのである。

以上のことは、構築物としての古墳発生の萌芽ではないけれども前期古墳をのこした首長達の政治的な習俗の源流を示していると考えてよかろうと思う。

二　弥生後期の群集墓

北九州の大型合口甕棺は、後期初頭の桜馬場墳墓のころから成人葬の棺に使用されることがようやく少なくなり、それに代わって箱式石棺、木棺、土壙墓が棺の主要な形式になっている。しかし、有明海に近い筑後川流域の佐賀県東脊振村三津永田《みつながた》には後期中頃の大型合口甕棺の群集墓[26]がある。この群集墓の一〇四号甕棺墓から後漢の流雲文縁五獣鏡一面と、これも舶載と推定される鉄製素鐶頭大刀一口が発掘されており、この時期にも立岩型の組合せの副葬品が埋納されているのである。三津永田墳墓群には、このほか内行花文明光鏡（前漢）と四虵《しち》鏡（後漢）をそれぞれ一面ずつ埋納する甕棺があるが、内行花文明光鏡は甕棺墓の年代よりかなりへだたりがある。この種の鏡式は、最近の中国大陸の墳墓調査では西晋や南朝まで伝世[27]していることが次第に判明してきたので、日本での伝世を考えるより、後漢ごろに他の鏡式の鏡とともに一括して、日本へもたらされたとする方に可能性があろう。この墳墓では、このほか銅鏃、貝釧、鉄釧、管玉や小玉もそれぞれ別個の甕棺から発見されているが、須玖や井原でのように特定の甕棺に豊富な副葬品が集中することはなくなっている。

弥生後期になると、北九州での墳墓は埋葬施設の面で多様化するとともに、墓地の占有の形には二面性がみられるようになった。それは群集墓がこの時期にも形成されているけれども、須玖岡本、三雲、井原墳墓などのように副葬品の多埋納の点で隔絶した被葬者の墳墓が同じ群集墓の中には存しなくなったことである。先に説明した佐賀県三津永田墳墓群では、副葬品があっても特定の甕棺に集中されなくなっているが、このような実態はさらに二つの群集墓で確かめることができる。

福岡県福岡市曰佐原《おさばる》遺跡[28]　この遺跡について報告書の刊行がないので詳細は不明であるが、福岡女学院の用地の整地工事中に発見された墳墓群が調査されている。ここでは四九基の墳墓があって、その構成は甕棺一、箱式石棺一六、土壙墓三二で甕棺の形式から弥生終末期と推定されている。この墳墓では、石蓋土壙墓に長宜子孫銘の内行花文鏡（後漢）一面と各種の玉類（勾玉、棗玉《なつめだま》、丸玉など）が副葬されていたり、さらに、別の小封土のある箱式石棺から鉄製素環頭大刀片、管玉、鉄鏃、鉄斧が発見されている。曰佐原墳墓群では、後漢でも中期または晩期の長宜子孫銘の内行花文鏡が副葬されていて、方格規矩鏡のグループ（井原、桜馬場）より年代的に一段と新しいばかりか、副葬品の種類に鉄鏃や鉄斧など前期古墳に普通にみられる品物が加わりかけている。この墳墓群全体にたいする年代的位置づけは弥生後期から古墳時代に及ぶものとされていたけれども、一九六五年にこの墳墓群に関係のある弥永原《やながばる》集落址が調査された。この集落址からは、弥生後期と終末の土器が出土したけれども、それにつづく土器はほとんどなく、古墳時代初頭になると急に衰退した[29]といわれている。もし弥永原集落が日佐原墳墓群を営んだのであれば、普通考えられているように畿内の古墳文化の西漸で北九州に古墳が発生するのではなく、封土をもち、箱式石棺を主体とし、副葬品をおさめた完全に古墳の条件を具備した小型古墳が北九州の群集墓の中にもあらわれることになる。この点で日佐原墳墓群の報告書の刊行が鶴首されるわけである。

福岡県八女市亀《かめ》ノ甲《こう》遺跡[30]　一九六三年の調査で弥生前期の集落と中・後期の墳墓とが発掘された。墳墓群は全貌が明らかになったのではないが、箱式石棺二五・甕棺二〇（このなかには中期に属すものを若干混えている）・土壙墓二一、計六六の構成であった。とくに、注目されるのは、土壙墓として一括されているものに組合木棺の腐朽しきった痕跡遺構が含められており、ここには少なくとも六基以上の組合木棺が存在したことが確実である。副葬品は箱式石棺、土壙墓、組合木棺にはなく、後期のものでは石蓋甕棺から鉄製素鐶頭大刀一口があったにすぎず全体に乏しい。しかし、この調査に先立って一九五五年の開墾中に一基の箱式石棺が発見され内部から小型の斜行櫛歯文をもつ内行花文鏡一面が発見されている。この鏡は梅原末治博士が「筑後市岡ノ上出土の内行十一弧渦文鏡」として紹介[31]されたもので、弥生後期の仿製鏡として注目を集めている。この種の小型鏡は中国大陸にはなく、朝鮮半島南部の小型鏡とは類似しているけれども技術や文様の細部では異なっており、日本製と考えられている。梅原博士がこの一群のものとして掲げられたのには亀ノ甲の石棺出土のほか、①長崎県雞知《けち》町高浜、②同雞知町藻、③同峯村三根、④長崎県鯨伏村加良加美、⑤福岡県春日村須玖、⑥同糟屋町酒殿、⑦同若松市岩屋、⑧同吉井町福富（二面）、⑨同甘木町、⑩同瀬高町小川、⑪同採銅所村宮原、⑫同犀川町本庄、⑬同犀川町山鹿、⑭佐賀県三田川村萩原寺、⑮山口県土井浜（二面）、⑯香川県善通寺市大麻山、⑰兵庫県有年村原の各遺跡から出土しており、北九州に分布の中心があることは明らかである。この種の小型の鏡は、斜行櫛歯文帯を有する点が最大の特色で、内区の文様は必ずしも一定しないので、小型斜行櫛歯文鏡とでも仮称しておくが、この鏡の出現の背景として、『魏志』の『御覧本』に記載する光和年間（一七八年から一八三年）前後の倭国の大乱を無視することはできない。同じころ朝鮮半島にも動乱があったから、中国大陸からの鏡の輸入が一時杜絶し、そのような情勢のなかで北九州での銅鏡使用の根強い習俗が仿製鏡を生みだしたのである。私はこの鏡について次の二点を重視したい。一つは、梅原博士がすでに指摘されるように「この種の初期の仿製鏡は中国の古鏡が先ず伝えられた北九州に於いて、前漢の鏡式にならって作られ出したもので、その実年代に於いて畿内地方のそれ等に明らかに先行していた」[32]ことと、もう一つは、この種の鏡は古墳からほとんど出土していない事実である。前者は、古墳副葬品の中心である銅鏡の製作が、すでに北九州の地において弥生後期に活発におこなわれていたことと、後者は少なくとも小型斜行櫛歯文鏡に関しては、古墳時代までの伝世[33]が考えられないことになる。一九六八年には大阪府枚方市高塚山の弥生後期の集落址から小型の斜行櫛歯文鏡が一面[34]発掘されている。もっともこの鏡は内区が重圏文であるから、北九州に多い同式の鏡とは趣を少し異にしている。しかし、畿内の弥生後期にあった銅鏡の確実[35]な遺品としてこの鏡のもつ意義は大きい。

小型斜行櫛歯文鏡を出した一九の遺跡[36]については、出土遺構の明らかでないものもあるが、墳墓出土例は六例までが箱式石棺に埋納されており、また豊富な副葬品をもつ墳墓には発見されていないことは重要な事実である。

三　箱式石棺墓と木棺墓

前章で実例を紹介したように、北九州の弥生後期に埋葬施設として土壙墓（木棺直葬を含む）とともに普遍化の傾向を示すのに箱式石棺がある。箱式石棺は、福岡県曰佐原墳墓群でのように小封土をもち、またこの群集墓では唯一の銅鏡を埋納した墓である点において、同一の群集墓内に限れば特別に区別することのできる被葬者の埋葬施設に採用されている。この傾向は、福岡県亀ノ甲墳墓群においてもうかがわれ、唯一の銅鏡を埋納していたのが箱式石棺であることはすでに紹介した。弥生後期には、北九州各地に箱式石棺をもつ墳墓が分布しており、中には小封土を有し、すでに古墳の諸条件を備えているものもあるが、弥生中期を主とする三雲、須玖、井原墳墓などにくらべると副葬品の数量が少ない点に共通性がある。いくつかの実例で検討すると、佐賀県北方町椛島山《かばしまやま》墳墓群は甕棺と箱式石棺で構成されているが、そのうちの一石棺[37]に内行花文明光鏡一面、勾玉三個、管玉三六個、鉄製素鐶頭刀子（短刀）一口の典型的な三雲型の副葬品が埋納されており、別の石棺[38]にも方格規矩四神鏡一面がおさめられていた。東脊振村横田遺跡[39]でも箱式石棺に方格規矩四神鏡一面と鉄剣および鉄製素鐶頭大刀一口が埋納されていた。福岡県中間市上《のぼ》り立《たて》墳墓群[40]は箱式石棺を主としているが、別個の棺から、鉄戈、貝輪、鉄製素鐶頭刀子（短刀）が検出されたにすぎない。福岡県採銅所村宮原[41]では古く四個の箱式石棺が発見されていて、うち二基に二面ずつの銅鏡をおさめていた。他に鉄製利器（刀か剣）があったとするから二種組合せの副葬品である。銅鏡は三面が現存しているが、すべて内行花文鏡で、そのうち最大のものは長宜子孫銘のある舶載鏡である。中型の鏡は破砕していてよく分からないが、小型のものはすでに説明した仿製の斜行櫛歯文鏡である。

以上弥生後期に属すと推定される箱式石棺を例示したけれども、これらの存在はとかく三雲、須玖、井原などのけたはずれの副葬品を納めた墳墓や、畿内の超大型の前期古墳[42]（京都府椿井大塚山古墳、奈良県桜井茶臼山古墳、大阪府摩湯山古墳など）がぬきだされて比較される場合にはほとんど無視されているけれども、畿内地方で古墳が営造されるようになっても、その多くは少数の副葬品しかもたないことを考えると、古墳発生の直前の姿を示しているとみてよかろう。弥生後期の箱式石棺の分布地域、あるいは小型斜行櫛歯文鏡の分布地域内には、すでに埋葬施設と副葬品の二点において先古墳、類古墳が濃密に分布しているのであるが、その地域の内部から福岡県曰佐原の箱式石棺墓のような盛土古墳が現れてくるのである。福岡市姪浜の五《ご》島山《とうやま》古墳[43]は、残念ながらすでに失われているが、記録によると小封土を有し、箱式石棺を主体とし、内部に二面の銅鏡（舶載の神獣鏡）、玉類、鉄剣、銅鏃がおさめられていた。このような古墳は普通考えられているように畿内の古墳文化の波及で出現するのではなく、北九州の弥生後期の墓制から発達したものであって、現在知られている畿内地方の最古式の古墳より年代を下降させる理由はどこにも存しない。五島山古墳の銅鏃の型式をみても有茎式は弥生文化の銅鏃[44]と同種であり、また無茎式も京都府椿井大塚山古墳[45]の銅鏃に酷似していて、北九州の前期古墳の出現の時期を畿内地方よりも後出のものとすることはできない。

　古墳が畿内で出現し、それが北九州に伝播したものとの考えをとる人達でも必ず最古式の古墳に掲げているのに、大分県宇佐町赤塚《あかつか》古墳[46]がある。全長約四〇メートルの小型の前方後円墳であるが、埋葬施設は箱式石棺である。この場合、墳丘の形態は、瀬戸内地方から畿内北西部までの範囲で発生した可能性のつよい前方後円を採用しているが、埋葬施設は北九州の伝統的な箱式石棺であることは記憶されるべきであろう。この赤塚では銅鏡としては三角縁神獣鏡五面を有し、従来の長宜子孫銘の内行花文鏡を中心にした鏡群に代わる新しい鏡式が出現している。赤塚の営造は前方後円墳の出現と、近畿にまで及ぶ広範囲に分布する三角縁神獣鏡の埋納(47)という視点で、一つの時期を画すことはできないが、赤塚出現以前の北九州における小古墳の存在、換言すればその社会を過小に評価することはあやまりであろう。

北九州では、弥生後期の群集墓内に三雲型、立岩型などの副葬品を有する類古墳、先古墳が混在し、ときには古墳に分類すべき盛土墳さえみられ、また群集墓から離れて小古墳もやがて出現しているけれども、このような小古墳（類古墳も含め）の被葬者が原則的には一つの集落(48)の首長級の古墳と考えられる。したがって、北九州の弥生後期の社会では、広汎な類古墳、小古墳営造の風潮と、そこに葬られた集落（ムラ）の首長達が三雲型、立岩型の副葬品を埋納する伝統的習俗をもっていたと考えられ、以上の二点の存在を証明する資料に欠ける畿内の弥生後期の社会とは対照的である。

最後に一九六五年春に発見された福岡県糸島郡前原町の平原《ひらばる》古墳(49)に若干ふれておきたい。この古墳は高い封土はないが、濠をめぐらした一種の方形墳で、濠幅を含めると長径一八メートル、短径一四メートルの規模を有している。中央に長さ三メートル、幅八〇センチの長大な割竹形木棺をすえており、この内外から四二面の銅鏡、各種の玉類（勾玉・管玉・丸玉・小玉）と鉄製素鐶頭大刀一口などが副葬されていた。この古墳については報告書刊行以前であるため、たちいった発言はさしひかえたいが、学界の一部には、これを古墳前期に位置づける意見がある。しかし銅鏡のうち、三五面が方格規矩四神鏡（漢中期）であることや、超大型の仿製内行花文鏡を含んでいることが、この古墳の年代におおよその位置づけをあたえている。私は、この遺跡が国王級の初現的な古墳の一実例ではないかとひそかに考えているが、箱式石棺を主体施設とする類古墳、小古墳とも年代はおそらく併行するものであろう。両者の間には、明瞭な墓域、棺の形態と材質に相異があるばかりか、銅鏡の集積と分散、仿製鏡にみられる超大型と小型という点ではむしろ対照性がみられる。第二章の冒頭で述べた墓地占有の状況にみられる二面性とは平原古墳の存在を想起してはじめて明瞭になるし、そのことが弥生後期の北九州の社会構造における階層の分化をも示しているものであろう。

結語

この数年、大阪府と兵庫県において弥生時代に属す可能性のある木棺墓があいついで発見された。それは兵庫県尼崎市田能《たのう》遺跡[50]、大阪府豊中市勝部遺跡[51]、高槻市安満《あま》遺跡、東大阪市瓜生《うりゅう》堂《どう》遺跡[52]、鬼虎川《きとらがわ》遺跡などで検出されたのであった。これらの墳墓群は群集墓の形態をとり、土壙墓や小型の壺棺や甕棺もまじえているが、組合木棺墓が構成の主体を占めている。その年代は、弥生中、後期に限定されるものか、それとも畿内での大型古墳出現以降に下降するものがあるのか明瞭ではないが、封土または墓域の存在、および副葬品の二点で類古墳、先古墳的要素を欠いている。これらの墳墓で副葬品があったのは田能墳墓群での組合木棺にすぎない。それは一六号棺の管玉と一七号棺の銅釧とであるが、それぞれの遺物の型式にうかがわれる年代観[53]は別にしても、装身具にすぎず、縄文時代における副葬品の在り方と本質的には共通しているのであり、すでに組合せのできあがった三雲型、立岩型副葬品とはほど遠いものがある。このように、最近の木棺の発見にもかかわらず、畿内地方に限定すれば、その地域の内部から古墳文化の自生を説明する資料はいぜんとして不足しているのである。

古墳文化の発展期においては、畿内地方に政治の中心があったことについては言を要しないが、それを発生の段階、あるいは発生直前の段階にまで遡らせることが資料的に困難であることについては旧稿で述べたとおりである。このことはひとり墓制上からの問題ではなく、日常容具である弥生式土器から土師器への変遷[54]についても指摘できることである。この点で注目されるのは最近増田精一氏が発表した畿内などにみられる前期古墳の刀剣の拵《こしら》えである。それは前期古墳（京都府椿井大塚山、静岡県磐田市松林山古墳など）に普通に埋納されている鉄製刀剣の拵えが、畿内に独自に発生したものでなく、北九州を中心に弥生時代におこなわれていた細形銅剣の拵えの流れをくむものという見解[55]である。これによって前期古墳の副葬品の中心をなす銅鏡、玉、鉄製刀剣はそのいずれもが北九州の弥生社会に先行的存在を認めることができるようになった。このことは古墳文化の特徴ある文様である直弧文や、また古墳前期の首長たちが権威の象徴とした腕輪佩用の習俗（のちには儀礼化する）についても同様のことが言えるのである。

本稿では、北九州の弥生中期以降の墓制を通観することによって古墳発生の前段階を概説風に考察したのであるが、その次の段階である古墳の定型化とその営造地域の拡大の問題では、北九州をも含め、瀬戸内海沿岸地方から畿内北西部がもっとも重要な地域である。このことについては稿を改めたいが、今述べた地域こそ、いわゆる「倭国大乱」を直接の背景としてうみだされたと推定される山地性高地集落、あるいは丘陵性高地集落が稠密《ちゅうみつ》に分布するところである。もしこれらの高地性集落の分布地域が、ある時点での、あるいは終結の姿として倭国大乱の及んだ範囲を示しているものと考えることができるならば、定型化した古墳はその地域の中からやがて出現したことになり、ひいては定型化した古墳の出現する政治的契機も明らかになるのである。

註および文献

(1) 角田文衛「日本始原文化の意味」『史学雑誌』六〇—六、一九五一年。

(2) 古墳時代前期の年代を想定するうえで三角縁神獣鏡の評価によって約一世紀弱のずれが生じる。この鏡は日本の前期古墳にもっとも多く副葬されている鏡式ではあるけれども中国大陸では未発見である。魏鏡と断定し、『魏志』に記す銅鏡輸入の実年代に照合する研究者がいるけれども、現在の資料では魏鏡とする根拠は乏しい。舶載品とすれば、三国・晋のほか、公孫氏燕もその製作地の候補地に想定することができるが、その大部分を仿製品とみることも理論的に可能である。この鏡の製作年代によって古墳時代前期に移動が生じるゆえんである。

(3) 古墳時代の終末をどこにおくかも問題であるが、畿内地方で群集墳を構成する円墳の新たな構築が大勢として終わった時期をそれにあてた。

(4) 伊藤玄三「末期古墳の年代について—東北地方末期古墳出土遺物を通して—」『古代学』一四—三、一九六八年および斎藤忠・小野忠凞「見島古墳群」『山口県萩市見島文化財総合調査報告』山口県教育委員会、一九六五年。

(5) 西嶋定生「古墳と大和政権」『岡山史学』一〇、一九六一年。

(6) 森　浩一「日本の古代文化」『古代史講座』三、学生社、一九六二年。〔本巻所収〕

(7) 方形周溝墓の命名者は大場磐雄博士であるが、次の文献に発見の経緯と問題点が整理されている。下津谷達男「方形周溝墓とその提起する諸問題」『歴史教育』一五—三、一九六七年。

(8) 後藤守一「古墳文化」『日本考古学講座』五、河出書房、一九五五年。

(9) 後藤守一「古墳の編年研究」『古墳とその時代』朝倉書店、一九五八年。

(10) 斎藤　忠『日本古墳の研究』吉川弘文館、一九六一年。

(11) 森　浩一「古墳と墳墓の用語について」『先史学研究』五、一九六五年。

(12) 三上次男「中国の甕棺墓と朝鮮の甕棺墓—甕棺を通じて見た古代朝鮮文化の性格—」『古代東北アジア史研究』一九六六年。

(13) 森　浩一「葬法の変遷よりみた古墳の終末」『古代学論叢』末永先生古稀記念会、一九六七年。

〔本巻所収〕

(14) 小田富士雄「発生期古墳の地域相—北九州について—」『歴史教育』一五—四、一九六七年に北九州の小封土をもつ弥生墳墓が集成されている。

(15) 原田大六「墳墓—西日本」『日本考古学講座』四、河出書房、一九五五年、一七九頁。

(16) 九州大学文学部考古学研究室編「北部九州(唐津市)先史集落遺跡合同調査」『九州考古学』二九・三〇、一九六六年および小田富士雄 註(14)前掲書。

(17) 甕棺の型式と編年の表示は次の論文で統一した。森貞次郎「弥生時代における細形銅剣の流入について」『日本民族と南方文化』平凡社、一九六八年。

(18) 梅原末治「肥前唐津市発見の甕棺遺物」『考古学雑誌』三六—一、一九五〇年および杉原荘介「佐賀県桜馬場遺跡」『日本農耕文化の生成』本文篇、東京堂、一九六一年。

(19) 乙益重隆「佐賀県唐津市桜馬場発見の内行花文鏡」『考古学集刊』四、一九六二年。

(20) 島田貞彦『筑前須玖先史時代遺跡の研究』(『京都帝国大学文学部考古学研究報告』一一、一九三〇年に全文収載)。

(21) 森本六爾編『柳園古器略考・鉾之記』一九三〇年。

(22) 梅原末治「筑前国井原発見鏡片の復原」『日本考古学論攷』一九四〇年。

(23) 島田貞彦 註(20)前掲書。

(24) 岡崎　敬「福岡県飯塚市立岩遺跡発見の前漢鏡とその銘文」『史淵』九九、一九六八年。

(25) 末盧国(汲田と桜馬場遺跡)、伊都国(三雲と井原遺跡)、奴国(須玖岡本遺跡)、不弥国(立岩遺跡)。最後の不弥国の所在地についてはなお定説化はしていない。

(26) 七田忠志「東脊振村三津の石蓋甕棺と内行花紋明光鏡」『佐賀県文化財調査報告書』二、佐賀県教育委員会、一九五三年および金関丈夫・坪井清足・金関恕「佐賀県三津永田遺跡」『日本農耕文化の生成』本文篇、東京堂、一九六一年。
(27) 洛陽の西晋墓、四川省昭化県宝輪鎮の南北時代崖墓、江蘇省陳家村西晋南朝墓などに知られている。『考古』一九六六年の三、『考古学報』一九五七年の一、および『四川省出土銅鏡』一九六〇年などを参照。
(28) 鏡山猛・渡辺正気「福岡市日佐原の弥生時代墓地」『日本考古学協会第二四回総会研究発表要旨』一九五九年。
(29) 『福岡県弥永原遺跡調査概報』福岡県教育委員会、一九六五年。
(30) 波多野晥三・岩崎光・松岡史・小田富士雄『亀ノ甲遺跡』八女市教育委員会、一九六四年。
(31) 梅原末治「上古初期の仿製鏡」『国史論集』一、一九五九年。
(32) 同前、二八二頁。
(33) この種の遺品のうち、山口県土井浜出土例は文様の退化がいちじるしく、製作年代が下っている可能性がある。古墳前期の祭祀遺跡から出土したという。金関丈夫・坪井清足・金関恕「山口県土井浜遺跡」『日本農耕文化の生成』註(26)前掲書。
(34) 江谷寛・瀬川芳則氏調査。筆者実見。
(35) 奈良県御所市名柄出土の銅鐸伴出の多鈕細文鏡と大阪府柏原市大県出土の多鈕細文鏡は陽燧的な別系統の銅鏡として除いた。駒井和愛『中国古鏡の研究』岩波書店、一九五三年参照。
(36) 島根県安来市切川町に例がある。近藤正ほか『上代文化』三六、一九六五年。
(37) 小田富士雄「佐賀県椛島山石棺の出土遺物」『古代学研究』五一、一九六八年。
(38) 佐賀県教育委員会『勇猛山古墳群』一九六七年。

(39) 同前。
(40) 永井昌文・小田富士雄・橋口達也「福岡県中間市上り立弥生墳墓群調査報告」『九州考古学』三三・三四、一九六八年。
(41) 原口信行「箱式棺内出土の内行花文鏡」『考古学雑誌』四〇—三、一九五四年。
(42) 椿井大塚山古墳　京都府相楽郡山城町椿井所在、全長約二〇〇メートル。桜井茶臼山古墳　奈良県桜井市外山所在、全長約二〇七メートル。摩湯山古墳　大阪府岸和田市摩湯所在、全長約二〇〇メートル。いずれも前方後円墳。
(43) 島田寅次郎「五島山の石棺」『福岡県史蹟名勝天然紀念物調査報告書』一、一九二五年。中山平次郎「九州北部に於ける先史原史両時代中間期間の遺物に就て」『考古学雑誌』八—三、一九一七年。
(44) 愛知県渥美地方の弥生遺跡の銅鏃に類品が多い。下条信行「五島山古墳」『有田遺跡』九州大学文学部考古学研究室、一九六八年。
(45) 森　浩一「日本出土銅鏃地名表・銅鏃集成図」『北玉山古墳』関西大学出版部、一九六四年。
(46) 梅原末治『椿井大塚山古墳』京都府教育委員会、一九六四年。
(47) 梅原末治「豊前宇佐郡赤塚古墳調査報告」『考古学雑誌』一四—三、一九二三年。
(48) 赤塚古墳の三角縁神獣鏡と同型の鏡は、福岡県原口古墳、同県石塚山、京都府南原古墳、同府椿井大塚山、岡山県香登古墳、滋賀県岡山古墳、三重県筒野古墳に分有されている。小林行雄「同笵鏡考」『古墳時代の研究』青木書店、一九六一年。
(48) 最近弥生集落の全貌が考古学的調査で確かめられてきたので適用の曖昧な用語をすてて視覚的な単位を使用した。しかしどの集落にも同程度の首長が存していたかどうかなどについては今後の研究にまたれる。
(49) 原田大六『実在した神話』学生社、一九六六年。
原田大六「福岡県平原古墳の問題点」『古代学研究』四二・四三、一九六六年。
(50) 村川行弘ほか『田能遺跡概報』尼崎市教育委員会、一九六七年。
(51) 豊中市教育委員会『勝部遺跡』一九六七年。
(52) 大阪府教育委員会『東大阪市瓜生堂遺跡の調査』一九六七年。
(53) この管玉は畿内の前期古墳の出土品に類似点があり、銅釧は奈良市富雄丸山古墳の一括出土の伝えをもつ銅釧に類似している。丸山古墳の銅釧については、『奈良市史』考古編、一九六八年所載の図版一七参照。
(54) 伊達宗泰・森浩一「土器」『日本の考古学』V、河出書房、一九六六年。
(55) 増田精一「前期古墳出土刀剣の拵えについて」『史潮』一〇〇、一九六七年。

――一九六八年『文化史学』第二四号、文化史学会

日本の古代文化

古墳文化の成立と発展の諸問題

一　古墳文化成立の諸問題

日本の各地で発見された古墳の数は数万におよんでいる。この莫大な古墳は、古代の全期間に構築されつづけたのではなく、四世紀以来の約四〇〇年間という限られた時期に構築されたのであるから、古墳文化時代と称することにも理由がないわけではない。日本で古墳とよぶのは、古い墳墓の総称ではなく、地上に高い墳丘をこしらえた、いわゆる高塚を主にさし、高塚の一変形である横穴や地下式横穴（墳丘中にこしらえる遺骸収容用の墓室だけを、崖面や地表下に掘りこむ）をも含めている。古墳には遺骸にそえた品物である副葬品を埋めたり、遺骸を棺や槨《かく》（墓室）におさめることが通例である。また墳丘の形やそこに配置した埴輪にも時期によって特色がある。副葬品の組合せや棺槨、墳丘、埴輪などを比較し、古墳変遷をあとづける編年研究は、考古学の重要な課題として推進せられた。その結果、古墳文化は、前・中・後の三時期、または前・後の二時期で概括的に把握されている。

古墳前期(古式古墳の時期)とは、古墳の発生とそれにつづく発展期であるが、すでにわが国独自の前方後円墳が、九州、中国、四国、近畿、東海、関東、東北南部にいたる地域に点在している。円墳もあるが、前方後円墳が多い。この時期の前方後円墳は、平野に築きあげた人工の墳丘ではなく、山頂や丘陵先端の自然地形を墳丘に利用し、部分的に手をくわえている。遺骸は組合せ石棺にいれる場合と、長大な木棺にいれてそれを割石積の竪穴式石室でかこう場合があり、石室を略して木棺を粘土でつつみこむ粘土槨もある。これらの埋葬施設は、墳丘の最上部から二、三メートル下にもうけられていて、墳丘の最下部にないことは古式古墳の一特色である。同一の棺や槨には一遺骸をいれた例が大部分であり、この点、後期には一つの棺や石室に二人またはそれ以上の遺骸を葬ることがまれでないことと対照的である。死者の副葬品は、硬玉製の勾玉、棗玉《なつめだま》、碧玉製の管玉、ガラス製の小玉などの玉類、中国製と日本製の銅鏡、鍬形石、車輪石、石釧《いしくしろ》などの名称でよばれる碧玉製腕輪類(時には貝製品もある)、刀、剣、鏃、数種類の工具などの鉄製品、鏃や巴形、筒形などの銅製品などである。埴輪を用いてない古墳もあるし、使用していても円筒、壺形、蓋《きぬがさ》形で種類は少ない。古墳の分布は散在することが多く、後期のように大きな古墳群を形成することは少ない。時に古墳が群集していても、数基から十数基程度で、一箇所に二、三十基が群集することは畿内でも発展期に二、三の例があるのみである。以上が前期古墳についての概説的な説明であるが、つぎに前期古墳文化研究の基本的な資料の問題点を整理し、古墳文化成立に畿内と北九州とが果たした役割を考えよう。

副葬品の鏡

古式古墳では銅鏡を遺骸にそえることが一般的である。

（イ）一枚だけの副葬から京都府椿井大塚山の三六枚にいたるまで数は一定しないが、多数の鏡を副葬した古墳は墳丘の大きいものが多い。

（ロ）これらの鏡には中国製（舶載鏡）とそれを模した日本製（仿製鏡）があり、中国鏡だけを副葬した場合、日本製だけの場合、両者共存の三つの組合せがある。

（ハ）古墳出土の中国鏡には、少数の前漢鏡、後漢代の方格規矩鏡、内行花文鏡、一部学者が魏鏡と推定する三角縁神獣鏡、呉代の神獣鏡、晋代の位至三公鏡、および後漢末以来華南で作られた画文帯神獣鏡など多種類がある。

これらの問題のうち、わが国出土の中国鏡は、古墳文化成立期の年代を求める手がかりになるので重視されている。仮に後漢鏡だけを副葬する古墳があって、その古墳の墳丘形態や棺槨などの諸条件も型式編年上で三国時代以降の中国鏡を副葬している古墳より遡るならば、古墳文化の成立を後漢時代かそれに近い頃と推定できる。後で述べるが、北九州の弥生中期の甕棺墓からは多数の前漢鏡が、中期末の甕棺墓からは後漢鏡だけが出土しており、一、二世紀の北九州の小国家の支配者層の墳墓だと推定されている。これに対し、古式古墳では後漢鏡は、たいていの場合魏晋時代の中国鏡や仿製鏡と一緒に埋納されているから、北九州の弥生式墳墓での中国鏡のあり方とは相当に違った組合せを示している。つまり古式古墳がつくられ、遺骸が葬られたのは、古い方の後漢鏡ではなく、新しい方の魏晋鏡の年代に準拠して決定されるべきであることは今日では疑いの余地はない。このように中国鏡の組合せを整理すると、当然古式古墳に副葬された古い方の鏡である後漢鏡についていくつかの解釈が生まれてくる。

伝世鏡の否定

銅剣、銅鉾分布圏の中核にある北九州の弥生中期の社会は、前漢鏡や後漢鏡を輸入し支配者層の死と共に墳墓に埋められていたが、ほぼ同じ頃近畿を中心にした銅鐸分布圏の弥生式社会でも中国鏡を輸入していたという実証資料は何もない。しかし銅鐸の分布地域にはのちに古式古墳が多くつくられ、そのような古式古墳には魏晋鏡と共に後漢鏡も副葬されている事実に注目した梅原末治博士や小林行雄氏は、これらの後漢鏡は古く弥生式時代に輸入され、墳墓には埋めずに永く伝世し、古式古墳がつくられるようになって、魏晋鏡と共に古墳に埋納したと解されている。この立場をとれば、北九州の弥生式社会にも、近畿の弥生式社会にも、後漢鏡は輸入され、北九州ではそれを保持した支配者層の死に際して埋められ、近畿では個人の私有物とはならずに共同体によって永く伝世されたことになる。近畿の弥生式社会でも後漢鏡を輸入し、それを伝世したという仮説は、

（イ）古墳出土の後漢鏡には、鏡縁や鈕孔や背面に磨滅のあとがあり、これは手ずれで生じたもので伝世を示している。

（ロ）大阪府紫金山《しきんざん》古墳や福岡県銚子塚《ちょうしづか》では、後漢鏡は、年代の新しい三角縁神獣鏡などとは区別して遺骸の頭部におかれていた。これは伝世鏡が特別の取り扱いをうけていたことを示している。

などを重要な論拠にしている。小林氏は、以上の伝世鏡の仮説をひろげて、さらに古墳発生の歴史的意義についても論及している。これに対し故後藤守一先生は、古くから中国鏡が日本で伝世することを疑問視されていたし、最近では内藤晃氏[1]が小林理論の方法上の矛盾や錯誤を厳密に指摘し、また原田大六氏[2]はかつて手ずれと称されていた磨滅した鏡は、鋳造時に湯びえの現象で生じたものにすぎないと説き、伝世鏡の仮説の成立しないことを両氏も強調された。小林氏が特別に取り扱われていたとした伝世鏡は二例にすぎず、そのうち福岡県銚子塚の後漢鏡は美しい鍍金鏡であり、大阪府紫金山の後漢鏡は、光沢のある白銅質で文様も精緻な方格規矩鏡であるのに対し、他の鏡は見劣りのする鋳放しのままの仿製鏡であるから、伝世鏡であるがために特別視されたのではなく、美しい中国鏡であるから被葬者が生前愛用していたと考えるのが妥当である。また静岡県松林山《しょうりんざん》古墳のように後漢鏡を特別扱いしなかった例もあり、さらに何よりも都合の悪いことは、福岡県銚子塚は弥生式時代に中国鏡を輸入し伝世の風習のなかったはずの北九州にあることである。また近畿の弥生式社会が、中国鏡を輸入していたことを直接証明できる資料は全く存しないから、伝世鏡の理論は歴史的理解から生まれてきたのではなく、単なる想像の域をでないものだと批判されている。

中国での鏡の伝世

伝世鏡の理論がかつて成立した背後には、中国大陸では鏡は伝世しない、極端に表現すれば、三国時代にはその時代に鋳造された鏡だけが使用されたに違いないという先入観があった。このことは戦前のように中国大陸で学術調査がほとんど行なわれなかった時代には、わが国の鏡研究者の発言以外によりどころのなかった学界の貧困さにも責任があった。戦後新しい中国になって、中国学者によって活潑な発掘が続けられた結果、鏡の編年や中国での鏡の流布の実態が次第に明瞭になってきた。その代表例は、一九四九年以来行なわれた河南省洛陽での五四基の晋墓の調査(3)である。この晋墓からは、二四枚の鏡が発見されており、晋時代に製作した位至三公鏡が八枚で最も多いのは当然であろうが、前漢時代の内行花文明光鏡や日光鏡、後漢時代の長宜子孫銘の内行花文鏡、方格規矩鏡、夔鳳《きほう》鏡が晋時代の古墓から出土している。この晋墓群からは、西晋の年号銘のある墓誌も発見されており、古墓群は西晋が洛陽に都していた三世紀後半から四世紀初頭までに営造されたことは確実であるから、晋墓出土の前漢鏡や後漢鏡は少なくとも二、三百年は伝世しており、出土数二四枚中の五枚以上の高い割合で伝世鏡をまじえているのである。洛陽の晋墓での例のように中国で前漢鏡や後漢鏡が伝世した事実は、四川省巴県胎化宝輪院の六朝時代の崖墓、楽浪の王光墓などで次第に増加しているから、日本の古式古墳出土の後漢鏡を考える場合に視野が拡大された。

中国大陸での鏡の流布の実態が明らかにされ、一方、古式古墳出土の伝世鏡が再検討されるにつれて、近畿の弥生式社会が北九州と同様に中国鏡を輸入し、古墳が発生する社会になるまで共同体に伝世されたと想像することは困難になった。古墳の後漢鏡（稀には前漢鏡）は、中国で伝世したのであり、それらは新しく魏晋鏡と一括して古墳時代に輸入されたものであることが、洛陽晋墓の鏡群の組合せから導かれてくる。なお伝世鏡の理論構成には、近畿とくにその中心の大和の優位が先入観になっていた。この大和優位の考えは他でも正しい解釈をまげているので項を改めて検討しよう。

年号鏡と輸入の時期

『魏志』倭人伝には、魏と邪馬台国との交渉が詳細に記録されている。鏡にかんしては、景初三（二三九）年に洛陽で魏の天子は、邪馬台国の女王卑弥呼の使者に詔書をだし、「銅鏡百枚」を下賜することにし、正始元（二四〇）年に帯方郡の太守が部下を倭国に遣し、詔書や銅鏡をもたらした。この時輸入された一〇〇枚の銅鏡の大部分は、三角縁神獣鏡であろうとの推測が今日ではやや定説化された観があり、三角縁神獣鏡の研究は邪馬台国の所在地決定にも有力な資料だとされている。古式古墳出土の鏡のうち、数が多いのは、三角縁神獣鏡と平縁の画文帯神獣鏡の二種類で中国鏡だと推定されているのは各々二〇〇枚以上も古墳から発見されている。しかし後で述べるように三角縁神獣鏡の大部分はむしろ仿製と考えるべきであるから、まず古墳出土の年号鏡を手がかりとして論を進めよう。年号鏡というのは、鏡の製作年月を鋳出したもので、型式別に整理された鏡の年代を知る重要な基準になっている。わが国出土の年号鏡は表1のとおりである。

表1によれば、魏王から卑弥呼に一〇〇枚の鏡が与えられた二三九年と二四〇年の魏の年号鏡が三枚あって、倭人伝の記載に対応する遺物のように考えられがちである。大阪府黄金塚の景初三年鏡は、平縁で、画文帯と半円方形帯をめぐらし、神像の配置は鈕を中心にその上下左右に四組の神像を同一の方向から見るようにして、それぞれの間に獣形を配した重層式神獣鏡とも呼ばれるものである。これに対し群馬県柴崎古墳と兵庫県森尾《もりお》古墳の正始元年鏡は、同じ原型で作られた同型鏡（同笵鏡という学者もある）で、三角縁神獣鏡には属すけれども、主要な

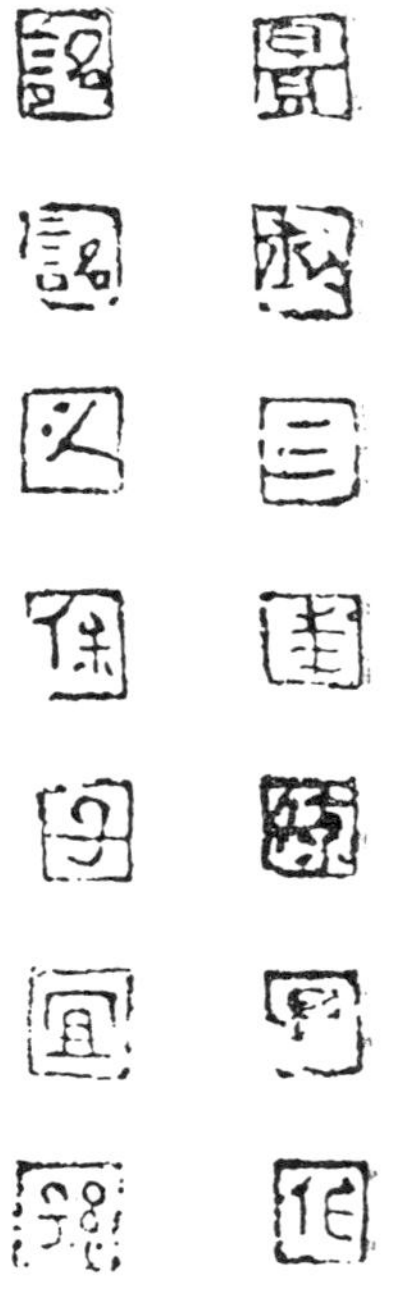

図1　大阪府黄金塚の画文帯神獣鏡の銘文
景初三年陳是（？）作詺詺之保子宜孫、詺は鏡のまちがい。文章のあやまりから仿製鏡の疑いもある。

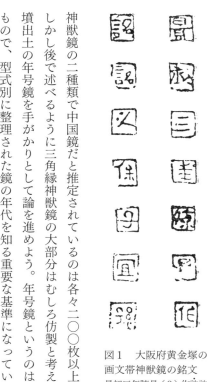

文様を表現した内区は、重層式神獣鏡の型式をとり、前記の景初三年鏡とは細部の表現まで一致している。景初三年鏡の銘文には、陳是（？）作とあり、正始元年鏡にも陳是作とあるから、おそらく同じ製作者または集団が鋳造したのであろう。以上三枚の古墳出土の魏の年号鏡には、共通点が多いが、小林氏らが魏鏡だと推定している年号銘のない普通の三角縁神獣鏡とは文様の構成が違っているのである。もっとも年号銘のない三角縁神獣鏡にも重層式に神獣を表現するものもあるが、その数は少ない。その一枚である山口県宮《みや》ノ洲《す》古墳の三角縁神獣鏡には、画文帯神獣鏡に多い半円方形帯をめぐらしており、その点でも景初三年鏡との共通性が強くでている。このように重層式に神獣を表現する一群の鏡は、魏王が卑弥呼に贈ったとするのに条件

表１　日本出土の年号鏡

国名	年号	西暦	鏡式	出土地	古墳名	墳丘
呉	赤烏元年	二三八	半円方形帯神獣鏡	山梨県三珠町	鳥居原	円
魏	景初三年	二三九	画文帯神獣鏡	大阪府和泉市	黄金塚	前方後円
魏	正始元年	二四〇	三角縁神獣鏡	群馬県高崎市	柴崎古墳	円
魏	正始元年	二四〇	三角縁神獣鏡	兵庫県豊岡市	森尾古墳	円
呉	赤烏七年	二四四	半円方形帯神獣鏡	兵庫県宝塚市	安倉高塚	円
西晋	元康？年	二九〇頃	半円方形帯神獣鏡	京都府上狛附近と伝う		

がそろっているようではあるが、輸入の時期についての検討を行なわねばならない。

わが国での最古の年号鏡である呉の赤烏元年鏡の出土古墳は重要な問題を含んでいる。この鏡の発見された山梨県鳥居原は、後藤守一先生が指摘されたように構造上後期古墳に属し、六世紀を遡るものではない。また古代の日本には、死穢を忌む風習が強く、稀有の例のほかには伝世は考えられない。従って鳥居原の赤烏元年鏡は、わが国と呉《くれ》、つまり南朝との交渉が開始されるようになって、中国で伝世されていた鏡が日本へ送輸されたのであろうと説いておられる。先述のように中国での鏡の伝世が明らかにされつつある今日では後藤先生の意見が最も妥当性をもっている。同様の検討は大阪府黄金塚古墳についてもなされねばならない。黄金塚は、近畿の古墳編年では古式古墳とはいえすでに中期的様相をも多分に含んでおり四世紀後半から末に位置づけることができるから、晋代に景初三年鏡が輸入され、これを入手した黄金塚中央槨の被葬者（たぶん女性）がその死に際して槨内に埋納したと考えるのが妥当であろう（黄金塚東槨の画文帯神獣鏡は、東晋代の製作特色を示していることを樋口隆康氏(4)が指摘している。中央槨の鏡群の輸入が、東槨の鏡群の輸入と同時に行なわれたのであれば、景初三年鏡の輸入時期を東晋ごろまで下げねばならない。なおこの鏡については仿製説もある）。このように年号鏡を出土した古墳の年代は、古墳編年でも格別古く位置するのでないことは、群馬県柴崎古墳、兵庫県安倉高塚《あくらたかつか》、兵庫県森尾古墳でも共通して認められる。邪馬台国体制下での鏡の配布を示すと推定された魏や呉の年号鏡は、むしろ大和政権によって配布されたのであり、ここでは古墳成立期をさぐる手がかりは失われたのである。

三角縁神獣鏡の検討

魏鏡と推定されてきた三角縁神獣鏡は、邪馬台国大和説、ひいては古墳文化の成立を大和に求めようとする学者が掲げる有力な資料である。小林氏らが中国鏡だと推定している古墳出土の三角縁神獣鏡はすでに三〇〇枚以上に達しているが、その大部分を魏鏡と断定することには賛成できない。魏鏡とできない理由は簡単であって、三角縁神獣鏡は中国大陸からかつて一枚も発見されていないからである。例えば、わが国に多く出土する画文帯神獣鏡は、中国では華南から多数、華北からも相当数が発見されていて、明らかに中国鏡であるが、三角縁神獣鏡は、戦後の中国大陸でのおびただしい考古学上の発見でも、また朝鮮半島からもついに発見されていない。にもかかわらず、これを魏鏡と推定する根拠は、わが国出土の㊣始元年鏡と鏡縁が類似しているからであるが、正始元年鏡と普通の三角縁神獣鏡とは文様構成が異なることは先述のとおりである（重層式と独立像求心式の差）。また三角縁神獣鏡は、銅質が一般に後漢鏡や画文帯神獣鏡よりも悪く、神像の表現も簡単であるがこれは論外にされてきた。また中国文字の銘帯があることをも中国鏡の証拠にされてきた。このように複雑な条件の鏡であるから、中国が自国で使用するためでなく、日本へ輸出する目的で幾分省略した技術で大量に製作したと推測する人もいる。小林氏も、鏡そのものの説明から魏鏡としたのではなく、この鏡が大和を中心に分布する実態を魏鏡であることの傍証としているが、これは大和が邪馬台国であるとの先入観にたってのことであり、三角縁神獣鏡が魏鏡であることについては何の証明にもなっていない。

中国大陸から一枚も出土していない三角縁神獣鏡について考える場合、奈良県田原本町鏡作

図2　奈良県鏡作神社の神獣鏡

図3　画文帯神獣鏡（左）と三角縁神獣鏡（右）の文様表現
左：大阪府黄金塚古墳西槨出土画文帯同向式神獣鏡
右：京都府長法寺南原古墳出土天王日月・鋸歯文帯四神四獣鏡

神社に古くから神宝として伝える神獣鏡（図2）を重視したい。この鏡は、型式上は三角縁唐草文帯神獣鏡に属するが、外区を鋳出しないで、最初から内区の二神二獣とそれをめぐる鋸歯文帯を円形に製作している。銅質はよくない。このような奇妙な鋳出は中国では考えられない。鏡作神社の鎮座する一帯は、鏡作工人の本貫の地として文献にも散見するが、この異形の鏡は恐らく鏡作工人が製作したのであろう。鏡作神社の神獣鏡は、鏡製作と何か関係がないだろうか。ここで想起されるのは、同型鏡の中に、内区は同じで、外区の文様構成だけを改作したものがあることである。例えば鳥取県普段寺山《ふだんじやま》古墳出土と、大阪府阿為《あい》神社蔵の三角縁二神二獣鏡である。もし鏡作神社蔵鏡が、鏡を踏み返す原型に使われたか、または製作の標準型として保持されたのであれば、今日中国鏡だとされている三角縁神獣鏡には仿製鏡があることになる。さらに鏡作神社蔵鏡と、これに類似する中国鏡と称される一群の鏡（兵庫県ヘボソ塚、京都府長法寺古墳、京都府西車塚、岐阜県長塚の二神二獣鏡）の文様表現を比較されたい（図3）。前者の肉付豊かで確実な表現の神獣に対し、後者の文様表現は拙劣であり、これらを中国鏡と認めることは極めて困難である。中国文字の銘文があることも中国鏡である決め手にはならない。三角縁神獣鏡の銘文は簡単でしばしば誤記されている。鏡製作だけを考えずに、古代の他の手工業の多くが、最初は帰化系工人の渡来によって出発していることを参考にすれば、鏡製作も最初は帰化系工人によって主導的に行なわれたとみるべきであろう。とすれば、初期の仿製鏡である三角縁神獣鏡にはなお簡単な中国文字が刻まれ、工人が二世、三世となるにつれて甚だしく誤記され（福岡県銚子塚）、やがて文字は文様化されたと考えられる。以上のように私は三角縁神獣鏡の大部分は仿製鏡であり、国内での鏡製作の当初には帰化系工人が製作を担当したから、三角縁神獣鏡に限らず一般に仿製鏡としては優秀なものを製作できたであろうと考えている。三角縁神獣鏡の大部分が魏鏡でないにしても、小林氏によって古墳での分有関係が整理されているので、次にそれを参考にしよう。

三角縁神獣鏡の分有

三角縁神獣鏡の特色は、同型鏡（同笵鏡）が非常に多いことである。同型鏡とは同じ原型を使って製作された二枚以上の鏡のことであり、同じ鋳型を用いたものは同笵鏡と呼ばれている。私は同じ原型を用いたとする説に妥当性を認めている。古墳出土の三角縁神獣鏡（三角縁の竜虎鏡を含む）を整理した小林氏の労作[5]によると、約四〇の古墳から三七種類、合計九〇枚前後の同型鏡が発見されており、京都府椿井大塚山からは最も多くの同型鏡が出土している。大塚山の出土鏡数三六枚のうち、鏡式の判明したのは二九枚で、大塚山自体に四種の同型鏡を含んでいるから、二四種類の鏡が存し、そのうち一四種類が北九州から関東に及ぶ各地の古墳一七基の出土鏡との間に同型関係をもっていることが指摘されている（このように各地に同型鏡が分有されている事実は、三角縁神獣鏡が舶載品でなく仿製鏡であることを明確に示していると私は考える）。小林氏は、これら一七基の古墳を、伴出副葬品に碧玉製腕輪や仿製鏡（私の推定する二代以後の帰化系工人の製品）を含む新しい文化相を示すものとして類別している。

西群（古い文化相）　福岡県武蔵古墳、大分県石塚山、大分県赤塚、山口県竹嶋古墳、兵庫県吉島《よしま》古墳、大阪府御殿山古墳、岡山県車塚、京都府長法寺古墳、京都府大塚山

東群（新しい文化相）　大阪府黄金塚、京都府百々池《どどいけ》古墳、奈良県佐味田《さみた》古墳、奈良県新山《しんやま》古墳、静岡県大塚、神奈川県大塚山、神奈川県白山《しろやま》古墳、群馬県三本木《さんぼんぎ》古墳

これらの古墳は、古式の一群で、とくに西群として類別された古墳にはまだ埴輪の使用がなく、副葬品も東群より遡るものが多い。新しい文化相とされた東群には、景初三年鏡の黄金塚があり、正始元年鏡をだした柴崎古墳は、他の同型鏡を奈良県新山古墳と分有しているので、間接的にこの群に包括される。小林氏によれば、三角縁神獣鏡が同型鏡として、以上のような各地の古墳に分有されているのは、商人のような第三者を介しての偶然の結果ではなく、大和の支配者が一括して保持していた魏鏡を各地の首長に政治的な目的をもった分与（恩賜）を行なった結果生じたのであって、その際に京都府大塚山の被葬者の果たした役割は大きいという。

伝世鏡の問題でも、小林氏は大和の優位に暗黙のうちに拘泥していたが、同型鏡分与の場合でも、「卑弥呼の時代に輸入された三角縁神獣鏡は、その後のある時期に至って、ようやく、大和の某地の保管場所からとりだされて、各地の首長に分配された」[6]と考えておられる。しかし小林氏の労作の結果導きだされた古い文化相の古墳には、大和の古墳は含まれておらず、新しい文化相になって大和の古墳が現われていることは小林説を困難にしている。一体大和には

どのような古式古墳があるのかを次項で検討しよう。

大和の古式古墳

大和を中心にした近畿地方が、古墳文化発達に最も重要な役割を果たした地域であることは何人も疑わないし、末永雅雄博士が中心となって奈良県立橿原考古学研究所が戦後行なった古式古墳の調査によってもますます確証されつつある。しかし大和またはその周辺の地域で、古墳文化が成立したことを積極的に実証する資料は少ないのである。難解なことではあるが、最近の資料をも参考にして私見を述べよう。

大和の古式古墳は、奈良盆地周辺の丘陵地帯にいくつかの群をなして点在している。盆地北方の佐紀盾列古墳群、西方の馬見古墳群、東方の三輪、柳本《やなぎもと》、朝和《あさわ》に至る古墳群、東南の鳥見《とみ》山《やま》山麓の桜井市の古墳群などである。これら古式古墳群の中核をなすものは、多くは前方後円墳であり、少数の前方後方墳、双方中円墳、帆立貝式古墳が存在する。大和において、古墳文化が発生したと考えようとする人は、最初に古い小円墳があって、次の時期に大きな前方後円墳が出現することを期待している。しかし実際の資料に関する限り、大和の古式古墳は、最も古いと思われる型式のものでさえ、円墳以外の墳形、主に前方後円墳であり、その大きさを全長で示すと、景行陵三一〇メートル、崇神陵二四〇メートル、メスリ山二三〇メートル、箸墓二七五メートル、成務陵二一九メートル、茶臼山二〇七メートル、ヒバス媛陵二〇七メートル、新山一二七メートル、佐味田九一メートルのように巨大な墳丘である。全長二〇〇メートルから三〇〇メートルといえば、すでに古墳文化の最盛期を示す応神、仁徳期の墳丘にも近い大きさであることは言うまでもない。しかし大和で古墳文化が発生し、それが地方へ波及したという先入観にこだわる人達は、以上掲げた著名な古式古墳以外に小円墳が見逃されていないかと疑っている。その人達のうち、大和を余り歩いていない人は漠然と小円墳の存在に期待し、大和を十分知っている人は、すでに知られている古墳群、例えば橿原市東常門《ひがしじょうど》の弥生式遺跡の東方丘陵に散存する鳥屋《とりや》千塚の小円墳群に期待している。前者の期待は根拠がないが、後者の鳥屋千塚について説明すると、丘陵上に約二〇〇の小円墳で構成される古墳群で、今日までに副葬品や構造が知られた範囲内では、中期的古墳もかなりあるが、大部分は後期古墳に編年され、未発掘墳も盛土や群構成の状況から判断して後期の群集墳であり、古式古墳の範疇にはいるものではない。奈良県のようにたえず公私の研究者が、分布調査や観察調査を反復して行なっている地域では、すでに知られた古式古墳以外に問題になるような古墳が未発見のまま残されていることは余り期待できない。従って現在までに発見されたおびただしい資料を無視して、ただ今後に期待する以外には古墳文化の成立を大和に求めることは不可能である。

大和の弥生式後期

伝世鏡の理論でも、北九州の銅剣銅鉾分布圏の支配者層が中国鏡を輸入し、墳墓に埋葬している事実に対し、資料が実在しないにもかかわらず、近畿の銅鐸分布圏でも同じように中国鏡を輸入し、伝世されていたと考えられていた。しかし古墳文化発展期以降の大和の政治的・文化的優位を、古墳発生期、さらには弥生式後期にまで遡って認めることができるだろうか。二、三世紀と推定される弥生式後期には、大和にはどの程度に集落があるのだろうか。奈良県で弥生式後期の土器が発見された箇所は全部で六五箇所。このうち包含層があって、まず集落址と認められるのは三〇箇所[7]にすぎない。このうち、大きな集落址と推定されるのは、御所市鴨都波《かもつば》神社、橿原市東常門、曲川《まがりかわ》、中曾司《なかぞし》、坪井《つぼい》、大三輪町太田、田原本町唐古《からこ》、保津《ほづ》、天理市岩室《いわむろ》、奈良市窪之庄《くぼのしょう》、池田町等の諸遺跡である。ここに掲げた諸遺跡のうち、後期の土器が多数出土したのは、鴨都波、東常門、唐古の三遺跡にすぎず、このことはむしろ意外なほど少ない。弥生式後期に奈良盆地の開発が他地方よりも一段と進展し、人口密度も高かったと判断する積極的資料は存しない。これを銅鐸の出土数で示すと、奈良県は一一個で、徳島県三二個、和歌山県二三個、滋賀県一二個などでこれも少ない。淡路島だけでも一〇個も発見されていることを考えると、弥生式時代、とくに後期に大和の政治的・文化的優位をとくことは不可能に近い。蛇足ながら、このような考古学的事実は、邪馬台国が七万余戸という最大の人口を擁したとする倭人伝の記載と、邪馬台国大和説を合致させることが私にはますます困難に思われる。なお大和の隣接地の山城における弥生式後期の遺跡はさらに少なく、銅鐸は五個出土しているにすぎない。

北九州の弥生式墳墓と近畿の古式古墳

近畿の弥生式社会の葬制としては、壺棺が各地で発見されているが、幼児を葬るものが多く、成人の死者を木棺に葬っていた例がいくつか報告されている。これに対し、北九州では、甕棺、支石墓、箱式石棺等に成人の死者を葬ることは普通に行なわれていて、成人の死者のために墳墓をつくる風習では、古式古墳の伝統を北九州の弥生式社会に求めるべきであろう。北九州の弥生式墳墓には、ごく少ない率であるが、鏡玉剣を副葬する場合があって、支配者層の墳墓と推定されている。鏡玉剣という組合せの副葬品を死者にそえることも、古式古墳の基本的な条件である。北九州でも弥生式中期末の福岡県井原や佐賀県桜馬場の甕棺墓からは、鏡玉鉄刀のほか巴形銅器も発見されており、古式古墳との相異は、棺が甕であり、盛土がない以外はほとんど共通するといって過言でない。北九州に多い甕棺墓に混じった弥生系の箱式石棺も古式古墳のうちに継承されたとみられるし、盛土の風習も僅少例ではあるが北九州の弥生式原始墳墓に類例が知られている。棺の周囲を割石で積んだ竪穴式石室は、古式古墳の大きな特色であるが、この手法も福岡県大塚で甕棺を囲んだ割石積の石室の実例がある。また遺骸と一緒に丹朱を使用する古式古墳の一般的風習も北九州の弥生式墳墓に多くの使用例がある。ゴホウラやイモガイ製等の貝製腕輪類も、東日本にもあるが北九州に多く、北九州の支配者層の人達が着用する風習が強かったのであろう。このような貝製腕輪は、古式古墳にも伝統としてうけつがれ、のちには碧玉で模作したことはすでに定説化している。スイジ貝を模したといわれる巴形銅器も、古式古墳にはしばしば副葬されているが、始原形態の巴形銅器は北九州の弥生式墳墓で出土している。

以上のように、埋葬の風習に関する資料を整理すると、段階的になお急激な差はあるにしても、古式古墳文化の発生の母胎を、大和を中心とする近畿の弥生式文化にはほとんど求められないのに反し、すでに原始墳墓がおびただしく構築されていた北九州の弥生式文化、とくに中期以降の文化には古式古墳文化につらなるものが多いことは重要な事実である。なお以上のことは、銅鐸についての記憶を、のちの大和朝廷の人達がもっていなかったとする文献学徒の疑問や、弥生式時代の後期でも鉄製品は北九州から多く発見され、近畿地方からは少ししか発見されていない事実などをも傍証にするのである。

弥生式墳墓群と古式古墳群

以上の試論を要約すると、弥生式社会を単一の構造をもつものとしてではなく、北九州と近畿を中心とする二様の構造体として把えようとしたのである。

既述のように、古墳文化は大和を中心とした近畿地方で成立したのではなく、また近畿の弥生式文化が成長して生みだしたのでもない。資料に即して考えると、北九州の弥生式文化に直接の関連を求めることが妥当であることを説いた。埋葬の風習以外に両者に共通したものはなかろうか。

北九州の弥生式墳墓のうち、副葬品が発見されたのは九〇基、そのうち中国鏡を副葬したのは一三例である。北九州の弥生式墳墓は、発見数と遺跡での存在密度から類推すると数万は下らないから、このような副葬品をもった墳墓は、後漢書に記載されたような国王達か、少なくとも大人と呼ばれた支配者層の墳墓であろう。しかしながら、一見すると豊富な副葬品をもっており、時には棺上を巨大な石で覆っているこの種の特別の墳墓でさえ、他のおびただしい無遺物の甕棺などと同一地域に共同墓地を形成して埋葬されていて、本質的には共同体を基盤として大衆の規制をうけた族長であることは藤間生大《とうませいた》氏(8)も説かれたとおりである。古式古墳ではこのような性格はなくなっているだろうか。

大和の古式古墳群の一つに佐紀盾列古墳群がある。個人のために巨大な墳丘を築きあげた点では、まさに階級社会の王や豪族達を葬ったとするにふさわしいが、この古墳群地域では、前方後円墳の濠外で素朴な、無副葬品の素焼の円筒埴輪棺が、すでに一五例(9)発見されている。長さ二メートル前後の円筒を横たえて棺にし、目立った盛土をもたないこの種の墳墓は、その横に聳える雄大な前方後円墳とは余りにも違った存在である。にもかかわらず、前方後円墳と円筒棺が、広視すれば同じ墓地域を形成しているのは重要な事実である。同様の事例は、馬見古墳群でも知られている。この問題で重要なのは兵庫県白水《しらみず》の薬師山の夫婦塚［瓢塚《ひさごづか》古墳］である。直良信夫《なおらのぶお》氏(10)の調査によれば、前方後円墳の封土中や周囲から発見された無遺物の円筒棺は、一一〇例以上もあったという。さながら前方後円墳をとりまく大共同墓地である。大阪府池田茶臼山からも封土中から多くの円筒棺が出土しており、大阪府茨木市の古式古墳のある丘陵からは、土壙におさめた古式土師器の一群が発見されていて墓地と推定されている。

このように、円筒棺と前方後円墳を全く別個の社会的産物として把えるのではなく、両者は、同一の社会集団の上下関係にはあるが、同じ墓地域を形成することによって強靭な結合関係にあるとみることができよう。このように北九州の弥生式共同墓地内での支配者層の、より成長した姿を古式古墳の雄大な墳丘に見ることができるが、副葬品をもたない多くの被葬者となお同一墓地に葬られている点は、弥生式社会の遺制と認められないだろうか。

北九州弥生式中期末の中国鏡

北九州の原始墳墓で中国鏡を副葬したのは一三例であるが、出土総数は九七枚に達している。弥生中期の甕棺からは前漢鏡が、弥生中期末または後期初頭の福岡県井原や佐賀県桜馬場からは規矩鏡のみをだし、他の鏡式を混じえることは稀である。これを洛陽の後漢鏡の編年(11)に対照すると、後漢早期から中期の組合せに酷似している（表2、王莽期には表では略したが前漢鏡が多く遺存している）。後漢書によれば、五七年奴国王が、一〇七年に倭国王帥升等が後漢に朝貢し、当時彼我に交渉のあったことを伝えている。洛陽古墓の分類による後漢晩期鏡だけを埋葬したのは、福岡県須玖遺跡隣接地の曰佐原《おさばる》の弥生式末期墳墓群（石蓋土壙三二、箱式石棺一六、甕棺二）での長宜子孫鏡など数例があるにすぎない。倭人伝には、光和年間（一七〇年から一八〇年頃）に倭国に大乱があったことを記し、同じころ朝鮮半島でも動乱があったから、後漢晩期には日本と大陸との交渉は少なく、鏡の輸入も杜絶していたのであろう。

表２　洛陽の後漢鏡の編年

鏡式＼時期	王莽	後漢早期	後漢中期	後漢晩期
規矩鏡	4	3	2	
長宜子孫鏡			1	5
人物画像鏡				1
夔鳳鏡			1	

『洛陽焼溝漢墓』による

崇神陵の時期

大和の古式前方後円墳のうち、考古学の編年上からも一応首肯されている最古の天皇陵に天理市の崇神陵がある。この崇神陵の正面には三基の附属的な前方後円墳があって、陪塚的な古墳と推定されていた。そのうちの天神山古墳（イザナギ古墳）は、後円部の一部がけずられ、石室が露出していたので、一九六〇（昭和三十五）年の道路工事を機会に奈良県で発掘した。この古墳については、すでに見聞的紹介があるが、若干補正しておこう。後円部中央の竪穴系の石室内に、長大な木板がおかれ、その中核部を仕切板で区切り、その中に鏡二〇枚と絹に包んだ木装鉄剣四本、朱四一キログラムをおさめ、仕切の外部に鏡三枚、鉄刀三本、鏃、鎌、刀子等をおいていた。出土状況に関する限り、死者を葬るための石室ではないことは明瞭である。中期古墳には、しばしば前方後円墳をとりまく陪塚に、遺物だけを埋納した例があるが、崇神陵と天神山古墳もそのような関係にあると認められる。天神山古墳の遺物は、崇神陵の被葬者が生前に所有していた品物とみるのが妥当であるから、われわれは編年上の基準をえたのである（崇神陵が崇神天皇の陵でないとしても、大和国家成立期の天皇級の陵墓であることには変わりない）。

天神山古墳の木板中央の遺物のうち、四一キログラムの朱が、屍にそえるという通常の用い方ではなく、一括保持の形で発見されたことは倭人伝記載の魏王から倭王への下賜品目の「真珠、鉛丹各々五十斤」を想起させる。つまり真珠は真朱の誤りと解するのが単位斤を尊重した解釈であろうが、国産の色の悪い丹よりも、中国産の朱が愛用され、鏡と共に中国から輸入することを、北九州の弥生式社会以来支配者達がたえず希望したのであろう。支配者が入手した朱は、鏡と共に地方の首長達にも分与され、珍重された。大阪府黄金塚の中央槨では、朱は屍の附近に数百グラムが用いられたに過ぎず天神山古墳の朱の量とは非常な違いがある。しかもそれ程貴重な朱といえども、主墳の被葬者の死に際して、おしげもなく、死者の持物として陪塚へ埋めさったのである。

天神山古墳の剣柄の木装部には直弧文が彫刻してある。この不可解な文様は、宇佐晋一、斎藤和夫[12]の両氏によって、かつていわれた組帯的表現でないことが証明され、ついに原単位が求められ、同時に文様が写されて行く過程での不可逆的性格が探しだされ、古墳編年に厳密な基準をえたのである。後述するが、天神山古墳の直弧文は大阪府紫金山古墳の貝輪、大阪府玉手山の石棺などの典型的な直弧文より後出するものである。

天神山古墳の鏡は、北九州甕棺墓の鏡に匹敵するほどの古い時期のものとして紹介された[13]。なるほど天神山古墳の鏡群には六枚の規矩鏡のような後漢鏡もあるが、四枚の長宜子孫鏡、四枚の画文帯神獣鏡、甚だしく変形した仿製の三角縁神獣鏡が三枚、明らかに仿製の変形人物鳥獣文鏡（銅鐸絵画に類似）などがあり、とくに画文帯神獣鏡は定型式で、晋時代に盛行した鏡である。先に洛陽の晋墓で後漢鏡が伝世する状態を説明したが、天神山古墳の後漢鏡も中国での伝世を考えるのが妥当であるから、この一群の鏡の輸入は晋代とみるべきであろう。

天神山古墳の年代を直弧文の編年から大阪府紫金山よりも後の時期に位置づけたが、前方後円墳の型式編年では天神山古墳の主墳である崇神陵は大阪府黄金塚と同群に属している。これらの条件を総合すると、天神山古墳や崇神陵の構築年代は、四世紀中頃から後半とするのが妥当である。このことは崇神陵の東に接した櫛山《くしやま》古墳[14]の主体部が、すでに五世紀頃に盛行する長持式石棺であることをも傍証としている（『古事記』の崩年干支の研究では、崇神の崩年を三一八年にされている。いわゆる崇神陵の時期は少し新しすぎることになる）。では、大和にはいわゆる崇神陵より遡る古墳は存しないだろうか。

茶臼山古墳

古墳の立地条件、群構成、外形観察、発掘での埋葬設備や副葬品等で判断すると、崇神陵を遡る大和の前方後円墳に桜井市の茶臼山[15]がある。鳥見山北麓の自然丘陵を切断した全長二〇七メートルの巨墳である。丘尾を切断したとはいえ、畿内の古式の前方後円墳が、丘尾先端部を前方部に利用するのが一般的である（崇神陵、景行陵、摩湯山《まゆやま》）のに対し、茶臼山は後円部にしている点、付近には古式古墳としてはメスリ山古墳があるだけで顕著な群を構成しない点、後円部の埋葬施設の周囲には埴輪に先行すると推定される土師器壺を埋置していることなどが、畿内、とくに大和の古式古墳の中でも特異な存在である。後円部中央の竪穴式石室には組合せ式木棺がおさめられ、古式古墳としては優秀な遺物があった。鏡は細片になっていたが、三角縁神獣鏡七枚以上、内行花文鏡二枚以上、半円方形帯のある破片（画文帯神獣鏡であろう）一枚、規矩鏡一枚、合計一一枚以上の鏡が副葬されていた。これらの鏡は、従来の学説によれば中国鏡が多いが、私の分類では仿製鏡の方が多い。碧玉製品には、優秀品があって、玉杖や玉葉はすでに著名である。茶臼山の鏡は、三角縁神獣鏡が組合せの中心になっていて、崇神陵の天神山古墳の組合せとは異なっている。むしろ普通の古式古墳の鏡式に近いわけである。しかし大和の古墳としては、今日までの資料に関する限り、諸条件を総合して最も古く造営された古墳と考えられ、崇神陵やその一群、馬見古墳群、佐紀盾列古墳群中の古式古墳より段階的に古く、四世紀前半から中頃に年代を求めることができる。このようにして、実在資料では、大和における古墳の出現の時期を四世紀以降に、出現の様相はこの地域では前につながらない突然の出現としてしかとらえられない。

北九州の古式古墳

古墳文化が大和やその周辺で成立したことが考え難いとすれば、古墳文化発生の地はどこか、ひいては邪馬台国の可能性のある地域はどこかとの性急な疑問が生じてくる。この問題については、私自身資料の整理を全く行なっていないので、素材的にしか説明できないことをことわっておこう。従来、大和の優位を前提として、古墳文化はたえず大和から波及したという方程式的理論をとる人達は、ことさらに北九州の古式古墳の時期を四世紀後半より以前には遡らないと限定[16]していた。しかし大和優位の先入観を放棄して資料を再検討すると新しい視野がひらけてくる。福岡県姪浜五島山《ごとうやま》古墳は、小規模な円墳で、内部の埋葬施設は箱式石棺で、副葬品は硬玉、勾玉、銅鏃、鏡である。二枚の鏡は、楽浪に多い後漢型式の鏡である。福岡県藤崎出土の方格規矩鏡も後漢型式であり、福岡県山鹿の第二号箱式石棺出土の特殊な構図の鏡も後漢後半から三国初期の所産だといわれている。後漢晩期の内行花文鏡を出土した大分県伊加利の古墳、神人竜虎画像鏡などをいれた箱式石棺を主体とした福岡県潜塚《くぐりづか》、それぞれ内行花文鏡を副葬した福岡県宮原の四つの箱式石棺等はいずれも再検討のいる古墳である。これらの古墳は小円墳で箱式石棺が多く、弥生文化の原始墳墓にはほとんど伴わなかった種類の中国鏡

（内行花文鏡が多い）を副葬するほかは、弥生式墳墓との共通性が多く、発生期の古墳として最も条件がそなわっている。これらの古墳の中国鏡は、後漢鏡が多いが、弥生中期や中期末（須玖Ⅰ式とⅡ式）の甕棺墓にはまだ発見されず、洛陽での編年では後漢晩期とされているものがある。後漢につづく魏になると、早速鏡式が一変するわけでもないから、これらの中国鏡は魏との交渉で輸入されたとするのが妥当と思われる。まだ十分の資料整理を行なった段階でないので、以上のような成立期の古墳の分布地域を正確には示しえないが、古墳文化が大和で成立し、そこから波及したとの前提をすてると、ここに例示した北九州の古墳は発展期の大和の古式古墳より遡る成立期の古墳としてなんら不都合はないと思われる。

佐賀県金立《きんりゅう》村に銚子塚《ちょうしづか》(17)という前方後円墳がある。全長九八メートルで、後円部が大きくて前方部の細長い形態は、大和の茶臼山と同型式である。内部構造は不明だが、墳丘からは、底に孔をあけた朝顔形の土師器壺が数個出土しており、土師器形態や埴輪に先行する土師器の使用の点でも茶臼山の条件に酷似している（図4）。この銚子塚の位置する東方の隣接地は邪馬台国九州説をとる人達が所在地としている筑後国山門《やまと》郡であることも無視できない。私は邪馬台国九州説に賛成をするわけではないが、考古学資料といえども大和説が決定的ではなく、むしろ大和説の場合には、いくつかの仮定や、実在資料の無視をあえてしていることを指摘するにとどめておこう。

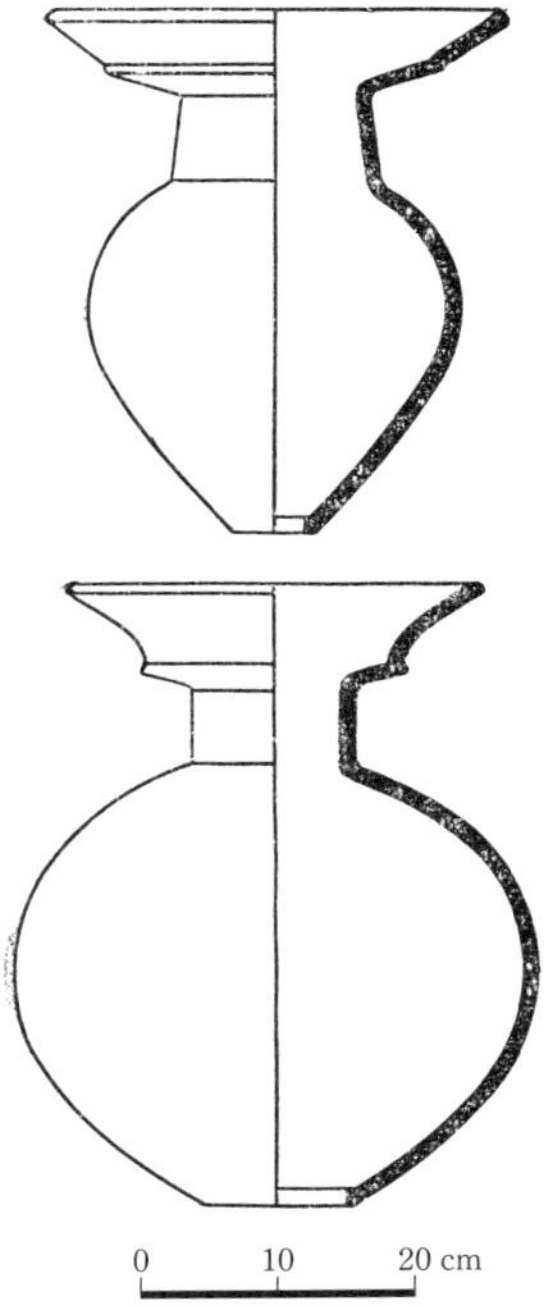

図4　北九州と大和の古式古墳の土師器
上：佐賀県銚子塚
下：奈良県茶臼山

古式古墳と銅鐸

記紀の神武東征の伝承の背景になんらかの史実の記憶があったとして、北九州の文化の担い手が大和に移って古墳文化を発達させたとする東遷説は、中山《なかやま》平次郎《へいじろう》博士[18]以来しばしばあらわれた。ただ東遷の時期については従来定説が生まれなかった。私が以上進めてきた骨子も目新しいものではなく、これら先人の東遷説に近づいたにすぎないが、東遷の時期についての資料を提示しておこう。

先に古墳文化がもっている厳密な文様に直弧文があることを述べたが、近畿の最古の直弧文は大阪府紫金山の貝輪や玉手山の石棺の文様でいずれも四世紀中頃の所産であろう。ところが直弧文の始原形は、古代人が異常に愛用したスイジ貝の裏面の文様に出発するとの宇佐氏[19]の卓見がある。スイジ貝の形そのものは、巴形銅器にも模されており、初期の巴形銅器は福岡県の弥生中期末の甕棺から出土している。岡山県酒津《さかづ》では、壺の頸部に紫金山より遡る直弧文が一列に描かれている。その壺は弥生末から土師器初期に編年されている。従って各地方での最古の直弧文の出現の時期をたどると、弥生中期末北九州、弥生末か土師器初頭瀬戸内、古墳発展期畿内と一時期ずつおくれて東へ移動しているのである。大和の弥生式文化と、古式古墳文化がつながらないことは既述のとおりであり、このことは文献学者の指摘するのちの大和朝廷の人達が銅鐸についての知識を全く持っていないことの解決にもなろう。梅原末治博士は、かつて銅鐸と高塚古墳とが結びつくという意見を発表された。もとより実在資料があっての発言ではないが、博士のこの見解は、同一文化の継承としての結合としてでなく、異質の二つの文化がある時期に併存したという意味での結合ならば支持することはできる。私見によれば、銅鐸の最終段階の時期は、北九州での銅剣、銅鉾の国内の鋳造終了よりも後まで続いたとみている。これは四国、瀬戸内沿岸での銅鐸と、銅剣、銅鉾の共存時の両者の型式比較に基づいている（香川県羽方、徳島県源田では最終型の銅剣が、普通の銅鐸と伴出）。とすれば、銅鐸の原料獲得は、北九州に依存した可能性がつよく、とくに多数の銅原料を必要とする最終段階の大形の突線帯銅鐸の時期は、すでに北九州での古墳発生期に並行することになるだろう。

古式古墳と土師器

近畿地方の弥生後期の土器と、古式古墳の時期の土師器とは、共に赤色の素焼で器形上の共通性が多いが、土器の組合せ関係では同じではない。弥生後期は、壺、甕、鉢、甑《こしき》、高杯が組合せの主体をなすのに対し、土師器は高杯と小形丸底壺を主体とし、壺、甕は少なくなっている。高杯の多用は共通しているが、日常生活での土器使用では、古墳文化になると小形丸底壺中心になっているから、生活様式では相当な相異があったのである。このような生活様式の差異が発展的に生じたか、または生活様式を異にする集団によってもたらされたかが問題になるが、前述来の一連の見解ではおのずから後者をとらねばならない。しかも近畿の古式古墳では、弥生後期集落上に墳丘を築いた例もあり、弥生式土器を副葬した例が皆無であるのに対し、小形丸底壺の竪穴式石室内への副葬は知られていて（大阪府玉手山など）、古式古墳に葬られた人達が生前小形丸底壺、ひいては土師器を使用していた関係が示されている。北九州の弥生後期以降の編年が十分でなく、私にはよく分からないので比較できないのは残念だが、おそらく北九州での弥生後期から土師器への移行は漸進的であろう。以上のことは、近畿の弥生式農耕集落が、後期になると、豊かな水田地帯をはなれ、不毛の丘陵上や山腹、山頂に移動し、土器技術でも終末には著しい退化を示すことと無関係ではなさそうである。つまり近畿の弥生後期の人達が高地へ集落を移した背景には、北九州勢力の東進に伴う圧迫があったからであろうか。近畿の水田地帯の集落址で、弥生後期の土器と古式土師器を同じ量で出土するのは少なく、むしろ両文化が別個の集落址を構成することが多いことも理由のない現象ではなかったのである。

二　応神、仁徳時代の古墳文化

戦後の開発ブームは、大都市周辺ではおびただしい古墳を破壊した。応神陵を盟主とする河内の誉田《こんだ》古墳群、仁徳陵を中心にする和泉の百舌鳥《もず》古墳群は破壊がひどく、日本の代表的古墳群であるだけに一大痛恨事である。その反面、これらの古墳群に対する認識が不十分な調査しか実施できない苦しさの中からも数多く積まれてきた。残された紙数が乏しいので詳述できないが、これら二つの古墳群で代表される時代（考古学では古墳中期とか最盛期とよぶ。四世紀末から五世紀中頃までの約一世紀間。以下五世紀型と記す）の文化と大和を中心にした発展期の古式古墳文化との関係を検討しよう。

古墳文化の変貌

結論的にいって、河内、和泉に典型的に存在する五世紀型の古墳文化は、それ以前の古式古墳文化や五世紀になっても古式古墳文化をそのまま継承した地方の古墳文化とは大きな差異があらわれている。古式古墳では、司祭者的な支配者層の姿を強くみることができるが、誉田、百舌鳥などの五世紀型古墳では、司祭者的性質は激減して、武人的な面を多くだしている。

（イ）乗馬の風習。五世紀型文化になって出現するのに乗馬の風習がある。応神陵にまつわる馬の埴輪伝説（雄略紀）、仁徳陵出土と伝える馬の埴輪によらなくとも、応神陵の陪塚丸山からは優秀な大陸製の馬具が出土し、履中陵の陪塚中最大の大きさをもった堺市の七観《しちかん》古墳(20)からも古式の馬具一括が出土し、応神陵近辺に散在する小古墳の一つである鞍塚《くらづか》からも馬具が出土している。誉田古墳群の允恭《いんぎょう》陵の陪塚である長持山《ながもちやま》古墳と、唐櫃山《からとやま》古墳からはやや進んだ一組の馬具が出土しているのは注目に価する。大和をはじめ各地のいわゆる古式古墳に馬具は一例も発見されていないことを考えると、乗馬の風は五世紀型の古墳文化になってその支配者層がもちはじめたか、もちこんだものである。

（ロ）甲冑の定型化。古式古墳には、鉄製甲冑を副葬した例は二、三にすぎず、その少数例の甲冑は異形で完形をなさず、当時甲冑の製作が進んでいなかったことを示している。これに対し五世紀型の古墳には、革でとじたり鋲でとめたりした規格的な鉄製短甲と二種類の冑（衝角付冑《しょうかくつきかぶと》と眉庇付冑《まびさしつきかぶと》）がほぼ例外なく埋められている。とくに誉田、百舌鳥古墳群では甲冑が多く、黒姫山《くろひめやま》古墳には短甲二四領、冑二四個以上、堺市大塚山では短甲六領以上、冑四個以上が出土しているが、両古墳群では特殊な陪塚をのぞき遺物が発見された全部の古墳から甲冑は出土している。仁徳陵の前方部にも、鍍金した甲冑が副葬してあったし、応神陵では陪塚から甲が発見されている。なお短甲と共に、間もなく乗馬に適した挂甲《けいこう》も使われ、誉田の長持山や百舌鳥の城《じょう》の山《やま》から発見されている。

（ハ）鉄鉾。古式古墳にも刀剣は副葬されているが、五世紀型の古墳のように一槨に一〇〇本以上も副葬された例はない。攻撃用武器類で、とくに新しく盛んに使われるのは長い木柄をつけた鉄鉾である。誉田、百舌鳥古墳群で豊富に発見されているが、大和の古式古墳では知られていない。この鉄鉾と共に盾の発達も著しく数種類の盾が発見されている。

（二）五世紀型古墳では、刀剣鉾鏃などの攻撃用武器、甲冑盾などの防禦用武器、乗馬に必要な馬具が副葬品の主体をなしていて、銅鏡や碧玉製腕輪類は埋めないか、または極めて貧弱なものを副葬している。とくに碧玉製腕輪で身を飾る風習は主流としてはもはや存しなくなっている。堺市大塚山のように王陵にも匹敵するほどの巨大な墳丘を築き、おびただしい鉄製武器を副葬する場合でも鏡は小型で文様も粗雑である。なお五世紀型の支配者は、金細工の製品（馬具、甲冑、帯金具、刀の装具）で身を飾ることが多いが、これもそれ以前には見られない風習であった。

人物と動物の埴輪

五世紀型の古墳の時期には、円筒、壺、蓋、家などだけではなく、人物や動物の埴輪が使用されはじめた。しかし人物や動物埴輪は、円筒埴輪などとおなじ扱いをうけて墳丘上に埋置されたのではなく、出土状態を復原する[21]と、墳丘外のある地域に置かれたり（応神陵・仁徳陵）、古墳には直接関係のない河川の出口や分岐地点などの近傍に埋置されている場合がある（大阪府豊中、奈良県石見《いわみ》、鳥取県倉吉）。後者は祭祀遺跡と推定できるので説明しないが、前者の出土状況は中国大陸の墳墓外域の石人石馬に共通する要素が多い。浜田耕作博士は、かつて埴輪と石人石馬の関連を説かれたが、その説はあまり支持されなかった。しかし古式古墳に伴う円筒、壺、蓋、家が墳丘上に使われ、五世紀型古墳では人物、馬などが墳丘外域に使われているから、五世紀型古墳の人物、動物埴輪の出現については石人石馬の影響をみることは不可能ではない。誉田、百舌鳥古墳群の時期はいわゆる倭の五王が南朝と交渉していた頃であり、そのような影響をうけることも十分可能であった。

五世紀型古墳の二見解

四世紀末以来の約一世紀間に河内、和泉を主にして古墳文化が著しく変化したことは以上の説明でもおおむね理解されたであろう。この時期は、対外的には朝鮮半島への積極的進出の時期であり、また南朝と呼ばれる中国の王朝との交渉も行なわれた。それに伴って、新しい大陸文化が帰化人によって移入され、そのことが古式古墳文化を中期古墳文化へと変化させた主要因と考えるのが従来の大部分の考古学徒の見解である。この立場をとれば、古式古墳文化の担い手である大和の支配者層が、半島出兵とその結果として生じた半島文化の受容、および中国文化の摂取によって急激に性格を変えたことになる。私自身も最近までこの見解を無批判にとっていたが、次第に疑問が大きくなってきた。むしろ大和を主にした古式古墳文化の担い手と、河内、和泉を主にした五世紀型古墳文化の担い手とは系譜を異にし、後者は前者に対する征服者的関係で出現したのではなかろうか。このように考えた方が妥当に思われるのは、もし古式古墳文化が外的影響はうけたとはいえ、発展して五世紀型古墳文化に変化していったのであれば、古式古墳文化をもった各地域で、それに続く五世紀型の古墳が存在するはずである。にもかかわらず、奈良県では古式古墳が多いのに、典型的な五世紀型古墳は佐紀盾列古墳群の東群(ウワナベ、コナベ、磐之姫陵)以外は、この時期に新しく出現した北宇智古墳群や円照寺《えんしょうじ》墓山《はかやま》古墳などに見られるにすぎず[22]、遺物の組合せでは大和の古式古墳の副葬品は古くみえるが、遺物そのものでは誉田、百舌鳥の五世紀型古墳出土品と同型式のものもあって、年代的に、ある期間は大和の古式古墳文化と、河内、和泉の五世紀型古墳文化が重複していたと考えられるのである。このことは兵庫県での「祖先のあしあと[23]」グループの仕事にもうかがわれる。このグループの克明な踏査で、古式古墳と後期古墳が存在するのに、「中期古墳なし」と書かれた地域が兵庫県の各地にある。これに対し墳丘や副葬品でも典型的な五世紀型古墳として多紀郡雲部車塚《くもべくるまづか》が有名である。とすれば、従来中期古墳と漠然とよんでいたのは、五世紀の古墳の総称ではなく、私のいう五世紀型の古墳なのである。兵庫県の各地で古式古墳があって、中期古墳がないというのは、五世紀になっても旧来の支配者がそのまま存在した地域なのである。兵庫県をはじめ、各地方に五世紀型古墳が点在的に分布するのは、河内、和泉の五世紀型古墳文化、ひいては政治勢力の波及を示すものとして今後検討を加えたい。

須恵器の出現

赤焼の軟質の土師器に対し、灰色の硬質須恵器の生産開始は、日本の焼物史上では他に類をみないほどの変革であった。五世紀頃にはじまった須恵器[24]は、九世紀までで大きく分類して六段階の発展をしている。そのうち最初の段階である第一型式の時期には、須恵器生産は河内、和泉の丘陵地帯、とくに和泉の丘陵一帯で生産が行なわれている。この古い時期には大和では生産遺跡（窯址）は発見されていない。須恵器生産はたんに河内、和泉で独占的に行なわれただけではなく、製品の分布も集落址で見れば、河内、和泉、大和には多いが他地方では極めて少なく、関東ではこの時期の須恵器の発見例はほとんど知られていない（ごく初期に限定すると大和にも少ないようである）。また九州や関東ではこの時期の須恵器の形態を土師器として模作することが活発に行なわれていた。だから、さしあたって日常生活で豊富に須恵器を使用したのは大和、河内、和泉地方で、それ以外の地方では大部分土師器を依然として使っていたのである。

須恵器出現の時期は、従来五世紀後半説がとられていた。雄略紀七年に百済から新漢《いまきあやの》陶部高貴《すえつくりべのこうき》が渡来したという記載があったのでそれを須恵器生産の開始の時期と信じきったわけである。しかし第一型式の須恵器、前・中・後に三分できることが和泉の窯址研究から判明し、その時期の窯址が合計六〇以上も大阪府南部生産地帯（阪南窯址群）に発見されている。また比較的年代決定の容易な古墳のうち、熊本県江田船山《えたふなやま》古墳（五世紀中ごろから後半）の須恵器は第二型式であり、仁徳陵陪塚からも第一型式の須恵器が発見されたなどの条件を総合すると、第一期前半の須恵器は五世紀初頭か、四世紀末に和泉の丘陵地帯で生産を開始したことになる。この第一期前半の須恵器は、甕・壺と高杯を主にして、叩文は格子文や縄蓆文《じょうせきもん》である。このことは朝鮮半島南部海岸地域に分布する金海式土器と器形や製作法が酷似するので注意される。須恵器も金海式土器も傾斜面を利用した登り窯（あな窯ともいう）の知識があったので硬質に焼成できたのであり、両土器共それぞれの地域のそれ以前の土器技術とは全く違っている。しかも金海式土器[25]は最近四世紀後半の所産と推定されており、第一期前半の須恵器の年代に接近している。大陸文化の摂取によって古式古墳文化の担い手が漸次須恵器を使用したのか、須恵器を日常生活に使用する支配者の集団が工人をも伴って進出してきたのかいずれかであろう。しかし土師器の組合せと須恵器の組合せでは生活習慣の違いがあるし、五世紀型古墳の集中する大阪府に、五世紀の須恵器生産が集中することは後者の解釈がより妥当ではなかろうか。

巨大な墳丘と労働力

五世紀型古墳文化の今一つの特色は、自然の丘陵をそれほど利用しないで人力で築きあげた墳丘、いわゆる作り山の出現にあるだろう。大和の古式古墳が、たいてい自然丘陵を利用してそれを加工しているのに対し、応神陵、仁徳陵、履中陵などの巨大な墳丘築造には今までとは較べられない莫大な労働力を要している。梅原末治《うめはらすえじ》博士[26]は、京都大学工学部の援助で三陵の体積を計算し、仁徳陵と応神陵は一四〇万人、履中陵は六〇万人の労働力を必要としたと発表された。もちろん計算の基礎資料の修正はあるだろうが、いずれにしても莫大な労働力であったことは事実である。ところで五世紀型古墳の巨大な墳丘築造に要したおびただしい労働力は、五世紀型古墳を新しい征服者の支配者層のものと解すれば、かつて古式古墳文化をつくりだした大阪府や奈良県の人民を使役してまかなったと説明できる。鉄製甲冑を身につけ、馬を駆使し、鋭利な攻撃武器をもち、今までのような呪術的性格をよわめ、日常生活では硬質の須恵器を用いた支配者層の姿は、古式古墳の被葬者とは別個の性格のものであり、まさに倭王武の宋への上表文にえがかれた征服者[27]を彷彿させるものである。

補記　一九七二年九月、一部字句および数字を補訂した。

註

(1) 内藤　晃「古墳文化の成立」『歴史学研究』二三六、一九五九年。
(2) 原田大六「鋳鏡における湯冷えの現象について」『考古学研究』二四、一九六〇年。
(3) 「洛陽晋墓の発掘」『考古学報』一九五七年第一期、一九五七年。
(4) 樋口隆康「画文帯神獣鏡と古墳文化」『史林』五、一九六〇年。

(5) 小林行雄「同范鏡論再考」『上代文化』二七、一九五七年。
(6) 小林行雄『古墳の話』岩波新書、一九五九年、七〇頁。
(7) 小島俊次氏分布調査の結果による。
(8) 藤間生大『日本民族の形成』岩波書店、一九五一年。
(9) 伊達宗泰氏調査の結果による。一部は伊達宗泰「奈良市那羅山出土円筒棺について」『古代学研究』二七、一九六一年参照。
(10) 直良信夫『近畿古文化叢考』葦牙書房、一九四三年。
(11)『洛陽焼溝漢墓』一九五九年、および『洛陽出土古鏡』一九五九年。
(12) 宇佐晋一・斎藤和夫「直弧文の研究」『古代学研究』六・七、一九五二年。
(13) 梅原末治「古式古墳観」『大和の古文化』近畿日本鉄道、一九六〇年。
(14) 末永雅雄「櫛山古墳」『古代学研究』一九、一九五八年。
(15) 末永雅雄「茶臼山古墳」『古代学研究』九、一九五四年。
(16) 小林行雄「古墳時代における文化の伝播(下)」『史林』三三―四、一九五〇年、六六頁。
(17) 松尾禎作「銚子塚古墳」『日本考古学年報』四、昭和二六年度、一九五五年。
(18) 中山平次郎「考古学上より見たる神武天皇東征の実年代」『古代学』八、増刊号、一九五九年。
(19) 宇佐晋一・西谷正「巴形銅器と双脚輪状文の起源」『古代学研究』二〇、一九五九年。
(20) 末永雅雄「七観古墳とその造物」『考古学雑誌』二三―五、一九三三年。
樋口隆康・岡崎敬・宮川徏「和泉国七観古墳調査報告」『古代学研究』二七、一九六一年。
(21) 森　浩一「形象埴輪の出土状態の再検討」『古代学研究』二九、一九六一年。
(22) 奈良県と大阪府の五世紀の甲冑の出土数をくらべると、奈良県が甲冑各々一〇個前後、大阪府は甲冑各々約六〇個の相異がある。

(23) 神戸新聞社社会部編『祖先のあしあと』三、一九六〇年。

(24) 森　浩一「和泉河内窯の須恵器編年」『世界陶磁全集』一、河出書房新社、一九五八年。

(25) 森　浩一「須恵器初期の様相と上限の問題」『日本考古学協会第二七回発表要旨』一九六一年。

(26) 金　元龍『新羅土器の研究』一九六〇年。

(27) 梅原末治「応神・仁徳・履中三天皇陵の規模と営造」『書陵部紀要』五、一九五五年。

江上波夫氏の騎馬民族征服説（『民族学研究』一三―三、一九四九年）。発表後永らく考古学徒の賛成をえなかった。本論文での私の要旨は江上説に近づいた部分もある。なお初期須恵器と朝鮮半島の金海式土器との共通性のもつ意味、五世紀型の支配者たちがどこから来たのか、または国内自生か、さらに彼らと朝鮮半島出兵との関連も今後追求したい。

なお水野祐氏の応神王朝に関する見解も参考にされたい。江上説や水野説は井上光貞『日本国家の起源』一九六〇年に要点がまとめてある。原本は入手し難い。

参考文献

浜田耕作『考古学研究』座右寶刊行會、一九三九年。
後藤守一『漢式鏡』雄山閣、一九二六年。
後藤守一編『日本考古学講座』五、河出書房、一九五五年。
後藤守一「古墳の編年研究」『古墳とその時代』一、朝倉書店、一九五八年。

斎藤　忠『日本考古学図鑑』吉川弘文館、一九五五年。
斎藤　忠『日本全史』一　原始、東京大学出版会、一九五八年。
末永雅雄『日本の古墳』朝日新聞社、一九六一年。
小林行雄『古墳時代の研究』青木書店、一九六一年。

――一九六二年『古代史講座』三、学生社

古墳時代の展開と終末

古墳と古墳群

古墳の史料的把握への一試企

序

古墳がわが古代史上に重要な史料としてその価値が増しつつあることについては今更贅言《ぜいげん》を要しない。北九州で弥生文化期に甕棺が行なわれて以来、前方後円墳の長い変遷から、更に横穴式石室の時期をへてついに火葬法の採用となって、根強い古墳築造の伝統が消滅するまでの約七世紀間は、書かれた史料の稀少な時期である。従って古代史、特に、社会構成に関する研究が盛んとなるに伴って、歴史学の古墳に対する史料的要求が次第に増加すると共に、考古学のこれへの研究も相当進んだものとなってきた。

しかしながら、古墳の研究が日本考古学の他の領域である縄文文化期や弥生文化期の研究に較べて、著しくたちおくれの欠陥を有すると共に、日本考古学における安易な万能主義も表面的な進歩をしかもたらしていないのである。すなわち、貝塚を掘り竪穴を調査するのと同じ研究態度と方法をもって古墳に対してきたことがきびしく反省されるのである。

ここに重視したいのは、たまたまの機会に遺物を出したり、あるいは調査されたりして注意された古墳を個別的に抜きとって史料化することへの疑惑である。もちろん、この場合、考古学者がその古墳の個別的な事実と特性を捉えて忠実に報告することと、歴史学者がそれを史料化することとはおのずから別の問題であり、その間には史料とする操作が必要であろう。とはいえ、考古学者の追求も主として個別的な古墳の把握とその結果の連結とに集中されたきらいが多い。日向、西都原《さいとばる》古墳群の両度の調査、讃岐、石清尾山《いわせおやま》古墳群の調査、上野、白石《しろいし》古墳群の調査等は、以上の古墳研究史上にあって極めて秀でた研究といわねばならない。

古墳を普遍的な史料として捉えようとする企ては、歴史認識において、前者の個別的把握よりは、格段の進歩であった。とはいえ、これにおいてもなお方法上の反省の余地が少なくない。たとえば、古墳出土の漢式鏡を国別に統計してその地方の文化水準を捉えようとした試みがある。だが、それは偶然の結果の集積にすぎず、大略を示しているとはいえ、なお一古墳の発掘によって甚だしい変動をもたらすのである。古墳の数の多少によってその地方の文化程度を知ろうとする試みも多くなされた。その際問題となるのは、統計の対象を同種の前方後円墳に限っても、全長四〇〇メートルの古墳も一〇メートルにすぎぬ小古墳も数においては同じく一に数えられた点、甚だしい方法上の粗雑を含んでいる。このように見てくるならば、古墳の史料化は、主として主観にもとづいてなされたのであり、以上の普遍的把握への試みたる統計的方法もその主観を裏づける手段として用いられたに過ぎぬのであった。

本稿において試みようとするのは、古墳の史料化にあたってなされねばならぬ操作である。それは史料的把握の最小の単位の抽出である。たとえば、縄文文化期の研究において、個々の小貝塚を一遺跡として認識の単位とすることは誤りといわねばならぬ。なぜなら一聚落《しゅうらく》をめぐって数箇所に貝塚が構成されている場合、考古学上の認識では、研究上の便宜から小貝塚をそれぞれ遺跡として考えることも必要である。しかしそれを史料化する場合、小貝塚単位の認識はもはやなんらの意義さえ失って、聚落を単位として認識すべきであって、小貝塚のごときは聚落に伴う単なるゴミダメとなってしまうのである。

古墳文化期の史料的把握においても聚落は単位となるだろうが、いまだこの時期の聚落の発見は稀少であってまず問題とならないだろう。

さて、以上のべたような単位とは、古墳の史料化にあたっては古墳群にほかならない。従って、古墳群の形態をいくつかの類型に分って、更にそれから生ずる問題について考えてみようと思う。

古墳群集形態の類型

人間の身長計測研究において、極端に背の低い人と背の高い人は分布上において注意を払うのは当然である。古墳の変遷に関する研究では、人間の身長の計測とは異なって大古墳にまず各期の主導性を認めるべきである。しかし古墳群としての把握においては、大古墳を含む古墳群は取扱いに注意しなければならない。同様に数メートルにも足らぬ小古墳の群集も注意を払うべきである。従って古墳群の形態の把握にあたっては、まず普通の大きさの古墳がいかなる群集形態をとっているかに注意をはらい、次に純粋形態とそうでないものを比較しながら進んでいこうと思う。

（1）美濃波多型古墳群

伊賀国名賀郡美濃波多《みのはた》村の古墳群によって代表される群集形態である。この古墳群の位置する美濃波多盆地は大和と伊勢をつなぐ交通の要地で周囲を山で囲まれた直径約三キロの盆地である。現在、盆地は充分水田が発達しており、この地方での重要な穀倉地の一つに数えられている。

さて、美濃波多古墳群は、この盆地の中央にほぼ南北の一線上に並ぶ六基の古墳と、更に二基の横穴式石室を有する古墳とで構成されている。今、盆地における群集状態を見る必要がある（図1参照）。

盆地の中央に馬塚と呼ばれる前方後円墳が前方部を約南西において、盆地のどの部分からも見られる巨大な姿態を横たえている。その南西に玉塚という方形墳と推定される古墳が、こ

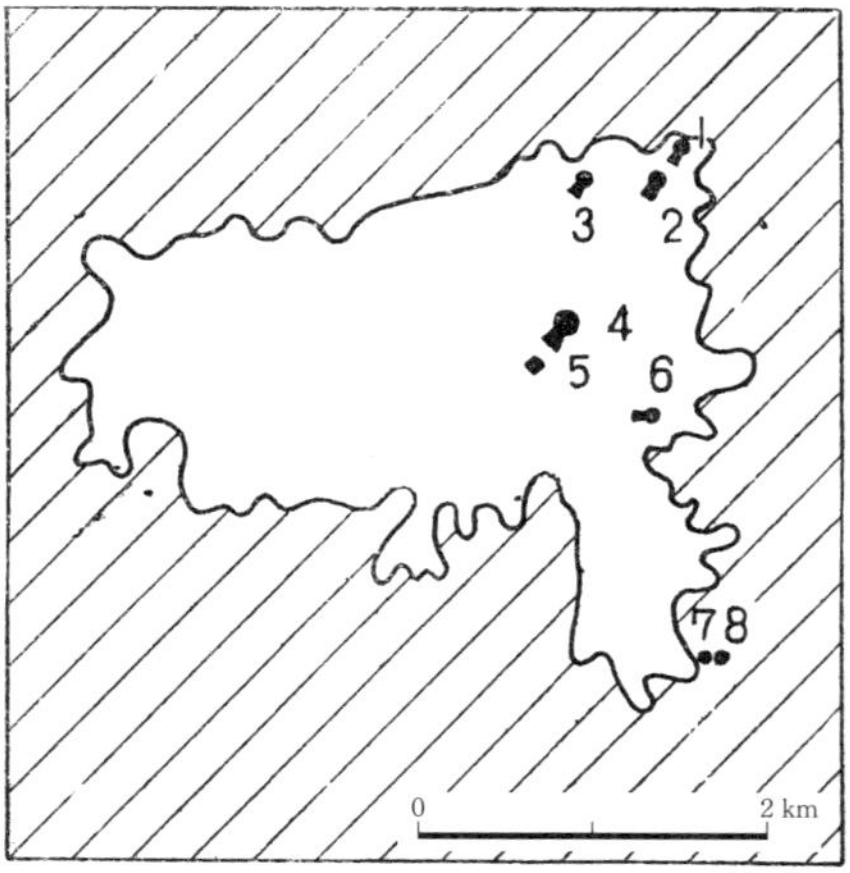

図1　美濃波多盆地と古墳群

斜線は非耕地。1 殿塚　2 女郎塚　3 毘沙門塚　4 馬塚　5 玉塚　6 王塚　7・8 赤井の塚穴

れもその墳形の一辺を約南西にして構築されている。馬塚の北約八〇〇メートルに前方後円墳毘沙門塚《びしゃもんづか》が主軸を南四〇度西にして位置している。毘沙門塚の位置する附近は盆地の北限に近い。毘沙門塚の東五〇〇メートルに隆然たる封土を聳《そび》やかすのが前方後円墳女郎塚《じょろうづか》であり、主軸は南三五度西に面している。女郎塚の北約二〇〇メートル、この盆地の最北限の丘陵地帯に前方後円墳殿塚《とのづか》がある。主軸は南三〇度西で、ほぼ女郎塚に等しい方位をとる。馬塚の南東約五〇〇メートルに前方後円墳王塚が、主軸を西五度北において、ほぼ西面している。この位置する部分は、盆地の東限に近く、かつ上小波田の横穴式石室への飛石的な位置にあることが注意される。王塚より南へ名張川の支流にそって一二〇〇メートル遡ると、盆地の最南限に、丘陵の麓に近く二基の横穴式石室がある。もとたくさんあったようだが、一基は破壊され、他の赤井の塚穴という一基が完存している。石室は西一〇度南へ開口している。

以上が美濃波多盆地における古墳群の分布状態であるが、我々はその八基の古墳の構築順序を考えねばならぬ。しかし、副葬品や内部構造が全てについては分かっていないので、築造技術や墳形の形態に注意を払って以下考察をすすめてみよう。

一言にいって、この古墳群の各前方後円墳は、各期の代表的な形態を示しているといい得るほど、その相互間に顕著な相異をもっている。まず最も古く築造されたのは、盆地の最北端殿塚であろう。この古墳は自然地形を大きく利用した前方後円墳で、後円部の外周は不正形な空《から》湟《ぼり》がめぐるけれど、前方部の下辺は低い部分にまで葺石がほどこしてあり、古式古墳に通有に見られるとおり墳形の明瞭な輪廓が意識されていない。全長八五メートル、後円部径五二メートル、前方部幅四〇メートルである。後円部頂上には円筒埴輪片や楯形埴輪片が少量散布する。次いで女郎塚が外形から見て、前中期の過渡期と思われる。立地はすでに平地にとられ、隆然たる後円部と低短な前方部からなる墳形は、大和箸墓を思わせる。全長一〇五メートル、後円部径七七メートル、前方部幅三九メートルで、その周囲を幅約一二メートルの湟《ほり》が、古墳のプランと同じ形に、いいかえると、後円部と前方部との接触点では鋭くくびれ部をつくりながら、平地深く掘り込まれている。従って女郎塚は平地にあるとはいえ、その墳形は前方部の発達した中期の古墳より遡ることについては疑い得ないであろう。次いで女郎塚の西にある毘沙門塚が構築されたとみられる。古墳の大きさは女郎塚よりは小さいが、有湟の典型的な中期の前方後円墳で、おのおののくびれ部には鰭《ひれ》状に突出する整った造出し(1)を有し、形態の示すところ、大和巣山《すやま》古墳に類似している。後円部の頂上には、竪穴式石室が破壊されていて、天井石が三枚散乱している。また石室の内部にあった木棺の一部は、現在土地所有者の手に保管されていて、長さ一・七六メートル残っていて恐らく組合せ棺の側板の一枚であろう。毘沙門塚に次いで、その南方、美波多駅の南東に雄大な姿態を横たえる馬塚が四番目の築造であろう。すなわち前方部の頂上は平たくされているが平面形は完全で、その形態は前方部幅が後円部の径を遥かに凌駕し、既に盛期より爛熟期に入っている。左右のくびれ部には、前方部にかたよって鋭角に突出する造出しがあって外形の示すところとよく適合している。外周は湟で囲まれている。外部設備としては埴輪円筒片や葺石の他に、畿内盛期の古墳に普遍的な蓋形埴輪も採集されている。馬塚の規模はこの古墳群中最大であって、全長一四〇メートル、後円部径八九メートル、前方部幅一〇一メートルで、湟をへだてて東方には陪塚と認められる小古墳をも伴っている。次いで馬塚の南方にある玉塚が構築されたと推定される。墳形はかなり破壊されてはいるが、湟は正しい正方形を示し、墳形の残存部と考えあわす時、方形墳と考えられる。湟や古墳の一辺は、おおむね馬塚の方位と一致する。古墳の一辺は三四メートル×三二メートルで湟幅一〇メートル強である。

以上殿塚にはじまって玉塚に至る古墳は、いずれも同じ方向に向かって築造されていると共に、成立年代の順に北から南へとつくられていくという規定に拘束されているのに気づく。しかしながら、残された三基の古墳については、以上の基準は守られていない。

さて、玉塚に次いで構築年代を考えるべきは、馬塚の南東の一段と低い立地をとる王塚である。王塚は一名貴人塚《きじんづか》ともいわれており、全長四三メートル、後円部径三三メートル、前方部幅二四メートルで周囲に湟のあとがある。数値だけで見ると墳形は馬塚より古く見えるけれども、すでに前方後円というプランに対する関心がうすれだした頃の築造と考えてよく、散布する埴輪円筒片も厚く焼成度の低いもので、畿内の埴輪円筒としては末期に属すものであり、この古墳の築造も六世紀に入っていると考えられる。王塚の南方、上小波田部落にある二つの横穴式石室は、王塚の後に編年される古墳である。もちろん、横穴式石室は破壊されやすく、二基のうちの一基はすでに石室の石が掘りとられ、墳形の一部と村人の記憶のうちにのみ残るもので、他の一基赤井の塚穴で観察してみよう。墳形は円墳で石室はその主軸を西一〇度南においており、玄室の長さ五・五メートル、奥壁での幅二・四メートル、高さ三・五メートル、両壁奥壁のもちおくり鋭く、天井石は二枚である。羨道《せんどう》は長さ六・二メートル、羨門《せんもん》の幅一・三五メートル、玄室との接合部には両方に袖がつき、羨道の高さ一・五五メートルで玄室の天井より著しく低い。これを要するに、横穴式石室としては聖徳太子墓で代表される整備された石室には遡るものとしてまず七世紀初頭前後の築造にかかるであろう。

以上詳しく分布状態と成立順序を説明したが、次に美濃波多古墳群に内包されている性質についての考察をしなければならない。

まず、この古墳群を構成する八基の古墳は、その築造の時期にほぼ均等な時間の前後をもつことを指摘する必要がある。さきにこの古墳群では各期の最も典型的な古墳形態を見ることができるといったが、このことは一時期にかたまって古墳が構築されたのではなくして、ほぼ相似た時間の経過をそれぞれが保ちつつ、順次構築され、やがては一古墳群を形成するに至ったのである。しかも古墳群中最も古いと思われる殿塚が前期末で、王塚が中期末と考定されるので、その間の時間経過を概算二五〇年とみて大過なかろう。この推定によると各古墳構築の時間差は約四〇年であって、およそ一世代と考えられる。すなわち、この古墳群はある短時期につくられたのではなくして、約四〇年の間隔をへて、漸次構成していったと見るべきであろう。従ってこの型の古墳群の属性の一を「一世代一墳的」とし、これを更に成立の経過から見る時は、短期間に構成されたのではなくて、長時間にわたって漸次形成されたとして「成層的形成」と規定しようと思う。

ここに婉曲《えんきょく》に述べてきた「一世代一墳的」あるいは「成層的形成」の内容をより明瞭にするならば、それは一氏族団体によって絶えることなく構築され、ついには形成された古墳群を意味する。従って代々の族長の死が古墳の築造となり、ここに古墳の群集形態上成層的な性質を生ずるようになったのである。同時に一時期の古墳が一墳しか存しないということも重要な意味をもっている。すなわち、一世代一墳的な群集は、その群集墳を所有する氏族団体が多氏族ではなく一氏族に限られたとみるべきである。従ってこの群集形態の古墳群を「一氏族的」と規定することができる。

以上の結果は、更に土地との関係で考えるべきである。古墳の築造が盛んに行なわれた時期は、水稲栽培が経済の基礎になっていたことはいうまでもない。従って一氏族が一地域に居住する場合、その氏族の経済的繁栄の限界は、彼らが農業以外の産業によるのでないかぎり、その地域の水田面積と農耕地としての優劣によって決せられている。もし単位面積として盆地なり平野なりが広大であれば、より規模の大なる古墳の群集を予想することができるし、又同一地域内に更に他の氏族に属す他の古墳群の存在をも予想することができる。この場合、後者の古墳の規模は、前者のそれより小であることは当然である。

今、美濃波多盆地における水田面積を調べると、三〇五・七町歩であり、一応これによってこの氏族団体の経済的能力を知ることができる。もちろん、現在の水田面積によって、古墳築造期の水田面積を推定することは危険ではあるが、この盆地を見ると水田面積の増減はあまりないようである。

さて、古墳群の形態から一形式を設定すると共に、盆地と古墳群の関係から次のように規定することができる。すなわち、この盆地内に群集墳として存在するのは上記の八基の群集のみであり、しかもそれが一氏族によって成層的に構築させられたのであるかぎり、この単位面積としての盆地それ自体が、一氏族によって占有されていたことが考えられる。従って、美濃波多型古墳群を一つ有す単位地域を、一氏族によって主導的に占有された土地として、美濃波多型単位地域と考えたいのである。

ここで目を転じて、同じ群集形態を示す古墳群を検討してみよう。

（2）安威古墳群

既に同じ意図で紹介(2)した古墳群であるがゆえに詳しくは説明しない。大阪府三島《みしま》郡安威《あい》村大字安威にあって、東西にのびる丘陵上に分布する一群である。私の認めたところ、一九基によって構成されるが、いずれも規模のさして大でない円墳である。古墳群はほぼ西から東へと順次構成されたらしく、その西のものの一基は、粘土槨を主体とし、石釧、車輪石を副葬する古式に属し、東のものは、横穴式石室を有している。従って古墳築造期の前期より後期まで、成層的に形成されたものであり、恐らく前中期は一世代一墳的な性質を具《そな》えているだろう。

後にのべる三島野古墳群とは近接するが、明瞭な群としての独自性をもち、小古墳の群集で成層的形成の見られることや、古墳群中央の阿為神社との関連など考えられること等、見逃し得ぬ古墳群である。

（3）三島野古墳群

記述の煩雑をさけるために、図2を参考にしていただきたい。古墳群は八基の前方後円墳と少数の独立古墳と塚原の横穴式石室を有す古墳の群集とで構成される。典型的な自然丘陵利用の古式古墳たる弁天山《べんてんやま》古墳、岡本山古墳等ではじまり、中期の代表的な茶臼山古墳（現在の継体陵）をへて、今城塚《いましろづか》にいたる期間は、美濃波多型の規定概念である一世代一墳的ならびに成

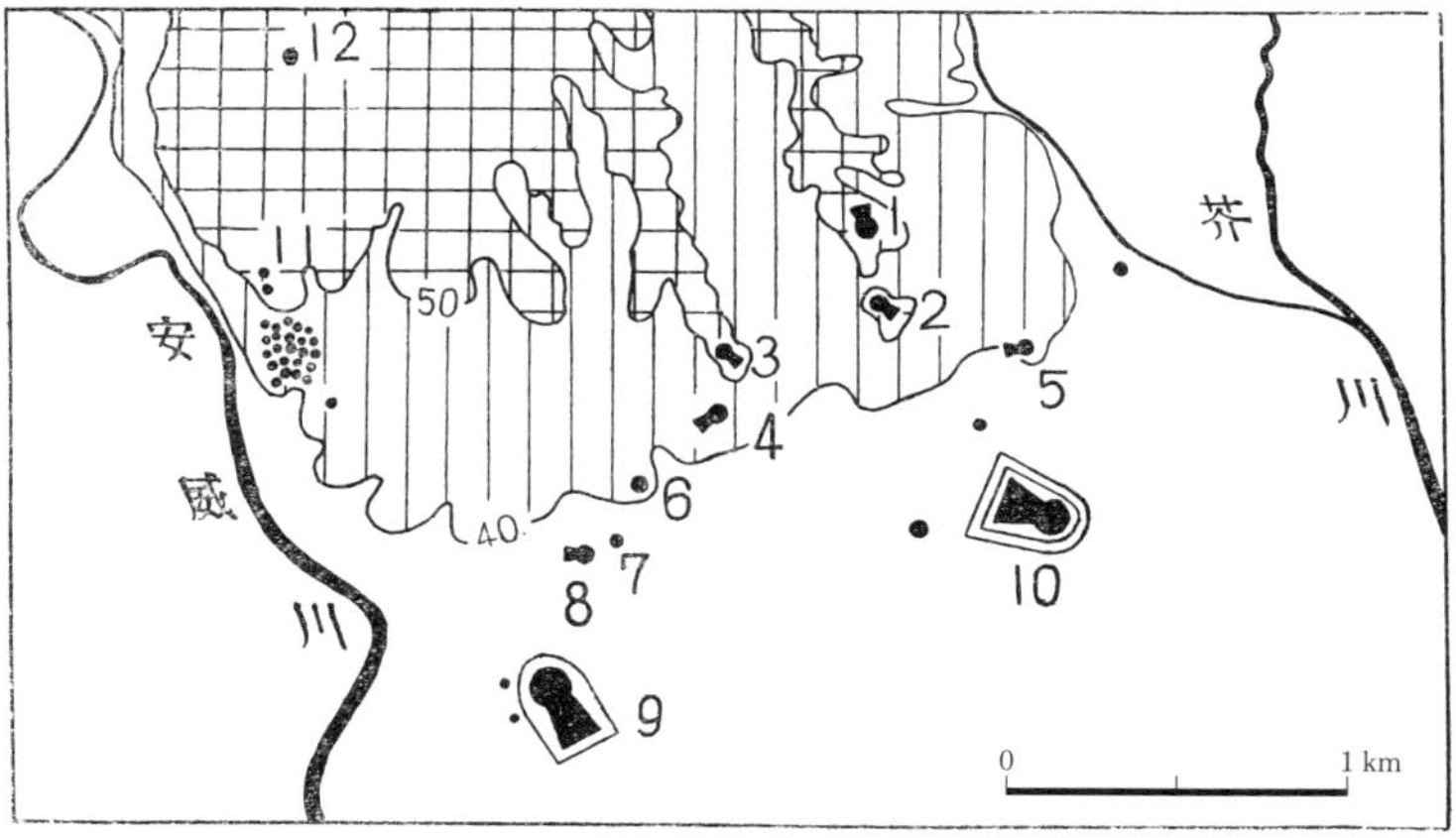

図２　三島野古墳群

1 弁天山　2 岡本山　3 闘鶏山　4 番山　5 郡家車塚　6 土保山　7 高樋
8 二子山　9 茶臼山　10 今城塚　11 塚原の横穴式石室群　12 阿武山

層的形成をいかんなく具えている。自然丘陵利用の弁天山、岡本山を四世紀前後と考え、数々の考証[3]及び形態上の発達段階から今日継体陵であろうと考えられる今城塚を西暦五三〇年頃とするなら、この古墳群の前半が形成される期間は二三〇年間であり、これを八基の古墳数で割って、一世代が大略三〇年弱と求められる。

三島野古墳群は東は芥川《あくたがわ》で西は安威川で限られた地域内にあるが、この古墳群を築造した氏族団体の占有した土地の限界は明白でない。しかしながら、淀川北岸の低湿平地一帯を支配していたこと、その所有面積が美濃波多盆地より更に広大であったことは推定される。従って三島野古墳群が示す一世代一墳的な性質は、この地域に立脚した氏族団体が、既に古墳時代の前期よりこの地域を占有しつつ繁栄したことを意味している。

ここで注意すべきは、この形式の群集墳の性質の他の一たる成層的形成についてである。美濃波多古墳群では、その各々個々の古墳の規模は、さして異なるものではなかったが、三島野古墳群では、中期になるや突然規模の大なる古墳を構築している。これを例えると、美濃波多では各々の層の厚さが同程度であったのが、三島野では中期の層が突然厚くなっているのである。これを他の面より説明すると、三島野古墳群では、弁天山、岡本山等の古式古墳の時期では、この地域の水田によって氏族団体はささえられていた。いいかえると、この古墳群成立の第一期では、三島野古墳群によって表徴される氏族団体は地域的統合に過ぎなかった。中期にいたるや、全長二二三メートルの茶臼山古墳や全長三一二メートルで二重湟さえ繞《めぐ》らす今城塚の規模が示すように、氏族団体の占有地域は、急激に増大したことが予想される。

以上説明したごとく、三島野古墳群は、同じく美濃波多型古墳群に属すのではあるけれども、美濃波多古墳群がその成層において、平均した大きさで形成されたのに対し、次第に尨《ぼう》大《だい》化する形成をとげたことは注目される。今、この現象を別の見地から少し詳しく説明してみよう。

三島野古墳群の周辺地域である淀川北岸地方の前期古墳と古墳群との関係を分布図にすると極めて興味ある事実に気付くのである。図3によって明らかなごとく、この地方の古式古墳の分布は高槻市昼神、安威村安威、同じく将軍山、豊川村宿久庄《しゆくのしよう》、及び前記弁天山、岡本山等に見られ、その状態はほぼ均等にこの地方に分布しているといえよう。すなわち、古式古墳群の

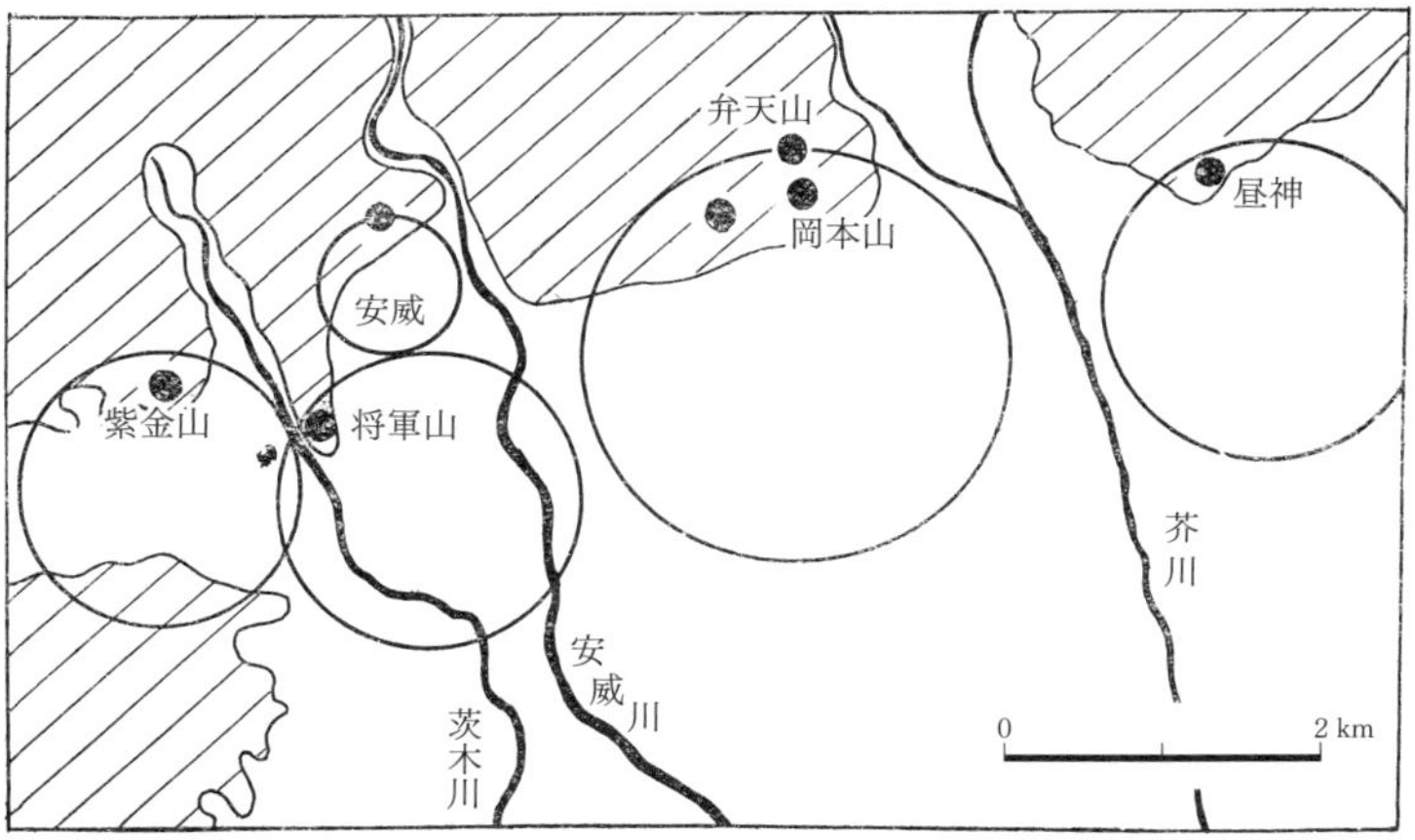

図3　淀川北岸の古式古墳の分布

斜線は非耕地。円の大きさは古墳の規模による。左から宿久庄、将軍山、その上の小さな円は安威古墳群、次いで三島野古墳群、右端は昼神。

時期にあっては、小中氏族団体が各々の地域に割拠し、分布図が示すとおり緊張がみなぎる。また、その氏族団体相互の規模も、古墳の規模から見て、安威を除いては大した相異をもたぬ伯仲のものであったことが知られる。しかるに、これらの古式古墳は、三島野及び安威を除いて、次につづくべき古墳を持っていない単独の古墳である。単独の古墳とは、もちろん、古墳群を構成せずして、一時期につくられ、次にはつづくべきものがないという意味であるから、なんらかの理由による氏族団体の消滅を現している。

従って、淀川北岸地方では、大規模な開拓がはじまった古墳時代前期には、少なくとも五つの氏族団体が、各々の開拓地に割拠し、その勢力は均衡していたが、のち短期間に安威古墳群の表徴する小氏族団体を除いて全て消滅し、三島野古墳群の表す氏族団体に統一された。これらの消滅した氏族の耕地は当然三島野古墳群の氏族団体に合併され、ここに三島野古墳群の構成単位の古墳の規模が、中期において急激な尨大化を来したのであった。

　三島野古墳群の尨大化をたどる成層的形成について、淀川北岸地方の古式古墳の分布を見、古墳と古墳群との対比のもとに予想される社会構成の変動からも考えてみた。しこうして多数氏族団体による地域ごとの統合の形が破れて、少数氏族による地方的な統合に統一されていく過程を古墳と古墳群の示すところから見た。従って、三島野古墳群は第一期は地域的な文化表徴を、第二期は地方的な表徴を表すことは言をまたぬと共に、その地方の範囲は、説明の便宜上限った淀川北岸地方より更に広大であったろうこともことわる必要はなかろう。

　次に、この古墳群によって表される氏族団体について一言しておこう。注意すべきは、継体陵と断定される今城塚をその内に含むことである。すなわち、書紀に明らかなごとく、継体天皇は、大和朝廷断絶後、天皇氏と親縁関係にある氏よりたてられたのであって、書紀は丹波桑田郡に天皇を迎えた「丹波国桑田郡にあった倭彦《やまとひこの》王《おおきみ》をまず天皇に迎えようとした」と記載している。この桑田郡は三島野からは北方へ芥川をさかのぼる数時間の行程であり、あるいはその地方の一部もこの氏族団体に属していたのかもしれない。このように考えると、継体天皇は三島野古墳群によって表される氏族団体から抜擢されたことが考えられるのであり、中期の茶臼山古墳の規模からみて、すでにそれにふさわしい実力を備えた強力な氏族団体となっていたのである。

最後に、この古墳群の後半を形成する横穴式石室群については、述べるべき明確な考えを持たないが、これらは今城塚のやがて後につづくべきものであり、各種の点で興味は多いが、これら横穴式石室については、なお史料的取扱いにおいて検討すべき問題もあってここでは省略する。ただ一世代一墳的な傾向がくずれ、一世代多墳的傾向の生じるのは、各地の横穴式石室群に見られる通有性であり、ひいては、前中期と後期の間には、氏族団体内の組織に相異を来したごとく考えられるが、これについては他日改めて検討しよう。

しかしながら、一世代多墳的な傾向をおびるとはいえ、なお古墳群形成において成層的な性質を示すのは、内に馬具須恵器を副葬し、形象埴輪をも伴った一横穴式石室[4]と、大宝律令後の墳墓と考えられる阿武山古墳[5]が同一群集を形成する事実によっても知られよう。

註

（1）東のものは道路の土盛りのため、今は消滅している。なお、この毘沙門塚の規模は、全長五四メートル、後円部径四〇メートル、前方部幅二七メートルである。

（2）森　浩一「安威古墳群の問題」『古代学研究』五、一九五一年。

（3）木村一郎「継体天皇三島藍野陵に就いて」『歴史地理』二一―二、一九一三年。
梅原末治博士「摂津の古墳墓」『考古学雑誌』四―八、一九一四年。

吉井良秀「大和国衾田御陵と摂津国今城塚とを弁じて三島藍野御陵に及ぶ」『考古学雑誌』二一―五・八、一九三一年。その他これについての論考は枚挙にいとまがない。
（4）免山　篤「摂津国塚原の一石室調査報告」『古代学研究』四、一九五一年。
（5）梅原末治博士「摂津阿武山古墓調査報告」『大阪府史蹟名勝天然紀念物調査報告』七、一九三六年。

――一九五二年『古代学研究』六号
原題は「古墳と古墳群（上）―古墳の史料的把握への一試企―」

葬法の変遷よりみた古墳の終末

はじめに

古墳とは本来死者を葬ることを目的として構築された墓である。この周知の事実をあえて冒頭に掲げたのは、対象とする遺跡の性質に応じて研究を順序だてる必要があると考えるからである。土器の窯址と城砦《じようさい》址の研究は違った視点でこれにのぞむべきであろうし、都城や国庁址と古墳との研究もその手だては異なるであろう。

最近の古墳研究は戦前の遺物偏重の傾向からは解放されてはきたが、その反面古墳そのものの検討を軽く扱い、古墳が構築された当時の社会体制や国家の政治体制に性急にせまろうとしている。古墳の発生の問題、各地方の古墳営造開始の問題や古墳の終末の問題等にこの傾向がつよいのである。勿論そのような試みは考古学、さらにはそれをも含めた古代学に課せられた究極の目標ではあるが、墓としての古墳の性質やその変遷も充分考慮したうえのものでなければならない。

古墳が縄文文化の直葬の墓やさらに北九州の弥生式文化の甕棺の墓などと区別される点は、死者をたんに葬るというだけの目的では理解しがたいほどに堅固な構築物を手間をかけて営造していることであろう。古墳はそれ以前の墓から区別されるだけでなく、なお壮大な天皇陵を築き、畿外のある地域では、古墳構築の風をものこしている奈良時代を例外とすれば、平安時代から今日にいたる長い日本の歴史でも唯一の厚葬の時代なのである。古墳の発生・普及・そして消滅という現象も、政治面、社会面からの追及を試みるだけでなく、死者の葬法や死者への関心の変遷の問題とも関連させて考察すべきであろう。

古墳がいわゆる古墳時代（西暦四世紀から七世紀）の以前やそれ以後の墓にくらべてとくに堅固な構築物であることは、それが死者を葬るための場を営造することだけを意図されたのではない。ここに葬るという言葉を使用したが、葬るという行動は第一には死者を現世の人間から遠ざけて隔離することであり、六三六（唐・貞観十）年に太宗文徳皇后がだした遺言の一説に「葬者蔵也。欲人之不見」（旧唐書巻五一）とあるのはこの点に関する一般的通念を述べたものである。葬るという行為をさらに具体的に考えると、死者を住居から他へ移す方法が普通とられた。時には生きのこったものがその住居に死者をおいて他へ立去ることもあっただろうが、いずれにしても死者と生者とを距離的にひき離す方法がとられたわけである。しかしながら葬るという行動が現世との隔離を第一の目的としているかぎり、例えば近代や現代の土葬を例にとっても死者の扱い方は必ずしも鄭重ではなく、無造作であり、乱暴であることも稀ではない。このように考えると、古墳は死者を生者達から隔離するための目的だけをもったとしては、堅固で壮大すぎる構築物である。

では古墳とは死者に対してどのような役割をになったのであろうか。ここでは死者達が生前もっていた政治的な地位を死後も誇示しつづけるために必要な構築物であるとする別の視点では当然考えられることも一切ふれないで、葬法上の問題に限ってとりあげることにした。私がここで葬法として関心をもったのは、一つの墳丘に何人を葬ったかという漠然とした多葬[1]のことではなく、一つの棺や一つの石室に何人を葬っているか、そしてその場合遺骸に対して人達がどのような扱い方をし、またそれがどう変遷したかを観察したい。そして葬法の変遷を通して古墳の終末を考えてみようと思うのである。

一　古墳前期と中期における葬法

近年になって前期[2]初頭の古墳の実態が次第に明らかとなってきたが、その多くの墳形が、前方後円や前方後方であることが実証されてきた。これら編年上での古式の古墳はおおむね丘陵や山頂に営まれているものが多く、それを測量調査する際には墳丘の基底線を自然の斜面から区別するのに困ることが普通である。つまり平面形ではある程度古墳の範囲を識別できても、立体形としての墳丘を視覚的にとらえることはきわめてむずかしいのである。前期でもやや後になって、円筒埴輪で墳丘を囲繞《いにょう》し、葺石で墳丘を保護するようになり、さらには濠をめぐらすようになれば立体的な墳丘はきわめて容易に認識されるが、そのようなものがない前期初頭の古墳やさらに地方ではもっと後の古墳でもどこまでが墳丘か、さらに言葉を強めると果たしてその時代の人達が平面的な墓域以上に墳丘の営造を意識したのか疑わしいことすらもある。古墳と呼んでいるものにも、自然の山頂や尾根上の隆起点に墓壙を設けその中へ棺を埋め石室や粘土槨で覆ったものも少なくなく、人為の墳丘を築いたものばかりではないのである。前期後半以後の典型的な古墳や中期の天皇陵などの壮大な墳丘を頭にえがいて前期初頭の古墳や地方の古墳を実際以上に大きく考えている危険性もひそんでいる。

このように墳丘に対する実態の認識が進まないことは古墳研究の一障害であるが、断片的な知見を総合すると古墳の墳丘とは原則的には埋葬後はみだりに立ち入るべき性質のものではなかったのではなかろうか。前方後円墳の起源論の一つに前方部が祭りの場であったとする説は細部では異なるけれども今日なお有力である。それにもかかわらず前方部に何がしかの祭りの跡をとどめた例は皆無に近いのである。このことは前方部にとどまらず墳丘内では造出しなどで短期間の祭りがおこなわれたことはあっても、それは恐らく埋葬時の葬儀であって、埋葬終了後に墳丘内に立ち入った形跡はまず認められない。墳丘をとりまく円筒埴輪が完全に連続して入口的な施設をともなった例が認められないこともそのことを示している。もし古墳の被葬者に対する時々の祭りがおこなわれたとすれば、それは墳丘外のいわゆる兆域内、つまり周庭帯と末永雅雄博士が命名(3)された区域内である可能性がつよいのである。

古墳の墳丘とは本来埋葬後は立ち入る性質のものでないということは、死者の厳重な隔離を物語るものである。前期古墳において、同一墳丘内にいくつかの埋葬施設（この中には遺物副葬用施設の誤認も当然含められていようが）が設けられた古墳は戦後の調査で増加している。数例を紹介すると、後円部に舟形石棺と竪穴式石室のある香川県高松市石清尾山《いわせおやま》の石船塚《いわふねづか》(4)、三つの舟形石棺を埋めた香川県綾歌町快天山《かいてんやま》古墳(5)（これは前方後円墳として報告されているが再検討の余地が多い）、後円部に竪穴式石室と組合式石棺をおき、前方部に六つの埋葬施設をもった鳥取県東伯郡羽合町馬山《うまのやま》四号墳(6)、後円部に埋葬用と副葬用の各々一つの粘土槨、前方部に二つの粘土槨と円筒棺をおいた奈良県橿原市新沢茶臼山《にいざわちゃうすやま》古墳(7)［五〇〇号墳］、後円部に三つの粘土槨を並べた大阪府和泉市黄金塚《こがねづか》(8)などがある。このほか戦前の調査例でも後円部に三つの竪穴式石室を並べ、前方部に二つの組合式箱形石棺をおいた滋賀県蒲生郡安土町瓢簞山《ひょうたんやま》古墳(9)などもこれに加えてよい。ただしたんに複数の埋葬施設と推定されるものが並んでいても、大阪府南河内郡美原町黒姫山《くろひめやま》古墳(10)や奈良県桜井市メスリ山古墳(11)などの最近の調査例が明らかにしているように品物の埋納用施設も含まれているので人骨が遺存するか、それとも副葬品の配列にはっきりと人体埋葬の跡があらわれていない限り複数の埋葬施設があったとは断定できない。さらに開墾などで偶然に石室などが発見された場合は、その箇所だけしか調べないことも多く、必ずしも確実な資料とは言えない点も考慮すべきである。そのような緊急調査例を除去すると、前期古墳でも一墳丘一埋葬施設一遺骸が確かめられた例の方が少ないのである。しかしながら前期にあっては一墳丘にいくつかの埋葬施設が設けられている場合でも、一埋葬施設が収容するのは一遺骸を原則としているようである。

古墳研究を進めるうえで人骨が遺存しておらず被葬者の年齢や性別などの不明な古墳は、あたかも年代不詳の古文献に対するようなもので資料としての位置づけが容易でない。それにもかかわらず人骨の遺存する古墳は少なく、また人骨の断片や歯などを科学検査の対象とする積極的態度に欠けた調査者のいることは残念である。しかも前期や中期古墳では完全な人骨が遺存した例は皆無に近く、一見とるに足らぬ人骨の断片や歯などから結果を得るほかはないのである。

前期および中期古墳で学術調査がおこなわれた限り一墳丘にいくつの施設があるかは別として一埋葬施設一遺骸がほとんどである。

これも戦後調査された確実な例をあげると、大阪府和泉市黄金塚東槨には男性遺骨(12)、奈良県五條市塚山古墳の組合式石棺は男性遺骨(13)、徳島県小松島市前山古墳の竪穴式石室には男性遺骨(14)、徳島県徳島市恵解山《えげやま》二号墳東の組合式箱形石棺には女性遺骨(15)、西の組合式箱形石棺には男性遺骨(16)、同市節句山《せっくやま》二号墳の組合式箱形石棺には男性遺骨(17)、徳島県名西郡石井町内谷《うちだに》古墳の組合式箱形石棺には男性遺骨(18)、広島県賀茂郡西条町三ツ城《みじょう》古墳の組合式箱形石棺（二号棺）には男性遺骨[19]、岡山県久米郡柵原《やなはら》町月の輪古墳中央の粘土槨には男性遺骨[20]、南の粘土槨には女性遺骨[21]、愛知県幡豆《はず》郡吉良《きら》町岩場《いわば》古墳の造出し部の円筒棺には男性遺骨[22]、静岡県庵原《いはら》郡庵原村三池平《みいけだいら》古墳の舟形石棺には男性遺骨[23]、千葉県松戸市河原塚の粘土槨も男性遺骨[24]、茨城県茨城郡磯浜町鏡塚の粘土槨から男性遺骨[25]、同県行方郡玉造町三昧塚《さんまいづか》の組合式石棺にも男性遺骨[26]があったなどを例示できる。戦前の資料でも京都府与謝《よさ》郡加悦《かや》町作《つく》り山《やま》古墳の組合式石棺の男性遺骨[27]、兵庫県神戸市得能山《とくのうざん》古墳の竪穴式石室の女性遺骨[28]などは資料に加えてよいものである。

　前期および中期古墳では一埋葬施設に一遺骸を葬ることを原則としていたことは、石棺内にある石枕《いしまくら》からも推定できる。とくに石棺製作の当初から計画的に造付けられてある石枕には棺底の中央線上でどちらかの小口に近く削りだされたものが多く、これなどは明らかに一遺骸用である。佐賀県東松浦郡浜崎玉島町谷口《たにぐち》古墳[29]の二つの組合式長持形石棺内に造付けられた各々一個の石枕、熊本県玉名《たまな》郡岱明《たいめい》村院塚《いんづか》[30]の三つの舟形石棺にある各々一個の石枕、香川県綾歌《あやうた》町快天山古墳[31]の三個の舟形石棺にいずれも一個ずつ造付けられた石枕、大阪府柏原《かしわら》市松岳山《まつおかやま》古墳[32]の組合式石棺の石枕などは戦後新しく知られるようになった新例である。

　これらの埋葬施設は、遺骸を木棺や石棺におさめ、その上を竪穴式石室や粘土槨で保護した埋葬施設が多いが、一たび遺骸の埋葬をおえたあとは再び内部を開いて見た形跡はなく、一方では現世と完全に隔離するとともに、他方では遺骸を保護しつづけたのである。つまり埋葬後の遺骸は開いて見られることがないのであるから、その肉体が時間の経過とともにどのように変化するかについては結果的には関心がよせられていないのである。遺骸がミイラ化してそのままであろうと、骨化しようとあるいは骨さえもが消滅しようとも死者が保護されていることには何の変わりもなかったのである。このように考えると、前期や中期古墳の構築の目的の一つに、死者を一切のわずらいから保護し永遠の安らぎをあたえる場の確保にあったと考えてよかろう。

ところが前期・中期においても一埋葬施設一遺骸の実例よりは少ないが二体合葬をおこなった埋葬施設がある。大阪府堺市野々井二本木山《にほんぎやま》古墳(33)は筆者が担当した調査であるが、小円墳状の墳形を呈し、直接封土中に埋められた舟形石棺には男女二体の遺骸が相並んで収容されていた。棺内の一端には石枕を置いてその上に頭骨をよこたえた姿勢で人骨が狭隘な棺内に並んでいる状態は同時埋葬の可能性がつよいと思った。この古墳は前期後半から中期初頭に位置づけることができる。和歌山市東国山《とうごくやま》古墳群の第一号墳(34)は後期初頭の竪穴式石室であるが、男女各一体の遺骸があり、同時埋葬のふしがあると調査者は記している。福井市足羽山《あすわやま》古墳群の竜《たつ》岡《おか》古墳(35)では古式の家形石棺に男女各々一体の合葬人骨があり、また同じ古墳群の宝石山《ほうせきやま》古墳(36)の舟形石棺にも男女各一体が合葬されていた。足羽山の二つの合葬例について調査者はどちらか一方がのちに追葬されたものと報告している。同時埋葬かそれとも追葬かという区別は人骨の腐朽状況からだけでは判断がつけにくく、石棺の上を覆う封土の掘込みの有無などによるべきであるが、この点この古墳群は公園化などで封土が乱されていてそのための資料を欠いたのは残念である。

人骨は消滅していても合葬の確実な例がある。香川県大川郡津田町岩崎山《いわさきやま》四号墳[37]がそれで、後円部に営まれた竪穴式石室内には舟形石棺をおさめ、銅鏡、貝釧など前期に属する副葬品をのこしていた。この石棺の棺底には二つの石枕が造付けてあり、二体合葬が計画されていることが知られるのである。福岡県三池郡高田町の石神山《せきじんさん》古墳[38]には三個の舟形石棺があるが、そのうちの一石棺だけに二個の石枕が造付けられている。山梨県東八代《ひがしやつしろ》郡中道《なかみち》町大丸山《おおまるやま》古墳[39]でも組合式石棺内に二人共用の石枕が安置されていたし、また後期の例ではあるが、福岡県嘉穂《かほ》郡桂川《けいせん》町の王塚[40]の横穴式石室の後室の奥には二人の遺骸用の棺床を設けている。造付け石枕をもつ石棺として知られている三一例のうち大部分が一個だけを有しており、二個をもつものは約一割の三例にすぎない。あたかも人骨出土資料の一埋葬施設一体に対する二体の割合に通じるものである。このように考えると、二つの石枕をもった石棺や二体の人骨を合葬した場合、果たしてそのうちの一体が追葬によったかどうか疑問であり、二体の同時埋葬の可能性がつよいのではないかと考えられる。つまり二体の遺骸を同一の棺に収容する時も、一方の遺骸が腐ったり骨化してから、その棺を開けて見る機会は原則的にはおこりえなかったのである。

二体合葬を計画するということは流行病や事故による偶発の死亡事件を除外すると殉死の風習以外にはありえないのではないか、と考えるが、文献のうえからも殉死の風の存在は否定することができない。垂仁紀に記されている倭彦命《やまとひこのみこと》の身狭《むさ》の桃花鳥坂《つきさか》の墓での近習の殉死の説話、清寧紀におさめられた隼人が雄略天皇に殉死した説話、また長日子《ながひこ》が遺言でその婢と馬を殉死せしめたという『播磨国風土記』につたえられた説話なども実際におこった事件かとか、その実年代についての真偽はともかくとして各種の殉死が絶無のことでないことを示しているし、大化の薄葬令には「凡人死亡之時。若経自殉。或絞人殉及強殉亡人之馬」のような旧俗を禁止したことが述べられており、自発的な殉死もあれば、殉死を強制する風習もうかがわれるのである。しかし同一の埋葬施設内の合葬は、主人に対する近習や婢というような関係よりも、中国での合葬という用語の慣用にかなった夫婦関係のものの可能性がつよいと推定することができる。このことに深くたちいることは本論文の主題ではないので先学の諸論考を参照して頂きたいが、要するに前期、中期において埋葬施設一遺骸または二遺骸の場合でも埋葬後は棺をみだりに開けて内部を見るものでなかったと考えられるのであり、ひいては古墳の堅固さ、壮大さの原因の一つも死者にとって永遠の奥津城にふさわしい構築物の営造を意図した点にあったのであろう。

二　古墳後期における葬法

埋葬施設が一たび遺骸を収容した後にはみだりにそれを開けて遺骸を見るものではないという原則は、畿内や東日本では後期になっても最初は守りつづけられていた。奈良県立橿原考古学研究所が一九六二（昭和三十七）年から五年間継続調査を実施した橿原市新沢千塚[42]の発掘は約一三〇基の古墳の内容を明らかにしたが、その大部分は五、六世紀、つまり中期と後期の前半に構築されたもので、ほとんどが木棺を封土中にそのまま埋置する方法をとっていた。この場合、一つの古墳にいくつもの木棺を埋置することはあっても、一つの木棺内には一、二の例以外は一遺骸をおさめていたと推定される。つまり六世紀になっても新沢千塚では、当時の人々が死骸の変化を目撃することを努めて避けていたのであり、またそのような機会も偶然以外にはおこらなかったようである。この新沢千塚は六世紀になっても横穴式石室が構築されることは少なく、畿内地方としては横穴式石室採用のおくれた古墳群であるから、旧いあるいは別系統の伝統をつよくとどめているのかもしれない。

ところが九州では死者に対する取扱いが違いはじめたのである。一九五一（昭和二十六）年に発掘された熊本県八代《やつしろ》市大鼠蔵山《おおそぞうやま》古墳群をその例にあげよう。この古墳群は封土の存在のあきらかでない小古墳で構成され、四個の組合式箱形石棺があった。そのうち調査されたのは二つの石棺で第一号棺には男性三体、女性一体、子供一体、計五体の人骨がおさめられ、人骨の重なり具合等から次々に追葬されたことが明らかである。この棺に最初に葬られた男性骨の場合は「頭骨を失い、四肢骨もバラバラで、まるで骨をひろって一箇所に積みあげた感じ」であったと乙益重隆《おとますしげたか》氏[43]は記している、第二号棺には、棺内に二体、棺外一体、計三体の人骨があった。この二つの石棺には、漆塗《うるしぬ》り竪櫛《たてぐし》、貝輪、鉄剣、土師器が副葬されており、中期的な特色をもったもの、おそくとも後期前半には位置づけられるが、そのような時期に追葬がおこなわれていることは注目すべきである。つまり第一号棺では、少なくとも最初の埋葬後にも棺を開けて遺骸の変化を観察し、それのみかおそらくは骨化してしまった遺骸を棺の内部で移動しているのである。ここでは、死者にとってはすでに永遠の奥津城ではなくなりつつあるのである。(44)熊本県鹿本《かもと》郡田底村八久保《やくぼ》古墳では組合式石棺に二体ずつ向いあった三体の人骨があって追葬順序が考えられているが、この場合も漆塗り堅櫛、鉄鍬先などを副葬し大鼠蔵山古墳と構築年代が近いと推定される。熊本県宇土《うと》郡三角《みすみ》町平松古墳群(45)では一四の組合式箱形石棺のうち、四例に人骨が遺存していた。二体二例、三体一例で、第四号棺には東枕にして三体、西枕にして二体計五体がおさめられ、少なくとも三度の追葬が推定されている。この古墳の副葬品はガラス小玉五一個、鉄剣一本だけで年代の位置づけがむずかしいが、少なくとも後期よりは遡るものと考えてよかろう。

このように九州では一埋葬施設に二体およびそれ以上の人骨をおさめることがふえ、その中には明らかに追葬によって最初に葬られた遺骸がその位置を動かされていることがあるが、このような新しい葬法はおそらく横穴式石室の出現と深い関係をもつものであろう。

横穴式石室が新しく採用されるのは中期初頭前後であり、北九州、瀬戸内、近畿、とくに河内、和泉の諸地方でほぼ同時にあらわれ始めている。畿内では大阪府東大阪市芝山古墳(46)、大阪府堺市塔塚《とうづか》(47)、大阪府南河内郡美陵《みささぎ》町藤の森古墳(48)などが出現当初の横穴式石室であるが、共通した性質は一度限りのもの、そしておそらく一遺骸用として扱われていることである。この点、後期になって各地に数多く営造される横穴式石室が家族墓的性格をもつのと異なっている。これらの初期の横穴式石室の羨道入口は封土中にあって、閉塞石で埋めこまれており、そこから封土外へ通じる墓道は存しないのである。岡山県吉備郡高松町の千足《せんぞく》古墳[49]も河内、和泉の古式の横穴式石室と共通した性質のものであろう。なお、これら初期の横穴式石室をもつ古墳が、石室のほかにも埋葬施設をもつことは、塔塚や千足古墳の粘土槨の例で知られており、古墳としては多葬的傾向をもつ場合があることはことわっておく。

九州において今日知られている最古の横穴式石室を採用した古墳として福岡市丸隈山《まるくまやま》古墳と佐賀県東松浦郡浜崎玉島町横田下《よこたしも》古墳がある。丸隈山古墳[50]では副葬品に巴形銅器が、横田下古墳[51]では筒形銅器が含まれており、その点では河内・和泉の古式の横穴式石室よりさらに年代が遡る可能性もある。ところが丸隈山古墳では石室内に二つの組合式石棺が並置されており、横田下古墳では石室の奥壁に接して二つの組合式石棺が並び、さらに西の側壁に接して別の組合式石棺が置かれ計三個の石棺がある。丸隈山古墳の横穴式石室では各石棺が一遺骸をおさめたか、あるいはそれ以上をおさめたかは人骨が遺存しなかったので不明であるが、横田下古墳では一号石棺に一体、二号石棺に二体、三号石棺に六体、さらに石室南東隅に蹲踞《そんきょ》した姿勢で一体、計一〇体の人骨が遺存したと伝えられている[51]。これらの古墳では棺を異にしているとはいえ、封土中に別個に埋めこんで埋葬後は見ることのなかった前期や中期の多葬例とはちがい、同じ石室内においた複数の棺の場合なら後に追葬のために石室へ立ち入った時には視覚的、少なくとも嗅覚的にすでに収容されている遺骸の変化に接するわけである。

先に石枕のある古墳として紹介した福岡県王塚古墳の横穴式石室は、丸隈山古墳などの横穴式石室よりは一段と複雑化した形態をとっており、また壁面を飾っていることで有名であるが、この石室のうちの主室には二人合葬用の石枕付棺床があり、さらに主室の前半部には別に二つの石枕がおかれ、この石室には少なくとも四遺骸が収容されたことが知られる。このうち石枕付棺床について「葬置の遺骸が棺などに納められる事なく、割合に簡単な被覆のみで、直接その棺床上に横たへたことが推知される」と報告書に説明されて[52]いるが、その観察が正しければ、追葬にさいして石室内に入った時には棺床におかれていた遺骸の変化に気付くのが当然である。

九州の横穴式石室をもつ古墳では多葬が普通におこなわれ、簡単な仕切石で区郭をこしらえてその中へ遺骸をおく例が多い。仕切石区郭の石室では、石室の中へ立派な石棺を安置する場合よりも、遺骸の変化に接する度合がつよいわけである。佐賀市関行丸《せきぎょうまる》古墳[53]では石室内では三つの遺骸用区郭をもうけ、熊本県上益城《かみましき》郡御船《みふね》町小坂大塚《おざかおおつか》[54]では四つの区郭をつくっているなどその例である。佐賀県三養基《みやき》郡基山《きやま》町上野《うえんの》古墳[55]では石室は低い仕切石で二区郭になっているが、おのおの区郭内には二体ずつの人骨が遺存しており、時間が経過して木棺が腐ると石室内では遺骸はむきだしになっていたと推定される。大分県日田《ひた》市法恩寺《ほうおんじ》第四号墳[56]でも玄室を仕切石で前後の二区郭に分けていたが、奥壁に近い区郭からは二体の人骨、前半部の区郭からは一人骨が発見されている。九州にみられる新しい葬法は次第に西日本全体さらには東日本へとひろがっていった。畿内の後期前半の例として奈良県北葛城郡当麻村茶山《ちゃやま》古墳(57)がある。この古墳では封土中に組合式家形石棺を直接おさめ、棺内には三体の人骨があり、さらに同村櫟山《くぬぎやま》古墳(58)も同形式の石棺に三体の人骨をおさめていた。

この二古墳の石棺は松香石製の組合式であり、さらに細かく観察すると石棺の蓋が茶山古墳では前後に分離できる二枚からなり、櫟山古墳では三枚に分離できるようになっている。これはたんに石材の都合からではなく、追葬にさいしての再発掘に便利なように工夫したのかもしれない。

大阪府高石市富木車塚《とのぎくるまづか》(59)は後期初頭の埋葬例として重要である。この古墳は前方後円墳で、後円部には一つの横穴式石室と二つの木棺を別々におさめた一種の粘土槨があり、前方部にはさらに四箇所に木棺を蔵した粘土槨をつくっている。つまり同一墳丘内に計七個の埋葬施設をもっているのであるが、それらがかなりの長期間にわたる墳丘の営造につれて設置されたのである。木棺をいれた六つの粘土槨のうち、前方部第二施設と呼ぶものだけ遺骸を二体合葬した形跡があり、そのうちの一体は耳環、耳玉の組合せによる着装から女性かと推定される。この合葬では、棺上を覆う盛土の具合から同時埋葬の可能性がつよいことを故藤原光輝氏とともに報告書に記しておいた。富木車塚の木棺にいれた遺骸は、古い伝統的な葬法をとっているのである。これに対して後円部の横穴式石室には、盗掘によって攪乱はうけていたけれども、四種類の耳環の遺存から少なくとも四人以上の死者をおさめていた可能性がつよい。後期古墳でも耳環の使用は、人骨がのこっている例では一死者一対、それも左右の耳に同形のものを着けるのが原則で、それ以上の数を一人の人間が使用する必要はないのである。このように富木車塚では旧新二態の葬法が併存していたが、そのことはこの古墳が後期の初頭から前半にかけて長期にわたって構築されたことにも関係があろう。

横穴式石室に多数の遺骸をおさめる例はきわめて多い。最近の調査の京都府竹野郡網野町岡《おか》第一号墳(60)では六体の人骨が発掘されている。愛媛県周桑郡吉岡村の古墳(61)は一九〇〇（明治三十三）年に調査されたやや古い例ではあるが、第一号墳では石室奥壁に一体の人骨と石室前半部に四、五体の人骨、第二号墳では石室奥壁に一体の人骨と石室前半部に十余体の人骨、第三号墳は石室奥壁に一体の人骨と石室前部に一〇体の人骨があったという。このような例は枚挙にいとまがないが、五体以上の人骨をおさめた愛知県名古屋市高蔵《たかくら》第一号墳(62)、三、四人分の人骨と一四一個の歯を検出し、一二人から一五人の成人と二人の小児の埋葬を証明した栃木県足利市足利公園第二号墳の坪井正五郎博士(63)による古典的な研究をあげておこう。

横穴式石室が同時埋葬の合葬遺骸だけでなく、時間的には無計画に追葬をくりかえすようになると、先におさめられた遺骸の腐敗をしばしば目撃するようになる。記紀の神話としてよく知られている男神、伊邪那岐命が亡くなった女神、伊邪那美命を黄泉国に訪れた時、女神の屍に蛆がたかり腐りかけていたという写実的な描写は、それがたぶん横穴式石室を舞台としているだろうとすることと考えあわすと、古墳時代後期、とくにその後半になら各地でいくらでも経験されたところであろう。

横穴式石室の普及とともに、遺骸の変化に接する機会が重なってくると、古墳本来の役割は死者の永久保存の場から死者の骨化を進行させる場所へとかわってきたのである。そして骨化をおわった遺骸は最初にそれがおかれていた広い空間から石室内の一隅の狭い空間へと移されることも稀ではなくなったのである。これは後期でも後半にしばしば見られるが横穴式石室は遺骸を破壊し骨化させる場所であるとともに納骨室の性格へと推移してきたのである。この推移は横穴式石室にとどまらず、横穴や石棺を直接封土中へ埋める場合にも同様である。

兵庫県加西《かさい》郡加西町周遍寺山《しゅうへんじやま》第一号墳(64)は二つの組合式箱形石棺を配置し、一棺には女性の人骨をおさめ、他の一棺には二体の男性人骨をおさめていた。そのうち、一体は中央に伸展の姿勢でおさめていたが、他の一体は石棺を少々拡張しそこを利用して片寄せられていたという。この場合、最初に埋葬された死者を骨化してから棺を拡張して、その部分へおしやり、新しい死者の追葬をおこなったのである。この例は後期初頭か、さらには少し遡るかもしれない。奈良県桜井市フジ山二号墳は一九六四（昭和三十九）年の調査例ではあるが、横穴式石室の玄室内の一隅に深い穴を設け二体分の遺骨をおさめていた。また奈良県北葛城郡馬見町の鴨山《かもやま》古墳(65)は、末永雅雄博士が一九三四（昭和九）年に調査されたものであるが、組合式箱形石棺内には耳環、玉類、刀子などとともに多数の歯がのこされていた。歯についての科学研究(66)の結果、成人男性三体、女性二体、小児二体、計七体以上あったことが判明した。その石棺は内法の長さ一・八メートル、幅八四センチ、高さ五一センチで七体もの軟部のある死者を同時におさめることは困難で、次々に追葬したか、それとも一部は他の場所で骨化したものを追葬したかが考えられるが、いずれにしても納骨室的な性格に変わりつつあることが知られる。

横穴では追葬に伴う骨化遺骸の移動例は多いが、広島県比婆《ひば》郡口和《くちわ》村常定《つねさだ》一号墳(67)の横穴を例示しておこう。この横穴では玄室の西寄りに五体の人骨が集積されており、その状態は頭蓋骨に接して大腿骨があり、新しく埋葬されるたびに古い人骨が玄室内で片寄せられたのではないかと報告者は考えている。後期後半でも年代の新しい例である。

大阪府東大阪市大藪《おおやぶ》古墳(68)は玄室内に一一体以上の人骨をおさめていた。玄室には石室の長軸にそって二つの組合式石棺が並び、北側の棺に五体の人骨、南の棺に二体、棺外に四体の人骨があった。この棺は報告書によれば、一体分の法量にも満たない大きさであると表現されており、北側の棺では五体の頭骨がすべて頭頂部を上にして奥壁よりにあったのは、追葬にさいしての人為的処置によると考えられている。大藪古墳の横穴式石室も後期後半に構築され、使用されたものであるが、石室がすでに一遺骸を安置するところでなく、骨化を進める場所とさらにその骨をおさめる室へと使用目的がかわりきっている。しかしこの場合も一一体がすべてこの石室内で骨化したものか、一部は他の場所から骨化してから移されたものかは決定の方法がない。なお東日本の同じような例として静岡県三島市楽寿園《らくじゅえん》西口古墳(69)の例をかかげておこう。

この古墳の横穴式石室内には組合式石棺がおかれ、内部には遺骸はのこされていなかったが耳環の遺存状態から数体の遺骸の存在が推定される。この石棺の前方に石積の壇があって、その上に三個の頭蓋骨とその他の骨類が置かれていた。この石積の壇は骨化遺骸の集積の場所と考えてよいのであろう。

後期になると、遺骸にたいする考え方が大きく変わり、また古墳観も当然違ったものになってきたが、それでもなお一体の遺骸だけを収容する棺もあるし、さらには一遺骸用の石室、ひいては古墳も存在する。大阪府高槻市阿武山《あぶやま》古墳[70]や奈良県北葛城郡斑鳩町竜田御坊山《たつたごぼうやま》古墳[71]はその好例である。このような古墳は石室や石棺の規模も大きく、また立派なもので、言い換えれば、支配者階層の古墳に多いのは当然である。尾崎喜左雄博士も群馬県の横穴式石室では「多数の死屍を納入している石室必ずしも巨大なものでなく、むしろ中位の石室、数多く存在する普通の石室」に認められると述べておられる。[72]また後期後半にも遺骸を同じ石棺に合葬した例が大阪府羽曳野市飛鳥《あすか》古墳[73]などで発見されているが、この中には古い伝統をのこした同時埋葬が含まれている可能性はある。

三　窯槨火葬と横口式石棺の問題

戦前の考古学では、古墳時代には土葬がおこなわれ、火葬はその採用以後であるとするのが定説であった。そして土葬から火葬への推移はひじょうに革新的な事件であり、それは仏教思想を背景としてのみ理解されること、つまり火葬は仏教とともに大陸から伝来したと考えられていた。『続日本紀』には、七〇〇（文武天皇四）年に僧道昭が物化《ぶっか》したとき、弟子等が遺教を奉じて粟原《あわはら》で火葬にしたという有名な記載がある。この時の火葬は「天下火葬従此而始也」と『続日本紀』には記されている。この道昭は、同じ記録によって河内国丹比郡の人で俗姓が船連であったことが知られる。もっとも道昭の火葬以前にも、火葬開始を示唆する記録はないではないが道昭の時代を大きく遡るものではなかった。

一九五六（昭和三十一）年夏、私は大阪府堺市陶器千塚[74]の二つの古墳の調査を担当した。どちらの古墳も外観からは群集墳を構成するごくありふれた、直径二五メートル、高さ三メートルほどの円墳であった。一方の杯塚《つきづか》には、二個の木棺を直接封土中に埋めた埋葬施設があってこの方は後期初頭の副葬品をおさめていた。そしてもう一つの円墳に窯槨が発見されたのである。それは杉の丸太で須恵器を焼成するのと原理上同じ平窯をこしらえ、大きな焚口と小さな煙出しもつくられ、さらに丸太の上はスサ混じりの粘土で覆いつくす。これが窯槨[75]である。窯槨の構築が完了すると、その中へ厚い木板に並べた遺骸を副葬品とともにおさめ、火葬を開始する。遺骸が火葬で骨化がおわった時には、窯を支えていた丸太列は焼けおち、代ってそれを覆っていた粘土が固く焼きしまったのである。この古墳はカマド塚と命名したが、学界の一部では窯槨の普通名詞としてその語を使っているがそれは誤りである。この陶器千塚のカマド塚では窯槨内に二体の火葬遺骸があったが、同時火葬かどうかは速断できなかった。後期後半の古墳である。

陶器千塚の調査があって間もなく、大阪府和泉市聖神社《ひじりじんじゃ》第二号墳(76)の調査をおこなった。この古墳は封土をかなり失っていたが、L字形に配置された二つの窯槨があらわれた。西方の窯槨には三体の人骨があったが、二体だけが火葬された骨で、それは同時に火葬されたと推定された。他の一体は窯槨が崩れ落ちるまえに槨内に追葬された土葬の骨である。東方の槨は四つの木棺に八遺骸をおさめ同時に火葬していた。このうちC号棺におさめられた四遺骸は、骨の状態、とくに相互の位置が不自然で、また強度の火熱をうけており、他の場所で骨化していたものが改葬されてここで火葬をうけたか、それともこの槨内で最初に火葬したものを他の四体の火葬にさいして一つの棺にまとめ再度火葬されたかのいずれかであろう。

このような窯槨の例は最近増加し、一九六六(昭和四十一)年春には聖神社第二号墳に近い信太山《しのだやま》でさらに三例(77)を調査することができた。それは道田池《どうたいけ》第二号墳でこの窯槨では最初に火葬した遺骸と副葬品を一たん槨外へ移してから、二体目の遺骸の火葬をおこない、さらにそれが終わってから槨の天井の上へ最初の骨や副葬品を散布してあった。道田池第四号墳も窯槨を埋葬施設としていたが、ここでは火葬をおこなわずにそのまま遺骸をおさめたようである。また付近の菩提池西《ぼだいいけにし》古墳も火葬の窯槨であった。

窯槨は私が直接に調査した以上の諸例のほか最近大阪府茨木市上寺山《じょうじやま》古墳(78)、兵庫県小野市東野第三号墳および第一四号墳[79]、滋賀県蒲生郡日野町小御門《こみかど》古墳なども次々と発掘され、それが後期の古墳の一形態であることが明らかとなってきた。窯槨古墳は以上調査されたもののほか大阪府茨木市、香川県高松市、岐阜県関市にもほぼ確実に存在[80]したようである。

窯槨による火葬は六世紀末から七世紀初頭の比較的短期間におこなわれ、この種の葬法がその後どのような変遷をとげるかについては遺跡のうえからはたどることができない。この窯槨火葬が近畿を中心とする地域でおこなわれたすぐあとの時期は、その地方では大勢としては新たな古墳の構築がおこなわれず、すでに構築された横穴式石室への追葬が盛んにおこなわれていた。すでにその例として掲げた大阪府大籔古墳の追葬は窯槨火葬の盛行の直後にあたるわけである。このように考えると天皇や貴族達の限られた階層の古墳を別とすれば、群集墳を形成するような普通の大きさの古墳の被葬者達が古墳の構築を何かの理由で停める、あるいは停めざるをえなくなるより少し先に窯槨火葬は急速にひろまったのであり、窯槨の出現は決して横穴式石室の衰退に代わるものではないのである。

窯槨火葬は国内の須恵器の工人達が須恵器窯の知識から独自に創造したものか、それとも現在は知られていないが大陸にその起源をもつものか、あるいはこの火葬もすでに仏教思想の影響の下におこなわれていたかなどは今回は論じないこととして葬法上の二、三の点を横穴式石室と比較してみよう。

前章において、後期後半の横穴式石室は一人の死者が永遠に眠ることのできる奥津城ではなく、遺骸が骨化をとげる場所であり、しかも一つの集団（おそらく家族）の納骨室の性質に変移してきたことを説明した。この場合の骨化は充分の時間をかけ自然の成行にまかせていたのであるが、それが大籔古墳等でみたように一一体もの骨化をおこなうためには骨化の促進が希望されたことが当然考えられる。これはたんに時間的な問題だけでなく、軟部の腐敗という好ましくない段階を避けるためにも考えられたのかもしれない。骨化を時間的に促進し、美化する最もよい方法は火葬にほかならない。窯槨は火葬によって骨化を瞬間におこなえるとともに、遺骸の破壊をけがれた感覚を味わうことなしに終わることができた。さらに納骨室の性格にかわりつつあった横穴式石室の構築を数段と略することもできた。

窯槨火葬が開始されても、それが何の抵抗もなく次々と採用されたわけではない。大阪府信太山の道田池古墳群や大阪府堺市陶器千塚においても窯槨火葬出現以後と推定される古墳が依然として土葬を続けているようである。とくに陶器千塚では窯槨は一例しか知られていない。先にあげた道田池第四号墳は、窯槨という施設を採用しながら火葬はおこなわずに遺骸をおさめているのは、そこから出土する副葬品が窯槨の中では新しいものであるだけにこの種の火葬の急速なる衰退を示しているとも考えられる。

窯槨火葬が衰退したあとの近畿地方の一般的葬法をうかがう資料はきわめて乏しい。その頃は、奈良県の桜井や飛鳥、大阪府下の磯長などの限られた地域では切石造りの横穴式石室が構築されたがその数は少ないのである。この後期古墳の終末期に大阪府の南河内の一部、それは石川と大和川とが合流する付近一帯に横口式石棺を埋葬施設にする古墳が盛んに構築されている。

この地方の横口式石棺を埋葬施設とする古墳の一つに大阪府富田林市お亀石古墳《かめいし》[81]がある。この古墳は石棺の開口する方の前方へ切石造りの羨道をつけそこには石棺の閉塞石があった。この石棺の周囲には飛鳥時代の平瓦が整然と積まれており、それが古墳直下にある飛鳥時代のオガン寺（新堂廃寺）の創建当時の瓦に一致するところから、古墳の被葬者がその寺院の創建に深い関係をもった人物であることが容易に想像された[82]。それによってお亀石古墳の年代もほぼ飛鳥時代初期と推定できるのである。ところが、お亀石古墳の石棺はその地方の横口式石棺の中では形態上古いものである。羨道を簡略化、あるいは省略し、開口部も大きくした他の大部分の横口式石棺の方が後出のものであることは、併出遺物やその石棺そのものの編年からも考えられるところである。この横口式石棺という形態は、九州や山陰地方、さらには百済にも分布しており、起源や相互関係の有無などはむずかしい問題であるが、南河内地方の横口式石棺が大勢としての横穴式石室消滅後に急速にひろまったものであることを考えると、その特異な形態は当時の葬法をどこかに反映したものと考えられる。この地方の横口式石棺は一方の小口に開口部を設けたもので、不要の時はそこを閉塞石で閉じておけばよいのである。つまり茶山古墳、櫟山古墳の家形石棺の蓋が前後に分離できるように工夫してあるのと同様に前方から棺の開閉のできる石棺なのである。

南河内の横口式石棺はほとんどが内部を乱されており遺骸収容の状態は不明であるが、もし一遺骸の収容だけを究極の目的として製作されたものであれば普通の刳抜式や組合式の石棺でよいわけであり、開閉装置は不要である。ところがこの石棺の内部が遺骸の骨化をおこなう場所と仮定すると、短い羨道のものや羨道をまったくもたないこの種の古墳では遺骸の追葬にあたってすでに骨化した遺骸を棺から取出し、納めておく空間がないのである。後期後半の横穴式石室が同一石室内で骨化と納骨の二用途をもっているのに対し、横口式石棺が二遺骸以上を追葬したとすると骨化の場所があっても納骨の場所を欠いているのである。このように考えると横口式石棺のある古墳付近に納骨施設がないかどうかを検討する必要がある。

奈良県高市郡明日香村に鬼の俎《まないた》、鬼の厠《かわや》(83)として知られる二個の石造構築物がある。これは別個のものでなく本来は大きな横口式石棺（石槨と言ってもよい）である。ところがその東南三〇〇メートルにはほぼ同じ時期と推定される中尾山《なかおやま》古墳(84)がある。これは横口式石棺の形態に似るが、内部は約九〇センチ四方しかなく木棺をおさめるには小さすぎる。おそらく器におさめた骨化遺骸を収容したものであろう。しかし両古墳の関係はあくまで両者がそれぞれ骨化施設であり、また納骨施設であるという仮定にたってのことであることをことわっておく。大阪府柏原市平尾山には後期の大群集墳(85)がある。この群集墳は近畿の群集墳としては新しい時期、つまり終末期にまで古墳の構築がつづけられた例であるが、この群集墳内の南方に大きな横口式石棺(86)がある。もしここで骨化がおこなわれたとすれば、付近の数基の横穴式石室にその骨がおさめられている可能性がある。羽曳野丘陵は横口式石棺が最も多い地帯であり、またそれが、百済系譜の人、葛井・船・津三氏の墓地であることが『日本後紀』の記載でわかる貴重な古墳群[87]であるが、その南方の西浦から松香石製の蔵骨器[88]がいくつか出土している。一般に蔵骨器内の骨片は科学検査をへずに火葬骨であると断定しているのであるが、果たしてこの場合の西浦の蔵骨器の骨は火葬によったかそれとも自然に軟部を失ったかは検討の余地がある。このことは西浦の蔵骨器の骨だけでなく、今日火葬骨として扱われている他の蔵骨器収容の骨にもあてはまることである。徳島県板野郡大麻町樋殿谷[89]の家形蔵骨器は延喜通宝を副葬した平安時代の例であるが蔵骨器の内部に頭骨や主要な骨が形をくずさないで一杯におさめられていた。この人骨は火葬したものでなく、他の場所で骨化をおこなったことの好例である。

結語

古墳とは墓であるという常識にたちかえっていささか自分なりに資料を整理した。もちろん、このような論考には民族学や民俗学の慣用的な語句を充分知っておく必要があるが、現代やそれに近い時代の葬送の慣行が必ずしも古代の参考になるとは限らず、時には先入観にもなるので実際に古墳には遺骸がどのように扱われているかの実例を資料にした。

古墳の営造にはどのような政治体制が反映し、またどのような社会体制がそれをつくりだしていたかについてはここでは一切触れずに遺骸の問題に限って扱った。この場合、死者にとって古墳とはどのような役割を果たしていたのかを第一の目標としてその変遷をたどった。また遺骸に対しての現世の人間の考え方の変遷にも当然触れざるをえなかった。

死者を可能な限り永久に保護しようとする強烈な願望は、単に現世の人間の考えによるだけでなく、その死者達もかつて生前はいだきつづけていたことである。前期や中期ではこの考え方が原則であったから、一たび棺に収容した遺骸はその中でどのように変化するかについては関係なく厳重に保護されてきた。埋葬後に棺を開けて内部をみたり、まして遺骸を動かしたり、あるいは遺骸の一部を他へ持ち出すというようなことは原則的にはおこりえないことであった。この時代の古墳が壮大な墳丘を営み、周囲に濠を掘るなどして現世と隔離し、立派な石棺や木棺にいれてさらにその上を粘土や割石で覆うのもそのような考え方が前提にあったからであろう。同一の石棺に二人の遺骸をいれている数少ない例も、石枕の計画的造付の例から判断すると、二人の同時合葬を計画的におこなったこと、ひいては殉死の風習の存在した可能性もつよいのである。

ところが九州地方では中期頃から、横穴式石室や組合式石棺内で計画された合葬では理解できない多葬の風習が激増しはじめた。その地方の横穴式石室では、内部に簡単な仕切石で区郭したのが多く、後になって追葬のために石室内へ入れば、遺骸がどのように腐るか、あるいは腐りきるかの好ましくない状態をしばしば目撃するようになった。そして時には追葬のために先にいれてある遺骸を埋葬施設の中で少々移動さすこともおこったのである。この風習はやがて近畿や東日本にもひろまっていった。奈良県の組合式石棺でも多葬例の石棺は蓋が分離式になっているのは、後の追葬に便利な工夫であろう。

後期後半になると、横穴式石室や墳丘をもたない横穴では、遺骸はある時間がたてば軟部を失って骨化するものであるということが最初から期待されるようになった。つまり人工的にではなくても結果的には遺骸の破壊を肯定するようになっているのである。この場合、石室は骨化を進行させる場となったのである。遺骸やそれを収容する棺は直接土をかぶっているわけでないから、このような葬法を土葬や埋葬の語では正確に表現できないように思う。骨化させることを目的にして、ある期間石室にいれて空気に晒しておくわけであるから、仮に室内葬という言葉を使っておく。

上層の身分の古墳では、骨化を目的とせずに室内葬のまま永久に保護されたが、群集墳を構成するような数多い横穴式石室では、新しい遺骸を収容するため骨化した遺骸を石室内の一隅に片寄せたり、積みあげたりするようになる。こうなると、古墳は集団（おそらく家族）の共同の骨化の場でありまた納骨堂をも兼ねてくるから、それだけの使用目的のためなら、かつてのように壮大な墳丘も丈夫な石棺も巨石を使った石室も必要ではなくなってくるのである。古墳がどうして衰退するかという一つの原因は、死者との関連において考えると、古墳の果たす役割が小さくなってきたことにあるようである。この場合も、思想的に仏教がどのような働きをしたかとか、政治体制の変革の影響も当然考慮にいれるべきであろうが、葬法の変化からも古墳の衰退の到来を説明できるわけである。

しかしながら、横穴式石室や横穴に集積された遺骨がその石室内で骨化されたという確実な証明がない以上、それ以外の場所で骨化されたものが、骨化が完了してからそこへ移してこられたという可能性も含まれている。何故ならば、後期後半や終末期における土地制度の変革が各氏族の墓地の整理をうながしたと考えられるからである。班田制の主要な対象となった水田地帯にあるのは中期古墳が多く、そこでは大古墳が点在する分布の型を示すため土地制度の変革に直接の支障となることは少なかっただろうが、後期古墳は主として丘陵や山麓などさしあたっての班田制の対象でない山川藪沢の地に群在的にあるとはいえ、水田や台地地帯に一部がかかっていることが各地で認められ、土地制度の変革が氏族墓地の整理を伴ったことは充分想像される。少し後の史料ではあるが、六九一（持統天皇五）年に大三輪、雀部、石上、藤原、石川、采女等一八氏に詔して其祖《おや》等の「墓記」を作らしているのは、そのための資料の提出をもとめた事件と理解される。この時に「墓記」を提出した一八の氏に含まれている采女氏の碑文が大阪府羽曳野市太子町帷子山から出土してその銘文だけが伝えられている。それは六八九（持統天皇三）年十二月の銘をもち「飛鳥の浄原の大朝庭の大弁官直大弐采女の竹良の卿の請いて造る所の墓所の形浦山の地四千代。他の人上りて木を毀ち、傍の地を犯し穢すこと莫れ。己丑の年十二月廿五日」とあって、采女竹良個人の墓ではなく、おそらく祖先以来の墓所を確保したのであろう。以上のように考えると、土地制度の進捗に伴って当然放棄のやむなきに至った古墳もあり、そのために遺骨を改葬する必要も時には生じたと推定される。しかしすでにみた骨化遺骸の集積例がそれだけの原因で生じたものではなかろう。

後期後半になると、近畿とその周辺で窯槨火葬があらわれた。その源流などはわかっていないが、表面上はきわめて革新的な葬法にみえるけれども、すでにその頃、石室内で骨化の進行が期待されているのであるから、火力を利用して骨化を短時間にすませることと根本的な相異は認められないのである。つまり葬法や構造では窯槨火葬は従来の葬法とは全く違ったものであるが、遺骸の扱い方でみれば共通したものであり、国内で発生する余地も充分に存するのである。しかしこの窯槨火葬は理由は判らないが比較的短い期間の流行として終わったようである。

群集墳がほぼその構築を終わった頃の古墳として、大阪府の二上山西麓一帯の横口式石棺がある。これも一遺骸を安置するだけの目的の構築物でなく、骨化を次々におこなう施設ではないかと推定される。そしてこの構築物では納骨のための空間をつくらないものが多いのが特色である。しかし横口式石棺地帯では蔵骨器がしばしば発見されており、その関係が注目される。つまり従来は蔵骨器内の骨は火葬によって骨化したとの先入観をもって考えられていたが、徳島県樋殿谷の例のように火葬によらない骨もあり、いわゆる火葬骨に再検討の余地がある。現在の考古学では副葬品が珍重される傾向がなお強いが、古墳は墓であるから遺骸の扱い方やその変遷を重視する必要がある。

註

（1）多葬の例については次の論文に集められている。石部正志「多葬墳に関する一考察」『先史学研究』三、一九六一年。

（2）この論文では前期・中期・後期の三区分編年を使用した。中期とは四世紀末から約一世紀間を考えている。

（3）末永雅雄「古墳の周庭帯と陪冢」『書陵部紀要』一三、一九六二年。

（4）梅原末治『讃岐高松石清尾山石塚の研究』（『京都大学文学部考古学研究報告』一二）一九三三年。後円部石室の露出は報告書刊行以後のようである。

（5）和田正夫・松浦正一『快天山古墳発掘調査報告書』（『香川県史跡名勝天然記念物調査報告』一五）一九五一年。

（6）佐々木謙・大村雅夫『馬山古墳群』（『佐々木古代文化研究室記録』二）一九六二年。

（7）末永雅雄・森浩一・網干善教・伊達宗泰・藤原光輝・小島俊次『大和新沢千塚調査概報』（『奈良県史跡名勝天然記念物調査抄報』一七）一九六二・六三年度。

（8）末永雅雄・島田暁・森浩一『和泉黄金塚古墳』（『日本考古学報告』五）綜藝舎、一九五四年。

（9）梅原末治「安土瓢箪山古墳」『滋賀県史蹟調査報告』七、一九三八年。

(10) 末永雅雄・森浩一『河内黒姫山古墳の研究』(『大阪府文化財調査報告書』一) 一九五三年。

(11) 小島俊次『奈良県の考古学』吉川弘文館、一九六五年。目下報告書が伊達宗泰、小島俊次氏らによって刊行準備中である。

(12) 中村正雄「黄金塚古墳より出土した歯牙について」『和泉黄金塚古墳』註 (8) 前掲書所収。

(13) 島　五郎「奈良県五条市出屋敷塚山古墳人骨について」伊達宗泰・北野耕平「塚山古墳」『奈良県埋蔵文化財調査報告書』一、一九五七年。

(14) 島　五郎「徳島県小松島市田浦町前山古墳人骨」末永雅雄・森浩一『前山古墳』(『徳島県文化財調査報告書』六)、一九六三年。

(15) 島　五郎「徳島市恵解山・節句山古墳人骨について」末永雅雄・森浩一『眉山周辺の古墳』(『徳島県文化財調査報告書』九) 一九六六年。

(16) 同前。

(17) 同前。

(18) 鈴木　尚「内谷組合式石棺内出土の人骨」斎藤忠・内藤政恒・三木文雄・村井嵓『石井』(『徳島県文化財調査報告書』五) 一九六二年。

(19) 池田次郎「三ッ城古墳出土人骨」松崎寿和・木下忠・豊元国『三ッ城古墳』(『広島県文化財調査報告』一) 一九五四年。

(20) 近藤義郎・中島寿雄ほか『月の輪古墳』月輪古墳刊行会、一九六〇年。

(21) 同前。

(22) 今川泰明・久永春男・宮崎洪・池上年・後藤守一『岩場古墳』吉良町、一九五七年。

(23) 鈴木　尚「三池平古墳出土の人骨について」内藤晃・大塚初重『三池平古墳』庵原村教育委

員会、一九六一年。
(24) 小出義治・近藤正・鈴木尚・佐野一・大場磐雄『松戸河原塚古墳』松戸市誌編纂委員会、一九五九年。
(25) 大場磐雄『常陸鏡塚』(『国学院大学考古学研究報告』二)一九五六年。
(26) 斎藤忠・大塚初重・川上博義・鈴木尚『三昧塚古墳』茨城県教育委員会、一九六〇年。
(27) 梅原末治「桑飼村蛭子山・作り山両古墳の調査」上下『京都府史蹟名勝天然紀念物調査報告』一三・一四、一九三一・三三年。
(28) 森本六爾「得能山古墳」『考古学雑誌』一四―一三、一九二四年。
(29) 梅原末治「玉島村谷口古墳」『佐賀県文化財調査報告書』二、一九五三年。
(30) 乙益重隆・田辺哲夫・三島格・田添夏喜「院塚古墳調査報告」『熊本県文化財調査報告』六、一九六五年。
(31) 和田正夫・松浦正一 註(5)前掲書。
(32) 小林行雄『河内松岳山古墳の調査』(『大阪府文化財調査報告書』五)一九五七年。
(33) 一九五八年筆者調査担当、報告書未刊。
(34) 金谷克己『紀伊の古墳』三、綜藝舎、一九六〇年。
(35) 斎藤　優『越前福井市足羽山の古墳』福井市教育委員会、一九六〇年。
(36) 同前。
(37) 古くから有名な古墳であるが、戦後、梅原末治氏によって再調査がおこなわれた。報告書未刊。
(38) 柴田常恵「筑後三池郡上楠田の石神山」(続)『人類学雑誌』三一―九、一九一六年。

(39)上田三平「大丸山古墳主体部構造の特異性」『考古学雑誌』三二―九、一九四二年。
(40)梅原末治・小林行雄『筑前国嘉穂郡王塚装飾古墳』(『京都大学文学部考古学研究報告』一五)一九四〇年。
(41)斎藤　忠「上代高塚墳墓に見らるる合葬の諸式に就いて」『考古学雑誌』三二―一〇、一九四二年。
斎藤　忠『日本古代社会の葬制』高桐書院、一九四七年。
(42)末永雅雄等 註(7)前掲書、および一九六六年度までの各概報。
(43)乙益重隆「八代市大鼠蔵山古墳」『考古学雑誌』四一―四、一九五六年。
(44)原口長之「石棺編年上における蒲鉾形石棺の位置について」『石人』二―二、一九六一年。
(45)坂本経堯「熊本県宇土郡平松箱式石棺群」『日本考古学年報』一〇、一九六三年。
(46)William Gowland, *The Dolmens and Burial Mounds in Japan*, 1897.
森　浩一『古墳の発掘』中公新書、一九六五年。
(47)森浩一・田中英夫「大阪府堺市塔塚調査報告」『日本考古学協会第二五回総会研究発表要旨』一九六〇年。
(48)西谷　正『藤の森・蕃上山二古墳の調査』大阪府水道部、一九六五年。
(49)梅原末治「備中千足の装飾古墳」『日本古文化研究所報告』九、日本古文化研究所、一九三八年。
和田千吉「備中国都窪郡新庄下古墳」『考古学雑誌』九―一一、一九一九年。
(50)島田寅次郎「丸隈山古墳」『福岡県史蹟名勝天然紀念物調査報告書』一、一九二六年。
(51)松尾禎作「横田下古墳」『佐賀県史跡名勝天然記念物調査報告』一〇、一九五一年。
(52)梅原末治・小林行雄 註(40)前掲書、二七頁。

(53) 渡辺正気「佐賀市関行丸古墳」『佐賀県文化財調査報告書』七、一九五八年。
(54) 梅原末治・古賀徳義・下林繁夫『熊本県下にて発掘せられたる主要なる古墳の調査第一回』（『熊本県史蹟名勝天然紀念物調査報告』二）一九二五年。
(55) 鏡山　猛「基山町上野古墳」『佐賀県文化財調査報告書』三、一九五四年。
(56) 賀川光夫・鏡山猛・小田富士雄・金関丈夫『法恩寺古墳』日田市教育委員会、一九五九年。
(57) 島田　暁「茶山古墳」『奈良県史跡名勝天然記念物調査抄報』八、一九五六年。
(58) 小島俊次「櫟山古墳」『奈良県史跡名勝天然記念物調査抄報』八、一九五六年。
(59) 上田舒・森浩一・藤原光輝・秋山進午・宇田川誠一『富木車塚古墳』（『大阪市立美術館学報』三）一九六〇年。なお前方部から一九六〇年夏の土取工事中に埋葬施設が発見された。これは礫と称すべきものであるが報告書には収載されていない。本論文中の埋葬施設の数には加えてある。
(60) 樋口隆康「網野岡の三古墳」『京都府文化財調査報告』二二、一九六一年。
(61) 横地石太郎「伊予国周桑郡吉岡村の古墳」『東京人類学会雑誌』一七〇、一九〇〇年。
(62) 楢崎彰一「名古屋市熱田区高蔵第一号古墳の調査」『名古屋大学文学部研究論集』一一、一九五五年。
(63) 坪井正五郎「足利古墳発掘報告」『東京人類学会雑誌』三〇、一八八八年。
(64) 是川長・喜谷美宣「兵庫県加西郡周遍寺山第一号墳」『日本考古学年報』一一、一九六二年。
(65) 末永雅雄「北葛城郡馬見村大字三吉鴨山古墳調査」『奈良県史蹟名勝天然紀念物調査報告』一二、一九三四年。
(66) 清野謙次・三宅宗悦・幾尾政紀「大和国北葛城郡馬見村鴨山古墳出土の人類歯牙に就いて」

『奈良県史蹟名勝天然紀念物調査報告』一二、一九三四年。
(67) 潮見　浩「備後国口和村常定の横穴発掘調査」『古代吉備』三、一九五九年。
(68) 楢崎彰一・小林行雄『金山および大籔古墳の調査』(『大阪府文化財調査報告書』二) 一九五三年。
(69) 軽部慈恩「静岡県三島市楽寿園西口古墳」『日本考古学年報』八、一九五九年。
(70) 梅原末治『摂津阿武山古墓調査報告』(『大阪府史蹟名勝天然紀念物調査報告』七) 一九三六年。
(71) 一九六四 (昭和三十九) 年夏工事中発見され、奈良県教育委員会で調査をした。横口式石槨内に陶棺をおさめ、一体の男子遺骸と玉枕・陶硯があった。
(72) 尾崎喜左雄「横穴式古墳における埋葬法と石室の型」『日本考古学研究』一九六二年、八二頁。
(73) 梅原末治「南河内郡飛鳥の石棺」『大阪府史蹟名勝天然紀念物調査報告』三、一九三二年。
(74) 森　浩一「大阪府泉北郡陶器千塚」『日本考古学年報』九、一九六一年。
(75) 森　浩一「火葬問題の再検討」『青陵』九、一九五九年。
(76) 森　浩一「大阪府和泉市聖神社カマド塚」『日本考古学年報』一二、一九六四年。
(77) 森浩一・石部正志・堀田啓一・田中英夫・白石太一郎『信太山遺跡調査概報』信太山遺跡調査団、一九六六年。
(78) 水野正好・田代克己・岡村穰「近畿地方における特異な後期古墳の調査」『日本考古学協会昭和三八年度大会研究発表要旨』一九六三年。
(79) 川村明雄「小野市中番東野群集墳調査報告」『兵庫県歴史学会会誌』七、一九六一年。
(80) 茨木市、関市の例は戦後、高松市のは戦前の発見である。ただし学術調査はおこなわれていない。

(81) 北野耕平「考古学より見た富田林」『市制五周年記念 富田林市誌』一九五五年。

(82) 浅野清・坪井清足・藤沢一夫『河内新堂廃寺烏含寺跡の調査』(『大阪府文化財調査報告書』一二)一九六一年。

(83) 佐藤小吉「鬼俎・鬼厠」『奈良県史蹟勝地調査会報告書』一、一九一三年。

(84) 島本 一「中尾山古墳に就いて」『考古学雑誌』二六―一〇、一九三六年。

(85) 白石太一郎「畿内の後期大型群集墳に関する一試考」『古代学研究』四二・四三、一九六六年。

(86) 高橋健自「河内における一種の古墳」『考古学雑誌』四―四、一九一三年。

(87) 森浩一・石部正志「後期古墳の討論の回顧」『古代学研究』三〇、一九六二年。

(88) 北野耕平「西浦村日吉神社の蔵骨器について」『古代学研究』一、一九四九年。

(89) 末永雅雄・島五郎「樋殿谷出土蔵骨器関係資料」『徳島県文化財調査報告書』四、一九六二年。

――一九六七年『末永先生古稀記念 古代学論叢』末永先生古稀記念会

終末期古墳

一　古墳時代の区分

日本において死者のために壮大な墓、つまり古墳を築く風習がとくに盛んであったのは、西暦四世紀から七世紀にかけてであり、最近まで遺存したことの証明できる古墳と現存する古墳を加えた数は一〇万前後と推定される。さらに完全に消滅してしまって痕跡をとどめない古墳の存在を考慮すると、実際には莫大な数の古墳が築かれていたことになる。これらの古墳は約四〇〇年間、しかもその大半が最後の一〇〇年間に集中して築かれているので、当時の社会がいかに古墳の造営に熱狂していたかの一端を察することができるし、古墳の造営という行為に、現代人が常識的に理解する墓づくりとはまったく異なった重要性があったことを示している。

ところで古墳を築く風習は、どの時代にも散発的にあったのではなく、またのちの時代に復活したわけでもなく、日本の歴史をとおして、すでにのべた約四〇〇年間に集中しているので、普通この間を古墳時代とよんでいる。古墳は大和や河内など古代の政治の中枢地に多いだけでなく、日本列島のほとんど全土におよんでいて、しかも各地域においてもそれぞれの政治的要地にあるだけでなく、山間の村落や無人に近い状況の小島にまで存在している。したがって人間が大地を改変した構築物、すなわち古墳によって視覚的に認識することのできる一つの時代の共通した特色とすることができる。つまり古墳は、時間的にはその集中性によって、空間的にはその普遍性によって一つの時代の特色となるばかりか、六世紀代においては、その激増した古墳の数にうかがえるように支配者層の独占的な構築物ではなくなっている。

考古学の立場から提案されてきた古墳時代はさらに細分され、前期・後期と二分するのと、前期・中期・後期に三分する方法とが現在併存している。私は三区分を用い、古墳を造営した時代としてでなく、古墳そのものに目を向けたとき、前期のまえに発生期、後期のあとに終末期を加えている。終末期古墳は、後期古墳研究の進展のなかで次第に実態が明らかになってきたものではあるが、過去に盗掘をうけているものが多いことなどでいま一つ基準になる調査が少なかった。そのため後期古墳との区別の必要は感ぜられながらも、同じ古墳にたいして末期古墳・特殊古墳・古墓などと異なったよび方がされることがしばしばあった。用語の不統一についてはそれほど気にとめることはないが、後期と終末期を区別する基準が曖昧であっては影響するところが大きいので、つぎに私見をのべておこう。

二　後期と終末期

後期と終末期の区別は、古墳そのものの相違が認識されることによってのみ生まれてきたのではない。後期古墳と終末期古墳なるものが、墳形や墳丘の構築法、埋葬施設の種類や構造などで区別できる場合はあっても、すべての古墳をそれだけの条件で截然と二者に分かつことは困難である。古墳に遺物がのこされている場合には、それが示す時代によって古墳の築造の年代または埋葬の年代を推定できる場合もあるが、それは精密な学術調査がおこなわれ、しかも遺物の遺存状態が良好であるという二つの条件が一致した場合にだけ可能となる。したがって後期や終末期のほとんど大半の古墳が過去に盗掘の厄をうけていることをおもうと、遺物による年代推定はどの場合にでもおこなえる方法ではない。またかりに遺物によって、ほとんど大半の古墳の年代が割りだされたとしても、後期と終末期を区別する論理がなければ、数字によって古墳を順番にならべたにすぎない。

後期と終末期の区別は、古墳そのものに相違を見出せるにしても、それは一つの地域内での比較であって、近畿地方の大阪府に例をとると、河内・和泉・摂津という律令体制下の国単位の地域ですら終末期はかなり違っているほどである。まして河内と紀伊といった少し離れた地域の古墳の比較となると、古墳にあらわれた諸条件だけでは、どれを後期、どれを終末期とするかの区別はむずかしい。そこで私は、後期を規定するのに、古墳の存在形態と古墳の造営数の二点を重視し、そのような視点にたって状勢が激変するところで後期の終焉《しゅうえん》と考え、それより以降に造営された古墳を終末期古墳としている。

三　古墳群と群集墳

古墳時代後期の古墳の存在形態は、単独に存在したり、あるいは古墳群を構成する一単位として存在する場合もあるが、群集墳を構成する一単位として存在することの方がはるかに多い。説明するまでもなく、群集墳は古墳群の一形態にすぎず、おそらく群集する古墳群の省略形として使われはじめたのであろうが、その定義がなされないままに高校の教科書に歴史用語として登場しているほどで、その一事をもってしても群集墳がいかに容易に認識されるかが察せられよう。

各地の群集墳を訪れたとき、実際に遭遇する一般的な状況を描写すると、平地の地形にあることはまれで、丘陵や山地形にあることがほとんどである。したがって土地の利用度でいえば、農耕地になっている場所にあることは少なく、雑木林や原野といった場所にある。群集墳の名がいくらも紹介されている割に、典型的な群集墳の写真がいままで少ないのは、山林や原野にかくれるようにして存在しているため、樹木をすべて伐採する以外に撮影ができなかったことに原因があった。群集墳が農耕地にはきわめて少なく、山林・原野にあるという環境はおそらく過去にさかのぼってもほとんどかわらないとおもう。

つぎに群集墳での古墳の群集の状態をみると、数十基の古墳やときには一〇〇基以上の古墳で構成される群集墳でも、山林や原野に散発的に存在する形態をとる場合よりも、その山林や原野の広さにくらべると、そのうちの限られた土地・印象をそのまま表現すると狭い土地のなかに群集して存在している。群集墳の内部では、実際に古墳と古墳とが裾を接するように密集していることがあるのに、群集墳の外へでると同じような地形の土地が延々とつづいているにもかかわらず、そこには古墳が見られないことがしばしばある。つまり群集墳というのは、その内部だけの状況でなく周辺の土地との対比で特色をより深めることができる。

以上二つあげた群集墳の状況描写からも察せられるように、群集墳と古墳群の相違は土地とのかかわり方にある。かりに群集墳のある土地を群集墳型墓地とよぶと、そのような墓地は任意に拡大することを規制された土地、あるいは限定された土地といえよう。前期や中期の古墳群においても、このような傾向があらわれているのか、あるいはないのかはまだわかっていない。しかし大阪府の百舌鳥と古市の二大古墳群は一見別個の古墳群のようにはみえても、同一の地図上にえがくと、二つの古墳群の北と南の端がほぼそろっているので、あるいは一つの古墳群型墓地域であったものが、ある段階で古墳群の形成がとだえ、そのため東・西に中心が偏在して今日のように二つの古墳群のようになったのかもしれない。もしそうであれば、百舌鳥・古市古墳群は、東西約一二キロ・南北約三キロにおよぶ広大な墓地域が想定され、群集墳型墓地とは比較にならないほどの広大さがある。しかしそこにも、拡大の規制と限定された土地という性質は見出すことができる。

古墳群型墓地域と群集墳型墓地を区別するものは、土地の広さだけではなく、土地の利用状況であろう。すなわち古墳群型墓地域では、その内部に農耕地や池もあれば、村落すらいくつも存在していただろうから、古墳のほかは何の利用も認められなかったというような純粋の意味での墓地ではなかったようである。その意味で古墳群型墓地域と表現した。

群集墳を土地との関係でみると、限定された土地が墓地としてあたえられていたのではないかという一つの共通性が想定される。一、二の例をあげると、和歌山市寺山古墳群では東西約一二〇メートル、南北約九〇メートルの範囲に、壁画のある横穴式石室を有する方墳や長方形墳など約三〇基の古墳が存在しているし、京都市右京区の苔寺の裏山には、東西約一五〇メートル、南北約八〇メートルの範囲に横穴式石室を有する円墳が約四〇基群在しているなどは好例である。ここで注目されるのは、三〇基〜四〇基の古墳が群集する程度の墓地の面積は、小型前方後円墳一基の墳丘に濠や周庭帯を含めたいわゆる墓域（ほぼ兆域に等しい）の広さに相当するから、大・中・小などの群集墳型墓地の広さが、古墳群を構成するような大型から小型などの前方後円墳やその他の墳形の古墳の墓域の広さにほぼ対応するわけであり、今後の研究で詳細の比較をおこないたい。たとえば大阪府八尾市高安千塚は、現存する古墳約一五〇基からなる大型群集墳として名高いが、その墓地の広さは東西約五〇〇メートル、南北約四〇〇メートルで、その広さは大阪府羽曳野市にある応神陵（前方後円墳）一基の墓域にほぼ匹敵している。

群集墳型墓地が古墳群型墓地域にくらべるといちじるしく狭いということは、古墳一基あたりの面積が小さいことになり、見方をかえると、群集墳を構成する古墳では、個々の古墳がそれぞれの墳丘の周囲に濠や周庭帯などをつくらないこと、つまり個々の古墳がそれぞれの墓域をもたないという点に特色がある。それにたいして、古墳群を構成する古墳では、古墳それぞれが墓域をもつことが多いようである。

以上の説明は、私の印象的な把握もあって、今後発掘で確かめる必要のあることはいうまでもないが、現時点でいえば、群集墳とはあらかじめ選定され、限定された土地（墓地）の内部へ、おもに小古墳が次々に造営され、結果的に今日見るような密集形態の古墳群となったものをいうのである。典型的な群集墳型墓地は、たんに面積だけでなく、その位置の選定も中央政権によって規制されていたのではないかと推定されるが、そのような群集墳が大勢としてその形成を終わったとき、つまり群集墳型墓地の内部で新たな古墳を築くという造墓活動が終わった時点を古墳時代後期の終焉と考えている。

四　近畿の群集墳の終焉

近畿における群集墳を観察すると、造墓活動が急に衰える時点がほぼ接近しているけれども、なかには約半世紀はやく終焉をむかえている場合がある。和歌山市岩橋《いわせ》千塚と奈良県橿原市新《に》沢《い》《ざわ》千塚がその例で、ともに五世紀には造墓活動が盛んにおこなわれていたので、群の形成も一般例より約半世紀ははやかったという特色がある。つまり群形成の開始もはやかったかわりにその終わりもはやいという共通点があるが、それは新沢千塚と岩橋千塚の群構成とも関係があるようである。新沢千塚と岩橋千塚は、群を構成する古墳の数の多い点では近畿でも傑出しているが、巨視的にとらえると群集墳の形態をとる箇所をも含んだ古墳群であって、そのことが造墓活動がはやかった理由につながるようであり、今後の課題にしておきたい。

近畿地方においても、明らかに群集墳の形態をとる場合で、終末期になっても盛んに造墓活動のつづいている例がある。白石太一郎氏が紹介した大阪府柏原市の平尾山千塚（「畿内の後期大型群集墳に関する一試考」『古代学研究』四二・四三合併号、一九六六年）では、他の多くの群集墳よりも約半世紀後まで盛んに造墓活動をおこなっている。終末期での平尾山千塚では、横穴式石室がそれ以前よりも小型化する傾向があり、後期には存しなかった羨道を具えた横口式石槨や小型の竪穴状石室があらわれたりしているが、同じ地域、つまり群集墳型墓地内においてその後につづく年代の火葬骨壺の類が検出されたことは知られていない。このことは他の群集墳でも共通して認められるように、造墓活動が終わったあとは、その土地があたかも凍結されたような形になって、墓地内では簡単な埋葬にも利用できなかった状況がしばらくつづいたと想定される。

平尾山千塚は後期から造墓活動が継続していたのであるが、兵庫県宝塚市の長尾山古墳群の雲雀山《ひばりやま》東尾根B小支群（石野博信氏論文[1]参照）は、終末期になって造墓活動が始まった一種の群集墳として注目される。墓地の面積は、東西四五メートル、南北五五メートルしかなく、その範囲内に二三基の古墳が群集している。古墳は最大の墳丘でも直径一〇メートル程度で、二三基のうち一七基は横穴式石室であるが、玄室に木棺をおさめるとほとんど余裕がなく、ここでも横穴式石室の小型化が認められる。のこり六基は小型の竪穴状石室で、墳丘の有無は現状では明確でないものがあり、かりに図上で墳丘を想定しても後期の群集墳の一般的な墳丘規模よりはるかに小さい。このように終末期になって出現する群集墳では、墳丘の小型化が顕著で、埋葬施設である石室が群集している観がある。しかしながら平尾山千塚のように後期から継続する群集墳も、終末期に出現する雲雀山東尾根B小支群も、それぞれの造墓活動の終わる時点はほぼ一致しており、この時点をもって終末期にもう一つの区切りをつけることができる。私は試案として近畿地方の一部の群集墳でなお造墓活動がつづいていた期間を終末前期としてはと考えている。

五　終末期古墳の数

近畿地方での終末期の一端を古墳の存在形態の変化、つまり群集墳の衰退をとおしてたどったけれども、そのことは当然後期と終末期とでの古墳の数に関係する。時期別の古墳の実数を示すことはむずかしいけれども、奈良県を例にとってみよう。

奈良県では、この数年来再度にわたる遺跡の分布調査が計画的に進んでいて、その成果である『奈良県遺跡地図』が三分冊のうち二冊まで刊行されており、古墳の数がかなり正確に把握されるようになった。その結果、約五〇〇〇基というのが現存または最近まで存在の確認できる古墳の数であるけれども、そのうち四〇〇〇基強が後期、のこり約一〇〇〇基が前期・中期、あるいは終末期の古墳であり、終末期古墳は終末前期をも含め一〇〇基内外が指摘されるにすぎない。かりに後期との区別のつきにくいものを終末前期に含めてみても、せいぜい後期古墳の一割にも達しないのが終末期古墳であるから、終末期になって古墳を造営した人たちがいかに少なかったかを物語っている。

奈良県での終末期古墳は多く見積っても後期古墳の一割弱と推定されるが、それでもその数は近畿地方でもっとも多く、地域によっては確実な終末期古墳の存在の指摘できないところがある。大阪府の和泉に属する地域では、後期古墳は群集墳形態をとって普遍的に存在しているが、確実に終末期に築かれた古墳は知られていない。奈良県についで終末期古墳の多いのは大阪府の河内の地域（とくに南河内）であり、その他の府県ではそれぞれの地域内の後期古墳の数にくらべると終末期古墳はきわめて少ない。このように少ないながらも奈良県と大阪府の河内の地域に終末期古墳があることに関して、横口式石棺（堀田啓一氏論文参照[2]）を埋葬施設とする古墳について再検討を要する。私は「奈良・大阪における横口式石槨の系譜」（橿原考古学研究所編『壁画古墳 高松塚調査中間報告』所収、一九七二年）において、横口式石棺の名称をやめ横口式石槨としたけれども、そのような名称の違いはともかくとして、横口式石槨のような広い墓室をもたない構造の古墳が奈良県と大阪府の河内の地域にだけ分布する点が改めて注目される。つまりそれは特殊な分布圏を形成しているようにはみえても、終末期においては近畿地方の他の地域では古墳を造営することが少なく、あるいはまれであったために横口式石槨をのこさなかったとも考えられるのである。なお近畿地方以外での終末期古墳の実態については基礎的な研究が少なく、その意味で上野三碑《こうずけさんぴ》、とくに山の上碑との関係での山の上古墳（尾崎喜左雄博士論文[3]参照）は東国での基準遺跡であろう。

六　須恵器からみた終末期の年代

終末期古墳そのものの実態や内容、さらには終末期の背景や終末期をもたらした原因などについては『論集 終末期古墳』(塙書房、一九七三年)に収録した諸論文で最近の研究の概要を知ることができよう。しかしすでにふれたように、終末期古墳については今後新たな観点での研究の開拓が進むであろうし、古代史との関連も急速に深められることが期待される。したがって私見をこれ以上のべることは意味のないことにおもえる。最後に説明しておきたいのは、後期と終末期、さらには終末前期と終末後期などの実年代についてである。

後期古墳や終末期古墳は、前期や中期の古墳にくらべて遺物の種類や数が少なく、おのずから土器、とくに須恵器に依存して年代を算出することが多い。このほか石室や石棺などの設計に用いられた物差しの種類による編年がおこなわれ、近畿地方では終末前期が高麗尺、終末後期になると唐尺を使用した古墳の多いことが知られだしたが、まだ年代を限定する方法がみつかっていない。したがって須恵器にたいする依存度はきわめて大きいというのが現状である。

ここで注意しておきたいのは、横穴式石室では、死者の収容、ひいては品物の埋納が一回限りであることが少なく、一括遺物のようにみえる土器群を、土器の置かれている位置の相違を重視し、かつ土器の型式的知見を加えながら整理し、その古墳での最古の埋納グループ、それにつぐ可能性のあるグループなどを把握する必要がある。それによって一つの古墳の最初の埋葬の時期、ひいてはその古墳の築造された年代を算出する基礎的作業が終わるし、さらにはその古墳がたどった利用状況を知ることもできる。

須恵器の型式的把握は、古墳出土の資料だけではおこないにくい。なぜならば、古墳の埋葬施設、とくに横穴式石室や横穴では、前述のように数度におよぶ埋葬によって長期間のものが同じ場所に存在していたり、同じ地方で生産された須恵器だけでなく、他地方の生産物が混在していたり、さらには古墳においては当時の土器のうち特異な器種の土器が偏在していたりする危険性があるからである。そこで須恵器の生産の場である窯址の研究を一方で進め、窯址で把握した標準的な型式で古墳の土器をさらに検討するという方法がもっとも確実と考えている。しかしながら、説明するまでもなく、一つの窯址に存在する土器群を簡単に同時期のものとすることはできない。

窯の遺跡は、その後地形が欠失したのでないかぎり、少なくとも窯と灰原《はいばら》とによって構成されているが、このうち生産過程で発生する灰・炭・剝落した窯壁片・失敗した土器などの堆積する灰原は長い場合には一世紀にもおよぶ遺物が混在していることがあるので、灰原での一括遺物は時間的同時性を意味しないことがある。そのため窯底の堆積層はきわめて重要な意味をもっており、その堆積層でえられた小破片によって、灰原から出土した全形を察知できる資料におきかえることがおこなわれている。ただし窯の底に分厚い堆積層のあるのは、天井を架構した構造のものに多く、地下をトンネル状に掘り抜いた窯では堆積層には期待できない。もう一つ注意してほしいのは、窯内にある須恵器がすべて共存とはいえない。窯内ではしばしばより古い生産物を土器の置き台に転用していることがある。大型土器の破片を台にすることもあれば、完形に近い杯などの小型土器をならべて段状にしていることがある。このような場合には、台や段上にならべて焼成された土器が、置き台や段に転用された土器より新しいことは説明を要しない。

須恵器窯址から須恵器の型式を設定していくためには以上のような配慮が当然必要であるが、私は阪南窯址群での知見を主とし、さらにできるだけ各地の窯址での知見を加えて自分なりの型式をつくっている。阪南窯址群は大阪府の南部の丘陵地帯にひろがる窯址の総称で、おもに堺市と和泉市に分布している。ここでの須恵器生産は大きくみて六時期をたどっており、最後の第Ⅵ期は九世紀以降で、この時期には全国の諸地方の生産地帯ではそれぞれに生産物の内容に変化がつよまりかけるが、それ以前は阪南窯址群での須恵器型式と共通した型式の土器を生産しているところが多い。

私は須恵器の型式をⅠ・Ⅱ・Ⅲ・Ⅳ・Ⅴ・Ⅵの記号であらわしていて、さらに各型式を実態によって細分している。いま問題となっている後期古墳には、このうちⅢ型式の須恵器が基本的には埋納されているが、Ⅲ型式はさらに前半・中葉・後半に細分される。とくにⅢ後半は、立上りのある杯身を製作する最終の段階であるが杯類の直径の小型化がいちじるしい。Ⅳ型式では杯類の形態が一変していて、窯の実態では小型杯類を主とした時期と大型化する時期とがある。それぞれⅣ前半・後半と仮称する。窯の数からみるとⅣ前半の方が存続した年数が長いようである。Ⅴ型式はⅣ型式の杯蓋裏面の返《かえ》りのなくなった杯の出現をもって指標にしてきたが、この型式は全国各地の窯址から大量に資料が出土するばかりか、藤原京址や平城京址の発掘によってかなり限定された実年代を知ることができる。

須恵器の型式を古墳の編年に照合させると、近畿地方において群集墳が大勢として終焉をむかえるのはⅢ後半であり、Ⅳ前半は一部の群集墳でなお造墓のつづく時期、さらに岩屋山式と仮称される整備された横穴式石室を有する数少ない古墳の築かれる時期でもある。おそらく大阪府太子町の聖徳太子の古墳（たなかしげひさ氏論文[4]参照）もこの型式の須恵器の時期のものであろう。したがってⅣ前半をほぼ終末前期にあてることができる。終末後期については岩屋山式の横穴式石室の消滅以後を考えているが、近畿地方のその時期の古墳で須恵器を出した例が知られていない。ただ副葬品ではないが奈良県高市郡明日香村高松塚古墳で須恵器が出土している。この古墳は終末後期に分類されるが、その封土の下、地山とのあいだに、Ⅲ後半、Ⅳ前半、後半にわたる須恵器片が包含されていて、高松塚古墳が築かれたのは少なくともⅣ後半の時期またはそれ以後であることがわかる。おそらく近畿地方の終末期の古墳は、Ⅳ後半からⅤ期にかけてのものであろうが、その実態については今後の究明にまたれる。

後期と終末期との境を須恵器Ⅲ後半とⅣ前半のあいだにほぼ設けるとすると、それぞれの須恵器の実年代が問題となる。最近飛鳥地方の宮殿址や各地の寺院址などの調査で、次第にそれぞれの遺構にともなう土器が明らかになってきたが、Ⅲ後半は七世紀初頭まで存続したようで、その世紀の前半から中葉はほぼⅣ前半の須恵器であったようである。もしかりに大化薄葬令が『日本書紀』にあるような形で実在したとして、六四六年の時点での須恵器を型式として想定すると、Ⅳ前半の型式であった可能性がつよく、終末前期の終焉をほぼこの前後におくことはできても、後期の終焉、いいかえると古墳時代の終焉は大化より半世紀はさかのぼっていると私考している。

広義の飛鳥地方に宮殿や都城があった時代は、天智天皇による近江遷都の期間（六六七～六七二年）をはさんで前後に分けることができよう。したがって、大津京のころの須恵器の型式が把握できると、飛鳥地方の宮殿址や都城址、さらには終末期古墳の年代推定がひじょうに確実となるわけである。現在までの資料では、大津京当時はⅣ後半の須恵器の時期にあたるようであるが、京都市山科にある天智陵の兆域内の須恵器窯の年代もⅤ前半から多少後半までつ

Ⅲ中
Ⅲ後
Ⅳ前
Ⅳ後
Ⅴ前
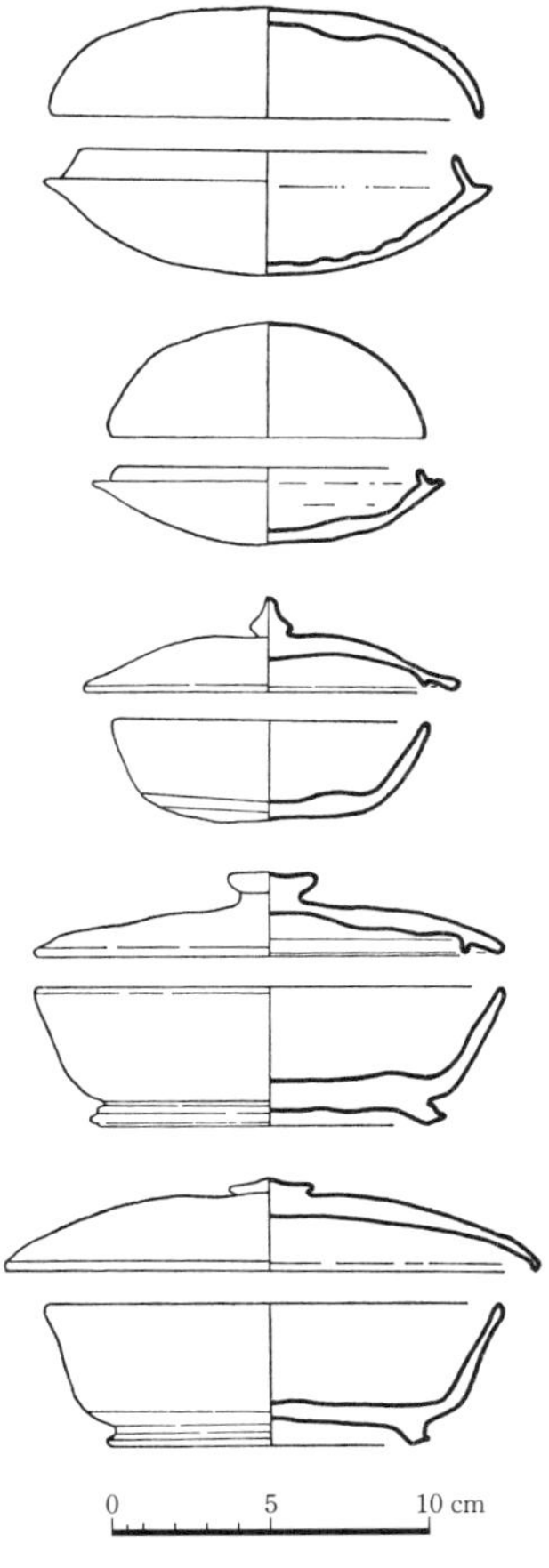

後期、終末期古墳に
関連する須恵器型式
Ⅲ中～Ⅴ前の須恵器杯

づいているのは興味深い。おそらく陵の兆域が設定されたため生産が停止させられた窯と推定されるからである。藤原京の営まれたころには、伝世的な須恵器を別にするとすでにV型式の須恵器が生産されていた。Ⅳ後半やV型式の須恵器を追葬にともなって埋葬している例は、Ⅳ前半を追葬で埋葬している例よりはずっと少ないが近畿地方でも見出すことができる。しかしその時期になって構築されたことを副葬された須恵器のうえから説明できる古墳は近畿地方では見出すことができない。終末後期については須恵器に依存しない方法での研究が急速に考案されつつあるが、それにしても近畿地方ではこの時期になって新たに営造された古墳はきわめてとぼしい数であったと推定される。なお近畿地方以外の後期や終末期についても当然言及すべきであるが、各地方の須恵器型式およびその年代がなお検討中のところが多いので今後の研究にゆだねた。

編者註

［1］石野博信「兵庫県宝塚市長尾山古墳」『兵庫県埋蔵文化財集報』一、一九七一年。のち『論集 終末期古墳』塙書房、一九七三年に加筆、訂正。

［2］堀田啓一「西日本における横口式石棺の古墳について」『先史学研究』五、一九六五年。のち『論集 終末期古墳』に補論を追加。

［3］尾崎喜左雄「上野三碑を中心とした古墳」『古代学研究』三〇、一九六二年。のち『論集　終末期古墳』に加筆、訂正。

［4］たなかしげひさ「聖徳太子磯長山本陵の古記」『聖徳太子御聖蹟の研究』全国書房、一九四四年。のち『論集　終末期古墳』に付記を追加。

――一九七三年『論集　終末期古墳』塙書房

原題は「あとがきにかえて」

群集墳と古墳の終末

はじめに

古墳時代は、前・中・後の三期、または前・後の二期に区分することが普通おこなわれているが、いずれをとっても後期の内容はほぼ一致している。後期の視覚的な特色としては、群集墳形態をとる古墳群の出現、家形石棺や箱形木棺を蔵する横穴式石室の普及、さらに古墳の副葬品として須恵器・馬具・金銀の装身具、とりわけ耳飾が普通に見られるようになったことなどがあげられる。そこで群集墳の出現やその構造、それらについてのさまざまな解釈、さらには古墳の終末の様相などを概観するまえに、その当時の考古学資料やそれを扱う方法などについて簡単な説明をしておこう。

人間集団が同一の土地で少なくとも二世代以上生活を営んだとすると、原則的に四種類の遺跡を後世に伝える可能性がある。それは(1)住居址で構成される集落や都市などの遺跡、(2)生産遺跡、(3)信仰関係の遺跡、さらに(4)古墳群もその巨大な例になる墓地遺跡などである。これらの遺跡は截然と別個の空間に存在することもあるが、実際にはおのおのが複合していることが多い。しかし遺跡についての主体となる機能と副次的な機能を区別することは、考古学資料を歴史学の資料にたかめるための不可欠の作業である。

遺跡は考古学の基本資料であって、居住、生産、信仰、埋葬などの諸目的で人間集団が大地を利用し地貌や地表を改変した連続的な空間であり、遺跡であることを立証するのは、地上または地下での遺構と遺物の存在である。とくに住居、井戸、祭祀場、古墳などの構築物で、すでに本来の役割を失っているという意味での遺構は遺跡の存在を証明するものとしても、また遺跡の種類や年代を決定するものとしても重要である。

古代の構築物のなかには今日なお本来の役割を発揮しているものがある。池や灌漑用の水路(大溝)など生産関係に多く、歴史的構築物とよんでいるけれども、これらも重要な資料である。現在にも信仰のつづいている寺院や神社にも同様の資料的価値があることはいうまでもない。

遺跡の種類を原則として四種類にしてみると、ここで主な対象とする六〜七世紀には、墓地遺跡の存在が目立って多い。しかしながら四、五世紀以来形成されつづけてきた古墳群、あるいは新たに形成がはじまった古墳群などは古墳の在り方が点在的で、したがって古墳群の範囲が広大であり、その内部において、居住、生産など多目的の土地利用もおこなわれたことが考えられる。このような複合的な土地を墓地域とよびたい。これにたいして群集墳とよぶ墓地は、山腹、台地、丘陵などにある狭い土地に主として小規模な古墳が密集する墓地で、その内部では他の目的の土地利用は原則として存しなかったのである。

　群集墳は六世紀から七世紀初頭までの約一〇〇年間に盛んに形成されたので、地域によって多少の差はあるが古墳総数の八割前後がこの時期のものである。このほか墳丘を設けず自然の崖に墓室を掘鑿した横穴の群も南九州から東北地方南部にいたる広範囲に出現しており、群集墳の盛行する時期にほぼ併行して営造された。

　墓地遺跡についで、多くの生産遺跡が各地に遺存している。とくに顕著な遺構をとどめているのは製塩や窯業関係の遺跡であるし、このころになると製鉄遺跡も知られるようになる。今日水田の表面に条里制地割の痕跡をのこす場所はほぼ水田遺構を埋没していると考えてよい。ところが集落遺跡の方は、墓地遺跡の豊富な存在にくらべると研究例が少ない。とくに大型の古墳群をのこした集団の居住地の追求は近畿地方のみならず一般に研究がおくれている。奈良県飛鳥地方の調査によると、普通の集落とは異質の建物遺構群（宮跡と推定される）が出現するようになるのは七世紀であるが、このころには先に述べたように、群集墳内での新たな古墳の構築の風潮は衰退してしまっている。私は群集墳の衰退以降に主として古墳群型墓地域の形をとって構築されるごくわずかな古墳を終末期古墳とよび、さらにそれを終末前期と終末後期に区分しているけれども、その営造の時期は、ほぼ難波《なにわ》（孝徳～天武）、大津、藤原、平城などの本格的な都の建設の時期に併行している。『記』『紀』などではこれらの以前にも多くの宮の所在地を収載しているけれども、考古学的に農村的な普通の集落遺跡と区別できる政治的性格をもった都市は難波宮や藤原京で姿をあらわしている。このように遺跡で確かめられた場合には、その名称や遺跡の性格を復原するために文献を補助として使うけれども、文献だけを史料にして空白を補うことは避けるという方法で本稿を進めてゆこう。

一　五世紀における後期への胎動

1　古市・百舌鳥古墳群

すでに本講座『原始および古代1』（『岩波講座　日本歴史1』岩波書店、一九七五年）でもふれられているが、五世紀の一つの特色は超大型の前方後円墳が築造されるようになったことである。(1)そのような前方後円墳によって構成される古墳群の典型例は大阪府の古市古墳群と百舌鳥《もず》古墳群とであり、まずそのなかにある古墳後期の先駆的な存在を説明しよう。

古市古墳群は羽曳野市と藤井寺市、百舌鳥古墳群は堺市にあるが、八世紀以前はともに河内国に属していた。古市古墳群は一九基の前方後円墳を主要な構成体とし、さらに大規模な前方後円墳には前方後円墳（帆立貝式古墳）・円墳・方墳などの陪塚を伴うから、古墳総数は約五五基になる。群中で最大の墳丘をもつのは応神陵古墳（宮内庁が応神陵に指定している古墳の意味。被葬者をあらわすのではなく古墳の固有名詞として暫定的に使用）であるが、この古墳の築造にあたっては、前方後円墳の二ツ塚古墳をさけるようにして東側の周濠をゆがめて設計しており、応神陵古墳以前にもこの台地上に前方後円墳があったことは明らかである。つまり応神陵古墳は古市古墳群の形成の途上で出現している。応神陵古墳については地理学による地形研究からも、氾濫原と段丘といった異質の土地にまたがって墳丘を構築している特異な例であることが確かめられている。(2)このことはすでに段丘上の安定した土地には、大型の前方後円墳が存在していた可能性を示しているし、また古墳築造にさいしての整地以後に生じた地層のずれから、五世紀末から六世紀初頭(3)という年代が計算されている。

応神陵古墳よりやや新しい允恭《いんぎょう》陵古墳と墓山古墳は、同一の設計法に基づいて築造された同形・同大の前方後円墳(4)であるが、そのうちの允恭陵古墳の陪塚の唐櫃山《からとやま》古墳と長持山《ながもちやま》古墳にはそれぞれ、近畿地方ではもっとも遡る形態の家形石棺を竪穴式石室に蔵しており、石棺の形状が中部九州の古式の家形石棺や船形石棺に酷似するばかりか用材も阿蘇溶岩が使用されており、中部九州製の石棺がはるばる運ばれてきたと推定される。近畿地方ではそのころは主として播磨の竜山石《たつやまいし》を用いた長持形石棺が使われていたが、家形石棺への憧憬は急速に強まり、阿蘇溶岩に似た石材を大和、河内境の二上山の東麓で探索し、それを使って家形石棺を製作している。このことは、長持山古墳には阿蘇溶岩製の石棺のほかに、型式的に後出するもう一つの石棺があって、その用材が二上山東麓の安山岩質凝灰岩(5)であることから推定される。

古市古墳群の形成の過程において、中部九州系の石棺が用いられるようになり、それが六、七世紀になると畿内地方の石棺の主流をなしていくことは示唆ぶかいことであるが、そのことは横穴式石室の採用にもみられる。応神陵古墳の陪塚的な位置にある藤の森古墳は円墳で、墳丘上に用いられている形象埴輪、たとえば鉄板を革綴《かわとじ》にした表現の短甲の埴輪などは主墳と年代がそれほどへだたっていないことを示しているが、墳丘内部には割石で構架した横穴式石室が設けられていた。これは堺市の塔塚の横穴式石室とともに、畿内で存在が知られている最古の横穴式石室である。しかし二つの古墳の横穴式石室の構造は同一ではなく、塔塚古墳は石室の平面形がほぼ正方形、藤の森古墳は長方形であり、このような二種の横穴式石室が出発点となって、その後の変遷をつづけていく。

ところで藤の森古墳の横穴式石室のように、割石積で構架され、石室の平面が長方形で、羨《せん》道《どう》が石室の中央よりも一方に片よって設けられるのは、福岡市丸隈山《まるくまやま》古墳（前方後円墳）や佐賀県玉島町横田下《よこたしも》古墳（円墳）など玄界灘沿岸地方に、まず出現するが、年代については五世紀代と推定されている。横穴式石室というのは、死者のために創出された堅固な地下の小空間であるが、その小空間が羨道を介して地上の世界に通じている点が従来の竪穴式石室と構造上で異なり、機能的には一度限りの埋葬ではなく、追葬を可能にしている。実際、丸隈山古墳では二個の箱形石棺を安置し、横田下古墳でも二個の箱形石棺とさらに屍床を設けており、複数の死者を収容したことを物語っている。

横穴式石室の分布と発達を巨視的にとらえると、北部朝鮮の高句麗で発達したもので、百済や伽耶でも少しおくれて受容しているが、新羅、とくに慶州地区では日本列島よりもおくれて採用している。したがって横田下古墳や藤の森古墳のような本格的な横穴式石室は、高句麗・百済・伽耶のなかで起源を求めることができるが、高句麗の政治の中心地である輯安《しゅうあん》や平壌周辺の古墳とは構造と規模の点で相違している。四〜五世紀には、伽耶や北部九州での竪穴式石室が、天井石を開閉するのではなく、石室の一方の小口壁を開閉させるといった構造の竪穴系横口式石室を生みだしており、間接的に横穴式石室の影響があらわれているが、それらの石室より横田下古墳などではすでに横穴式石室としての機能を十分具えている。横田下古墳の横穴式石室に類似した例としては、京畿道高陽郡纛島面中谷里や公州市宋山里[6]など百済の古墳群中の石室を指摘することができるが、なお中小の政治の要地での古墳群の実態が知られていない場合があるから、大局的には高句麗を中心にした横穴式石室の墓制や葬制の波及であると理解される。

畿内地方の大古墳群として古市古墳群にまず出現した横穴式石室は、六世紀になると割石ではなく、もはや一人の力では動かせないほどの自然の石塊を用いるようになり、群集墳を構成する古墳には普遍的に採用され、ついには奈良県明日香村の石舞台古墳にみられるような、一枚の天井石だけで七七トンもある巨石を用いた横穴式石室へと技術的に発達する。

古市古墳群を構成する大型の前方後円墳の埋葬施設については、長持形石棺を蔵した竪穴式石室をもった津堂城山《つどうしろやま》古墳のほかはほとんど不明である。前述の墓山古墳には蓋に格子状文を彫刻した長持形石棺が露呈しているが、石室の有無は分からない。しかし従来は、古市古墳群の群形成の半ばまでが長持形石棺を蔵した竪穴式石室で、群形成の後半から横穴式石室を採用すると推定されている。

ここで群形成の後半と便宜上よぶのは、古市古墳群の南西部にある古墳の形成時期で、墳丘の主軸をおおむね東西、前方部を西方向にした五基の前方後円墳である。これらの古墳の所在する場所は、太平洋戦争後存在が見つかった古市の大水路(7)(幅約二〇〜三〇メートル、深さ約二メートル、七、八世紀には機能を失ったらしい)よりおおむね南方になる。清寧、仁賢、安閑などの天皇陵に指定されているが、同じ群内の主要な前方後円墳より墳丘の規模が小さく、しかも各部分を一様に小さくするのではなく、後円部の直径をとくに縮小している傾向があって、それは後円部に墳丘の斜面へ開口する横穴式石室を設けるための設計上の工夫であると推定されたのである。しかし、この推定を裏付ける資料は確かめられていないので、古市古墳群を構成する主要な古墳が形成の後半に横穴式石室を採用するのか、それとも古い伝統の埋葬施設なのかの究明は、今後の研究課題となる。

百舌鳥古墳群についても同じ観点で概観しておこう。この古墳群は約二〇基の前方後円墳を構成体としていて、そのうち六基は陪塚的な古墳を配しており、古墳総数は約八〇基になる。群中の最大規模の墳丘は大山《だいせん》(仁徳陵)(8)古墳であるが、仁徳、履中、反正などといった文献に記録されている支配者の治世順なるものをひとまず忘れ去って、純粋にこれまでに分かっている考古学資料だけで検討すると、百舌鳥大塚山古墳、乳岡《ちのおか》古墳、履中陵古墳、いたすけ古墳などより大山古墳は後出の古墳の可能性がつよい。つまり古市古墳群と同じように最大の墳丘をもった古墳が群形成の最初に出現するのではなく、群形成の途中に位置するのである。

百舌鳥古墳群では、最南端にあるにさんざい古墳の陪塚京塚山古墳［経塚古墳］に石棺があったことが、一八八九年の記録で知られている。これは残念ながら現存せず、当時の観察によるほかないが、それ以前の組合せの長持形石棺ではなく刳抜式の構造であったことは分かるから、允恭陵古墳の陪塚群での様相に共通している。

この古墳群内では古式の横穴式石室の存在は知られていないが、南西方に近接した四ツ塚古墳群を構成する塔塚《とうづか》古墳には平面形が正方形の横穴式石室がある。墳丘の中央に横穴式石室があり、さらにその傍らに木棺を埋めてあった。この横穴式石室は羨道の幅が狭く、追葬は不可能で、機能上は竪穴式石室を踏襲している。塔塚古墳は大山古墳とほぼ同時期と推定できるので、百舌鳥古墳群では近接した古墳群に横穴式石室があらわれるのである。

百舌鳥古墳群の形成の後半に位置する主要古墳の埋葬施設については、大山古墳の前方部に長持形石棺を蔵した竪穴式石室が知られており、さらに城《じょう》の山《やま》古墳では破壊され形式不明の石棺を蔵した竪穴式石室があった。また墳丘の規模は小さいが、ほぼ群形成の最後に編年できる平井塚古墳は石室がなく、木棺直葬であったと推定される。

古市と百舌鳥の古墳群は結果的には二つの古墳群に見えるけれども、それは形成がある時点で停止したからであって、本来は同一の墓地域になるのではないかと推定[9]される。そのことはここでは簡単に触れる程度にとどめ、古市・百舌鳥、さらにその近傍の古墳群を構成する古墳を七類に分類してみよう。それは同時に大きな古墳群に象徴される一つの政治的な集団内での各古墳被葬者の相対的な関係を示すものでもある。

（一）古墳群の直接構成体

a　前方後円墳で、周濠を有し、墳丘規模が大きく（目安としては全長約一一〇メートル以上）、陪塚を伴う。

b　周濠がある点と墳丘規模はaと同じであるが、陪塚を伴わない。

c　前方後円墳で、周濠を有するが、墳丘が中・小の規模である。陪塚を伴わない。

d　円墳・方墳などで、墳丘は中・小規模で陪塚を伴わない。

（二）古墳群の間接構成体

e　陪塚的位置にあるが、前方後円墳で人体埋葬がある。

f　陪塚的位置にあるが、円墳や方墳で人体埋葬がある。

g　陪塚的位置にあるが、人体埋葬が明らかでなく、大量の遺物を一括埋納している。

今までに例示した古墳でいえば、家形石棺をもった唐櫃山古墳はe類ではあるが、墳丘の長さ約六〇メートル、それはc類の平井塚古墳の墳丘の長さ五八メートルにほぼ等しい。また横穴式石室を有する藤の森古墳はf類であって、直径二二メートルの円墳である。また百舌鳥古墳群に近接する塔塚古墳はd類であって、一辺約三一メートルの方墳である。

このような傾向は岡山県の総社古墳群にもみられる。この群は、古市・百舌鳥古墳群よりも形成の時期は長いが、群中最大の前方後円墳である造山《つくりやま》古墳の陪塚的位置にある千足《せんぞく》古墳にはこの地方最古の横穴式石室の存在が知られている。千足古墳は全長約七〇メートルの前方後円墳でe類に当たる。五世紀代には、河内や吉備の大古墳群にあって、直接構成体ではなかった古墳の埋葬施設である横穴式石室が、六世紀になると急速に普及し、しかも古墳群を構成する主要な古墳にも採用されていくのであるが、それはたんなる墓制の変化であるにすぎないのか、それともその背景に新しい墓制のにない手が政治的集団の中心となっていったのかの究明は、今後の重要な課題である。

2　水田開発と鉄製耕起具

古市・百舌鳥古墳群をのこした政治集団については、奈良県を基盤とする政治集団（大和朝廷と表現する人が多い）が、朝鮮半島へ軍事出兵をするという事態にともなって河内平野を重視し、そこに古墳群を営んだというのが従来暗黙のうちにできあがった通説であった。これに対して、奈良県の政治集団とは別個に河内平野で成長した政治集団を規定する説もあるけれども、その場合も居住地については具体的な論証がなかった。考古学の方法によってその居住地を把握できれば申し分ないのだが、なお資料不足であるため、当時の河内平野について土地利用の観点から簡単に説明しよう。

現在の河内平野には広大な平地が展開しており、条里制施行の形跡のある水田のひろがりからみても古代における豊かな水田地帯の存在を想定しがちであるけれども、古墳時代がはじまったころは河内平野には淀川および大和川が流入する河内湖があって、その湖の北西部が大阪湾に通じていたと復原[10]されている。また古市・百舌鳥の古墳群のある台地状地形で大規模な水田開発をおこなうには四世紀代の道具をもってしてはきわめて困難であり、当時の水田面積は条里制施行の形跡のある水田面積よりもはるかに狭いのである。ところが河内平野の西辺を南北に連なる上町台地は大阪市内の天満付近で東西に開かれており、そこが長らく淀川の本流であった大川であるが、地理学・地質学の成果を援用すると、これは人工の掘鑿であって、河内湖の水面を下げ、その周辺の浸水地帯を水田化させるとともに洪水の災害を軽減する効果があった。八世紀ごろには堀江とよばれたと推定される大川の掘鑿の時期は定めにくいけれども、河内平野での農耕集落遺跡の分布範囲の拡大や巨大な池の構築などから五世紀代、おそくとも六世紀に想定することができる。

五世紀代、とくにその後半になると、土を掘り起すための鉄製刃先をつけたクワ・スキが、確実に使われるようになる。U字形あるいは凹字形鉄製刃先[11]とよばれるもので、中国や朝鮮で用いられた道具と共通の形態である。これらは直接田畑の開墾に使用するよりも、先述の大川の掘鑿のような土木工事に投入することによって可耕地の飛躍的拡大をはかったのである。また台地よりもさらに奥まった丘陵の谷口に築堤をする池の構築も盛んになった。『記』『紀』にあらわれている狭山池の構築は、池内にある須恵器窯の廃絶の年代から六世紀であったと想定しているが、このような池灌漑でも築堤だけでなく、池から水田までの長い距離におよぶ灌漑用水路の掘鑿に鉄製刃先を装着した耕起具が威力を発揮したのである。このことは、紀伊の紀の川流域や山城の桂（大堰）川流域のように、川をせきとめてその水を平地にひく場合でも共通していて、溝の掘鑿に大きな労働力と多数の道具が投入されたのである。紀の川の名草《なぐさ》の溝[12]は、紀の川の水の取入口から、名草盆地での水田への配水地点まで総延長約七キロの大溝が掘鑿されている。

六世紀になると後に述べるように、各地で激しい勢いで群集墳の形成がおこなわれ、古墳の数が爆発的に増加している。この場合、支配機構の変化や死後の世界観の変化などさまざまな視点での説明がなされるけれども、水田面積と人口の飛躍的な増加を前提として考慮にいれておく必要がある。たとえば三、四世紀から五、六世紀への水田面積の増加は、五、六世紀から七、八世紀への増加よりもはるかに大きかったと推定できる。もちろん飛躍的な人口激増があっても、このころならばそれを支える水田開発が可能であるといいかえてもよいし、さらに見方をかえて、人口の増加につれて新しい技術での水田開発が実施されたとみることも可能である。

3　須恵器生産の開始

古市・百舌鳥古墳群より南方に起伏する丘陵には、一九六〇年ごろまでは須恵器の窯址が約一〇〇〇箇所は残存していた。古代における最大の窯業地帯である。堺市、和泉市、富田林市、松原市、狭山町などに窯址の分布は及んでいるので、大阪府南部窯址群、略して阪南窯址群と称している。この窯址群の大半が泉北丘陵にあるため、泉北窯址群と名付けると実際の分布範囲を無視しているし、まして崇神紀に一度名のでる「陶邑《すえむら》」(13)という地名をこの窯址群の歴史的地名にしてしまうのでは、考古学の研究の展開のまえに、歴史めいた話の筋を安易に据えてしまうことになるので、私はこのような方法を排除している。

須恵器は丘陵の斜面に構築した窖窯《あながま》（俗に登り窯とよんでいる）を利用して焼成した陶質土器であって、縄文土器、弥生式土器、土師器とつづいていく土器にくらべて、いわゆる造形上での個性の発揮というような観点を別にすると、多くの点ですぐれている。とくに四世紀ごろの土師器製作は、耐久性や耐火性の強い容器、さらには一メートルもある大型容器を製作することが発達していなかったので、須恵器との質的な差は大きい。しかも窖窯では小型容器ならば一度に数百個は製作できるから、規格の揃った製品の量産という点でもまさっている。

須恵器技術の源流については、『日本書紀』の須恵器工人についての二つの伝承(14)から新羅系や百済系であるとしたり、あるいはわが国への伝来が五世紀後半であることなどがよくいわれるけれども、そのような伝承が仮に何らかの史実を多少反映しているとしても、それが須恵器の出現という画期的な事件そのものの反映かどうかは不明である。ある事柄についての文献史料のうえでの初出を、その事柄全体の起源だと錯覚することはありがちである。

ところで須恵器が朝鮮半島の陶質土器に起源をもつことは常識化しているけれども、須恵器の出現当時の様相と、朝鮮半島各地での、少なくとも四、五世紀代の陶質土器の様相が発掘によって次第に判明するにつれて、両者の比較は複雑になってきた。今までは朝鮮半島に実在する陶質土器と酷似した遺品が日本列島の古墳から見つかると、それが須恵器の起源の解決につながるといった着想での研究があったが、それらは生産遺跡での検討をなおざりにしていたし、何よりも須恵器生産の開始以後においても、たえず他の文物とともに陶質土器が舶載されていたことを見落としていた。このような研究の進展によって、須恵器技術の源流は、新羅系とか百済系だとかは簡単に断定できなくなったのが現状である。

須恵器についての認識が深まろうとした明治・大正のころ、大型の甕を朝鮮土器、中型・小型の変化にとむ器種群を祝部《いわいべ》土器とよび、のち両者を同種のものとして祝部土器、さらに一九五〇年ごろから須恵器の名称にかえられてきたのであるが、実は明治・大正当時の把握は、基本的に正しかったのである。というのは朝鮮半島での陶質土器を地域別に概観し、それらと比較すると、須恵器には複合した様相がうかがえるのである。北方の高句麗では陶質土器の使用が盛んでなく、この問題では候補の外になる。百済では最初の都のあった広州周辺にすでに陶質土器は出現するが、その後の時期をとおしても概して多様な器種の創出という点では活発ではなかった。新羅、とくに慶州の地域ではいわゆる新羅焼の前段階としての陶質土器の発達と生産はすこぶる盛んであるが、多種類の器種を総合してみると古式の須恵器とは趣を異にしているし、この地域では大型甕の製作が盛んでない。これにたいして南部の洛東江流域の伽耶は、変化にとんだ器種の創出、大型甕の製作といった点で須恵器の起源を考えるのに重要な地域であり、その土地で研究を進める人たちは陶質土器の起源を一、二世紀まで遡ると推定しており、今後に問題をなげかけている。さらに最近注目を集めている地域は栄山江の流域である。[15]この地方の中心と推定される潘南面には、高句麗の王墓にも匹敵する規模の方墳があり、また「前方後円」形の古墳があるなど、百済・新羅・伽耶とは古墳の様相を異にしているが、陶質の大型甕はこの地方で最初に創出された可能性がつよいし、蓋杯・短頸壺など須恵器と共通の器種もみられる。

このように朝鮮南部での陶質土器は少なくとも四つの地域的特色をもちながらそれぞれが推移しているのであるが、阪南窯址群内でも谷地形で分けられる窯の支群の相違によって多少の特色があることが推測されるようになってきた。また和泉市の濁《にご》り池《いけ》窯址は須恵器生産開始の時期に近いもの（図1参照）で、灰原《はいばら》と物原《ものはら》のすべての土器片がほぼ整理された。それによると、このような単一の窯においても複数の工人あるいは集団の関与が復原でき、各々のあいだの土器製作技術には差異があることが分かってきた。このように初期の須恵器は、朝鮮半島の

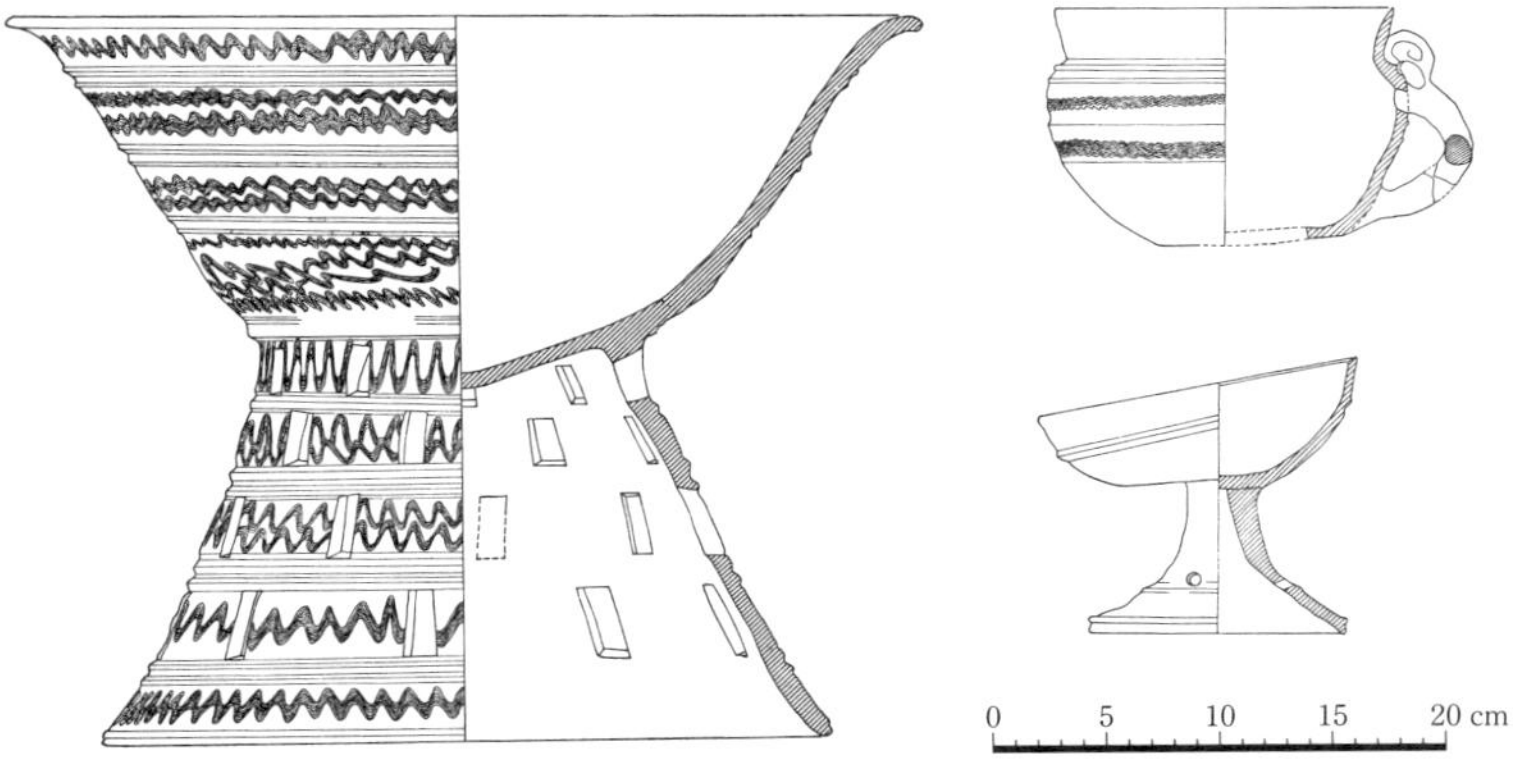

図１　阪南窯址群での古い須恵器（和泉市濁り池窯址）
左：器台、右上：把手付埦、右下：高坏（復原と実測：田中英夫、辻川陽一、雪本永、坂口昌男）

単一の土地の工人たちの移動で生産を開始したのではなく、伽耶地方を主にしてはいるものの、いくつもの土地の工人たちの移動によって生産が開始されたようで、阪南窯址群で器種の取捨選択がおこなわれ、ほぼ須恵器として斉一化されてくるのは五世紀末から六世紀初頭のことであろう。初期の須恵器製作では、洗練された技術者の手になる土器と、いかにも土師器工人が吸収され、製作にたずさわったことを思わせる稚拙な土器とが同じ窯で共存していることがあるが、稚拙な土器はやがて見られなくなる。

古市・百舌鳥古墳群の形成がはじまった時期と阪南窯址群での須恵器生産の開始とはほぼ同時と考えられるが、五、六世紀の大和では須恵器生産の痕跡はほとんど知られていない。阪南窯址群のほかでは、佐賀市神籠池[16]、福岡市今宿新貝、島根県安来市、愛知県名古屋市などにそのころの須恵器の窯址が見つかっているけれども、生産の規模は小さい。阪南窯址群での初期の製品は、大型甕のほか壺・𤭯《はそう》・高坏・坏・埦《まり(もひ)》・器台などを製作している。とくに穀物を蒸すための把手付の甑《こしき》は新来の器種であって、穀物の調理法にも変化があったことを示している。須恵器は六世紀になると、各地に工人が居住するようになり、有力な古墳群や群集墳に象徴される集団のなかには須恵器生産を掌握するものがあらわれ、(17)須恵器は古墳の普遍的な副葬品になっている。

五世紀代の古市・百舌鳥古墳群やその周辺の土地をみると、横穴式石室や家形石棺、池溝利用の灌漑や須恵器生産など、六世紀代をもっとも特色づけるものがすでに出そろっていることに気づくのである。ここではあまり触れることはできないが、馬の飼育についても河内の羽曳野丘陵や当時の大和川の川原が大いに利用されたと推定される。実際、生駒山山麓の東大阪市日下《くさか》貝塚からは五世紀代の馬の埋葬(18)も見つかっている。また百舌鳥古墳群内の陵南遺跡は、木製や鉄製の主として武器類を製作した工房址群と考えられているが、ここからは飾りのない実用的な木製の鞍が出土していて、しかも斜に破損した箇所に穿孔して修理している。おそらく馬の飼育や馬具の製造も、この地方から近畿や東日本の各地に伝播していったのであろう。

二　六世紀の古墳の諸相

1　群集墳の構造

群集墳というのは古墳群の一形態であるが、まずほぼ完全な姿でのこっている和歌山市の寺山古墳群について実例[19]を説明しておこう（図2参照）。この群集墳は紀の川に面した山の緩斜面にあって、東西約一二〇メートル、南北約九〇メートルの範囲内に横穴式石室をもつ方墳や円墳が約三〇基密集している。この程度の群集墳が普通の規模であるが、寺山古墳群の範囲、つまり墓地の面積約一万八〇〇〇平方メートルは、周濠を有する長さ九〇メートル程度の前方後円墳一基の占める土地にすぎず、群集墳の出現の根底に、制限され、限定された土地の原則を認めることができる。実際寺山古墳群の周辺には、緩斜面の地形はつづいているのに、古墳は拡散して営造されることなく、狭隘な墓地のなかに墳丘の裾を接するように群集している。直径一〇メートル前後の円墳が大部分であるが、最大規模の古墳は、一辺約二五メートル、高さ六メートルの方墳で、しかも横穴式石室も他の古墳よりははるかに壮大であるから、この群集墳を営んだ集団の内部が等質的ではなく、集団内での地位、富、あるいは集団外の力を認められる身分など、いずれかの点ですでに明確な隔差があらわれていたことを示している。寺山古墳群は六世紀前半に形成を開始し、七世紀初頭で形成を終わっている近畿地方での典型的な群集

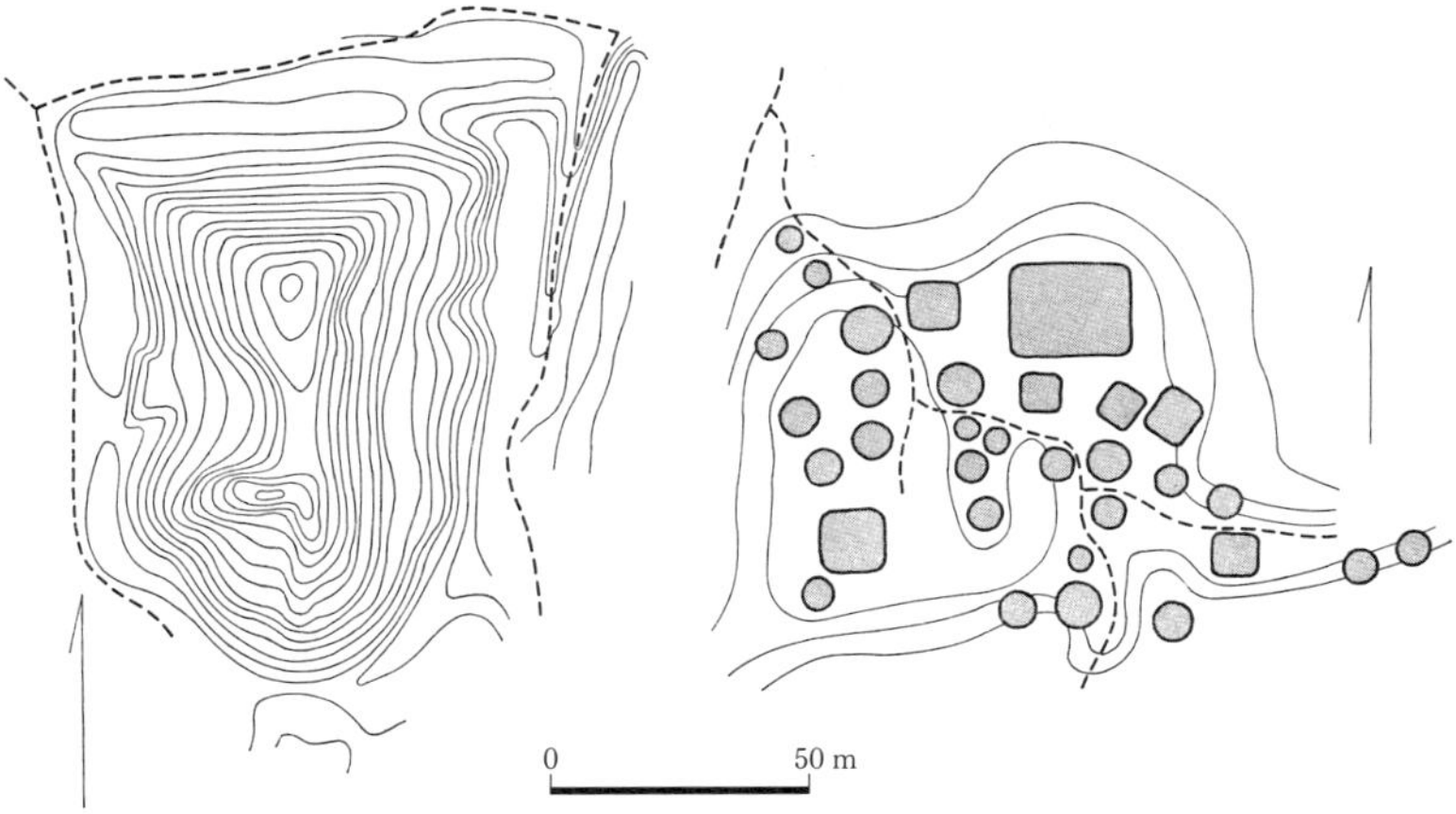

図2　群集墳型墓地（右）と前方後円墳の占有する土地の比較
右は和歌山市の寺山古墳群で典型的な群集墳である。左は奈良県天理市石上大塚古墳であり、ともに6世紀のものである。

墳であって、算術平均をすると三年前後で一基の古墳が営造されたことになる。

　大阪府の生駒・金剛山脈の西麓、つまり河内国には、三つの超大型の群集墳がある。八尾市の高安千塚、柏原市の平尾山千塚、太子町と河南町にひろがる一《いち》須《す》賀《か》古墳群であるが、そのうち高安千塚は最近でも一五〇基の存在が確認されており、江戸時代からのはげしい採石による破壊を考慮すると少なくとも二五〇基以上で構成されていたと推定される。墓地の広さは東西約五〇〇メートル、南北約四〇〇メートルであるから、応神陵古墳一基の墓域にほぼ匹敵し、群集墳の古墳密度の高さが察知される。

　高安千塚を構成するのは直径八〜一五メートルの円墳が大部分であるから、ここ

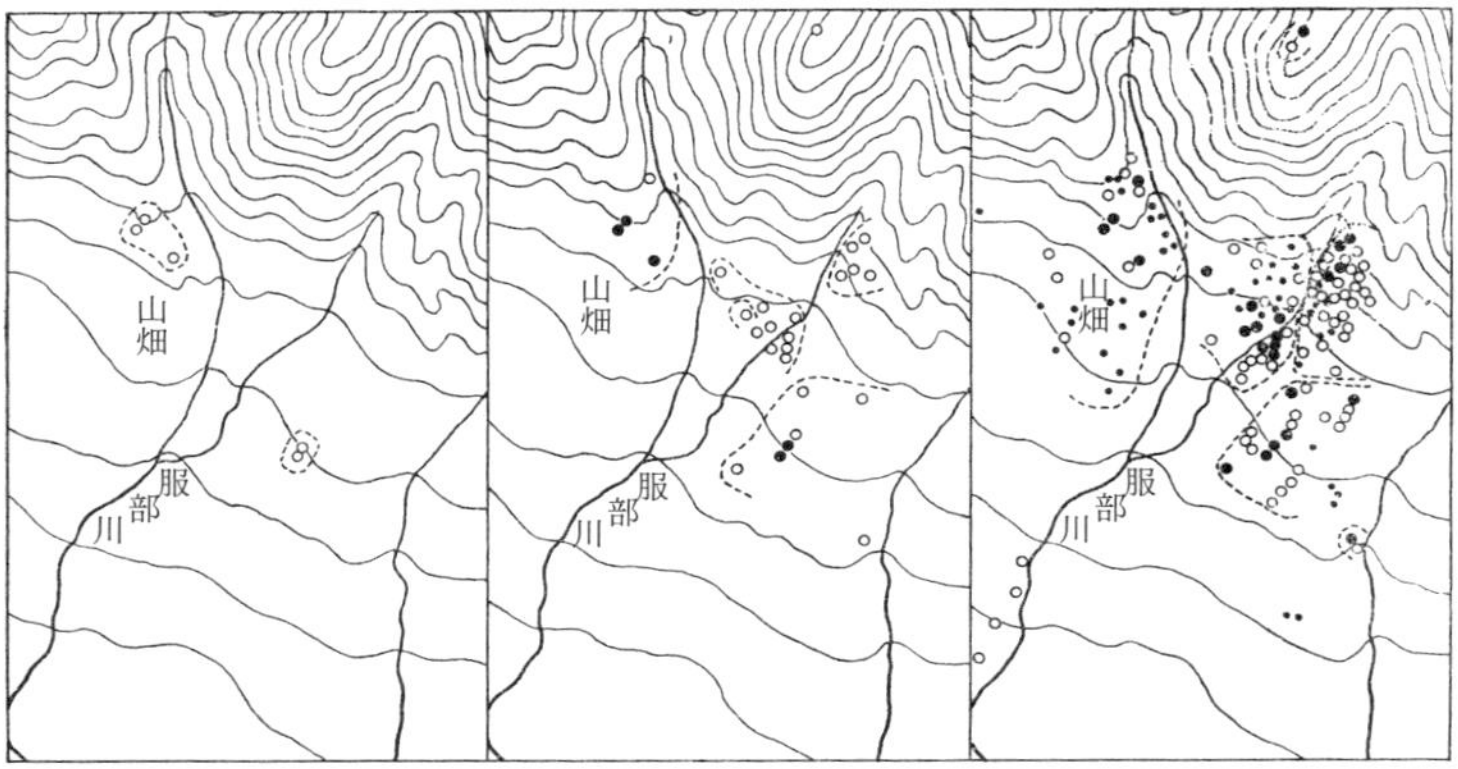

図３　高安千塚の形成過程

○は新しく構築されたもの、●はすでに前の時期に構築されていたもの、・は時期不明のもの。（白石太一郎「畿内の後期大型群集墳に関する一試考」『古代学研究』第42・43合併号、1966年、p. 47より）

の群集墳集団は、その内部の関係がかなり等質的であったといえる。高安千塚の研究をおこなった白石太一郎は、保存の良好な横穴式石室九七基を型式分類して、五基が六世紀初頭、二三基が六世紀前半、六九基が六世紀後半に属することを論証しているから、六世紀代をとおしてほぼ同じ勢いで古墳が営造されたのではなく、六世紀後半に全体の約七〇％が集中して営造されているのである。[20] これは先に引用した寺山古墳群でも同じ傾向が認められ、群集墳での一般的な現象とすることができる。高安千塚では、六世紀後半になると、それ以前にくらべ横穴式石室の面積が広いもの、狭いものへと分化する傾向があるから、等質的な群集墳集団の内部にも複雑化のきざしが見える。

河内の他の超大型の群集墳のうち、平尾山千塚は比較的保存は良好であり、さらに強力な保護措置が必要であるが、少なくとも二〇七基の存在が知られている。墳形の分かるのはすべて円墳であり、群の形成の開始は高安千塚とほぼ同じであるが、この群では七世紀前半まで古墳の営造が盛んである。[21]しかし七世紀になると、横穴式石室が小規模になる傾向があるし、また横口式石槨や小型の竪穴式石室が採用されるなど終末期の様相があらわれている。なお一須賀古墳群は約一八〇基から構成されていることが知られている。

奈良県では天理市の竜王山古墳群が大きい。横穴式石室をもつ円墳約三〇〇基と墳丘のない横穴約三〇〇基が同一の墓地内に併存していて、形成の時期もほぼ平行している。[22]橿原市の新沢千塚は約四〇〇基からなるが、円墳のほかに、前方後円墳、前方後方墳、方墳、長方形墳などを多数まじえていて群構成が多様である。この古墳群では横穴式石室は僅少で、大部分が木棺を直葬しており、五世紀後半から六世紀中ごろに群形成が集中的におこなわれている。つまり群集墳の形成の開始と終焉がともに半世紀早いのが注目される。このほか御所《ごせ》市の巨勢山《こせやま》古墳群の約四〇〇基、御所市石光山《せっこうざん》古墳群の約一〇〇基、新庄町の笛吹・山口古墳群の約二〇〇基などが超大型または大型であるが、奈良盆地のなかでは新沢千塚を含め群集墳は四、五世紀には古墳の分布密度が低かった南部大和に集中し、四、五世紀の古墳の分布密度の高い北部・中部の大和では竜王山古墳群のほか超大型および大型の群集墳がみられない。とくに佐紀古墳群、馬見《うまみ》古墳群などの所在地域で大型の群集墳が知られていないから、四、五世紀の古墳群をのこした集団の生産基盤と、六世紀に群集墳を営造した集団の生産基盤とが必ずしも同一でないことを示している。

群集墳が各地で爆発的に出現することにたいして従来ほぼ三つの視点から説明がなされてきた。第一は、生産力の発展についてであって、五、六世紀になると農業生産力の発展はもとより、塩や漁獲物、須恵器、鉄の製錬や金属器の加工、馬の飼育など生産の種類も増加してきたが、そのことが群集墳を生みだす一つの背景であるとする考えである。確かに須恵器生産では、阪南窯址群内に陶器千塚と檜尾《ひのお》古墳群の二つの群集墳があって、ともに須恵器生産に関与した集団の営造が想定されるし、愛知県南知多町の日間賀島の古墳群、たとえば北地《きたち》古墳群(23)などは製塩や漁業をおこなった海浜集落の集団がのこしたものであろう。第二は、群集墳の構成単位としての個々の古墳を家族に対応させる考えである。群集墳を資料として社会の構造上の変化をとらえようとする試みは、近藤義郎らによる岡山県津山市佐良山《さらやま》古墳群(24)の調査で意欲的に進められた。和島誠一は「古い共同体的な体制が分解して、奴隷制的な家父長的な家族が広範に現われ」と述べ(25)、家族の内容を表現しているが、各地での群集墳を構成する各古墳の埋葬例の整理は意外と停滞しており、性急な結論よりも、考古学的な諸例の整理と分析をまって結論をだそうというのが最近の動向である。簡単な例をあげると、横穴式石室の内部の遺骸数は、数体から十数体に及ぶのが普通であるが、それが同時埋葬の状態を示すのは少なく、追葬によって集積されていることが多く、一世代での家族構成の復原にはまだ成功していないというのが難点であるし、体質人類学からの積極的な検討もまた十分ではない。第三は群集墳を営造した集団と政治権力との関係に立脚した西嶋定生の考え方である。「古墳というものが大和政権の国家構造における身分的表現として営造されたのではないか[26]」という視点で、具体的にはカバネ制と古墳の関係をとらえ、「六世紀ごろから地方的偏差をもちながらも首長以外のものが広汎にカバネ秩序に編入されてゆくことと対応して、小型円墳を主とする後期古墳の営造が開始されてゆく[27]」のではないかとの仮説を提出している。

以上の視点のうち、生産力の増加と家族の出現の問題とは、群集墳出現の重要な背景ではあるが、それだけでは爆発的な群集墳の構築の風潮は説明できない。またカバネ制については、考古学では説明のむつかしい問題であって当否を述べることはできないが、どうして群集墳の多くが新しい墓制としての横穴式石室を採用しているのかというようなことも、中央政権の国家構造という一面だけでは理解しにくい。そこで群集墳の分布から考えてみよう。

2　群集墳の分布

のちに畿内といわれる地域のうち、和泉国を例[28]にとると、律令体制下では大鳥、和泉、日根《ひね》の三郡に分かれているが、一〇〇基程度の大型群集墳は大鳥郡の陶器千塚、和泉郡の信太千塚各々一箇所だけである。日根郡には一〇基前後の小型群集墳が四箇所あるだけで、そのような小型群集墳は大鳥郡に三箇所、和泉郡に六箇所ある。群集墳を営んだ単位がどのような集団であるかを復原するのは難しい問題であるが、おそらく中型・小型の群集墳はその所在地近辺の集落の成員の一部を葬ったことは疑いなかろう。もちろん今後すでに消滅した群集墳などが検出されるとしても、六世紀に実在した農耕、またはその他の生産に生活の基盤をもった集落のことごとくが群集墳を営んだ、という図式にはならないであろう。

地域をさらに広くとって四国全体をみると、徳島県には横穴式石室をもつ円墳はほとんどの市町村に点在しているけれども、典型的な群集墳はない。四国での代表的な群集墳は愛媛県朝倉村の野々瀬《ののせ》古墳群で、狭隘な谷状地形に横穴式石室をもつ円墳が約一一〇基群集している。このようにみると、群集墳の営まれるのは大地域内においても、また小地域においても、かなりのばらつきがあることが分かる。

埋葬施設の種類や形成時期を考慮せず、群集墳形態の古墳や墳墓群を列挙するとなると、南は鹿児島県から北は青森県にいたるまで分布しているが、横穴式石室をもち円墳を主とする構成の群集墳に限ると、九州では福岡・佐賀・大分にはあるが、中・南部の九州では存在が明確でない。中国・近畿・中部・関東の諸地方ではばらつきを別にすると群集墳は普遍的に出現している。しかし加賀のように、群集墳の存在の知られていない地域もある。東北地方では宮城県色麻村の上郷《かみごう》古墳群や山形県南陽市の赤湯《あかゆ》古墳群などがほぼ、分布の北限になる。

群集墳はあたかも範囲が限定され、面積も制限された区画を思わせる墓地の内部に古墳の営造をつづけることによって形成された古墳群であり、群の形成に先立ち、あるいは形成開始の直後に、墓地の位置だけでなくおおよその範囲も選定された可能性がつよい。この場合、そのような規制力を発揮したのは中央または地方の政治権力であり、したがって典型的な群集墳の所在地にはいずれかの政治権力の影響が強力に及んでいたとの理解が生まれるけれども、さらに二つの面からの検討が必要である。

一つは墓地についての慣習であり、性質である。弥生社会では大部分が地上の標識のない埋葬をおこなっているが、共同墓地とよばれるほど密集形態をとることが多い。鹿児島県種子島の広田遺跡の墓地は延々とつづく海岸砂丘に位置しながら、墓地の範囲は南北二〇メートル、東西一〇メートルにすぎず、その内部に一〇〇体あまりの遺骸が埋葬されていた。福岡県夜須《やす》町の八並《やつなみ》遺跡でも、浅い周溝をめぐらした長径三八メートル、短径一五メートルの楕円形の墓地のなかに箱形石棺や石蓋土壙など六一基の埋葬施設が密集していた。このような場合は、政治権力によって墓地の広さが制限されたのではなく、死後においても狭隘な墓地に密集することを集団の慣行としていたのではないかと推定できるのであり、したがって六世紀における群集墳型の墓地も、そのような慣行の延長として考えることも必要であるが、埋葬することを目的として地上に標識をのこさない墓地と、墳丘を営造し、永久の土地占有を前提とした群集墳型墓地とでは性格が異なっていることはいうまでもない。

いま一つの重要な視点は朝鮮半島での古墳群の形態との比較である。古墳群構成の分かる例となると、日本と同様資料不足の観はまぬがれないが、朝鮮半島での最大級の双円墳（おそらく王墓）を含む新羅の慶州古墳群は古市、百舌鳥古墳群と類似の群構造である。伽耶地方のそれぞれ国王の居住地と推定されている梁山・昌寧・高霊・咸安などでも、古墳は丘陵上に列状になってやや接近しているけれども、古墳群の形態に近い。これらの古墳群での埋葬施設は積石木槨や竪穴式石室が多く、横穴式石室は少ない。これにたいして高句麗の都があった輯安には、少なくとも一万以上の方墳が密集している。古墳は鴨緑江の右岸ぞいの狭隘な平地や山腹を埋めつくすように存在し、航空写真によれば典型的な群集墳以上の密度で古墳が累々と築かれている。古墳は川ぞい約一〇キロの範囲にあるが、とくに密集するのは三箇所であって、王陵に比定されている方墳でも一辺約六〇メートルであるから、方墳を含むとはいえ、考古学的には同形の古墳からなり、最大の方墳でも一辺約六〇メートルであるから、群内の古墳規模の隔差が日本列島の名の知れた古墳群にくらべるとはるかに小さいわけである。最近の研究では輯安の古墳群は、高句麗の都が平壌に移った五世紀以後[29]にも盛んに形成されているといわれているが、それらの古墳の被葬者が生前どこに居住したのかについてはなお明らかでない。

高句麗の古墳群にあらわれた集団の特色は、同一の墓地を構成することへの志向性がつよく、墳形は同種で、規模の差も新沢千塚での桝山《ますやま》古墳（一辺約九八メートルの方墳）にたいする直径五～六メートルの小円墳といった隔差からみるとかなり等質的であり、埋葬施設も規模や投入された労働力の差はあるにしても横穴式石室である。輯安古墳群にみられる群集墳的な特色は、高句麗の版図内の古墳群では各地に見られるが、小規模な群構造の分かる例として平安南道の晩達山麓の古墳群を示しておこう。東西一二〇メートル、南北九〇メートルの範囲に一七基の古墳が群集している。ほとんどが横穴式石室を有し、ほぼ規模の似た円墳または方墳である。朝鮮半島での群集墳型墓地は、六、七世紀には慶州盆地周辺の山麓にもあらわれ、横穴式石室も急速に採用されている。このように展望すると、日本列島での群集墳型墓地の出現の背景に、群集墳型墓地を営む慣行のある集団の移住を想定することも可能である。

3　古墳群の動向

紀の川流域、とくに下流域一帯は四世紀の古墳の存在が明確でなく、将来新たに検出されるにしても、近畿地方としては四世紀の古墳のひじょうに少ない地帯である。ところが五、六世紀には、大小いくつもの群をなして一〇〇〇基に近い古墳が営造されている。とくに紀の川左岸の山塊にひろがる岩橋《いわせ》千塚は総数約六〇〇基、そのうちに二二基の前方後円墳をまじえるけれども大部分は横穴式石室を有する円墳である。一部分で古墳群形態のところもあるが、大半が群集墳形態をとって存在している。

岩橋千塚での横穴式石室は、藤の森古墳や塔塚古墳よりはややおくれて出現したようであるが、ここでは六世紀になると、ほとんどの古墳が横穴式石室を構築している。おそらく日本列島で最初に大量の横穴式石室が群集墳の埋葬施設として登場するのはこの地であろう。岩橋千塚の横穴式石室は、六世紀中ごろから畿内地方で普通にみられる玄室、羨道の二つの部分から

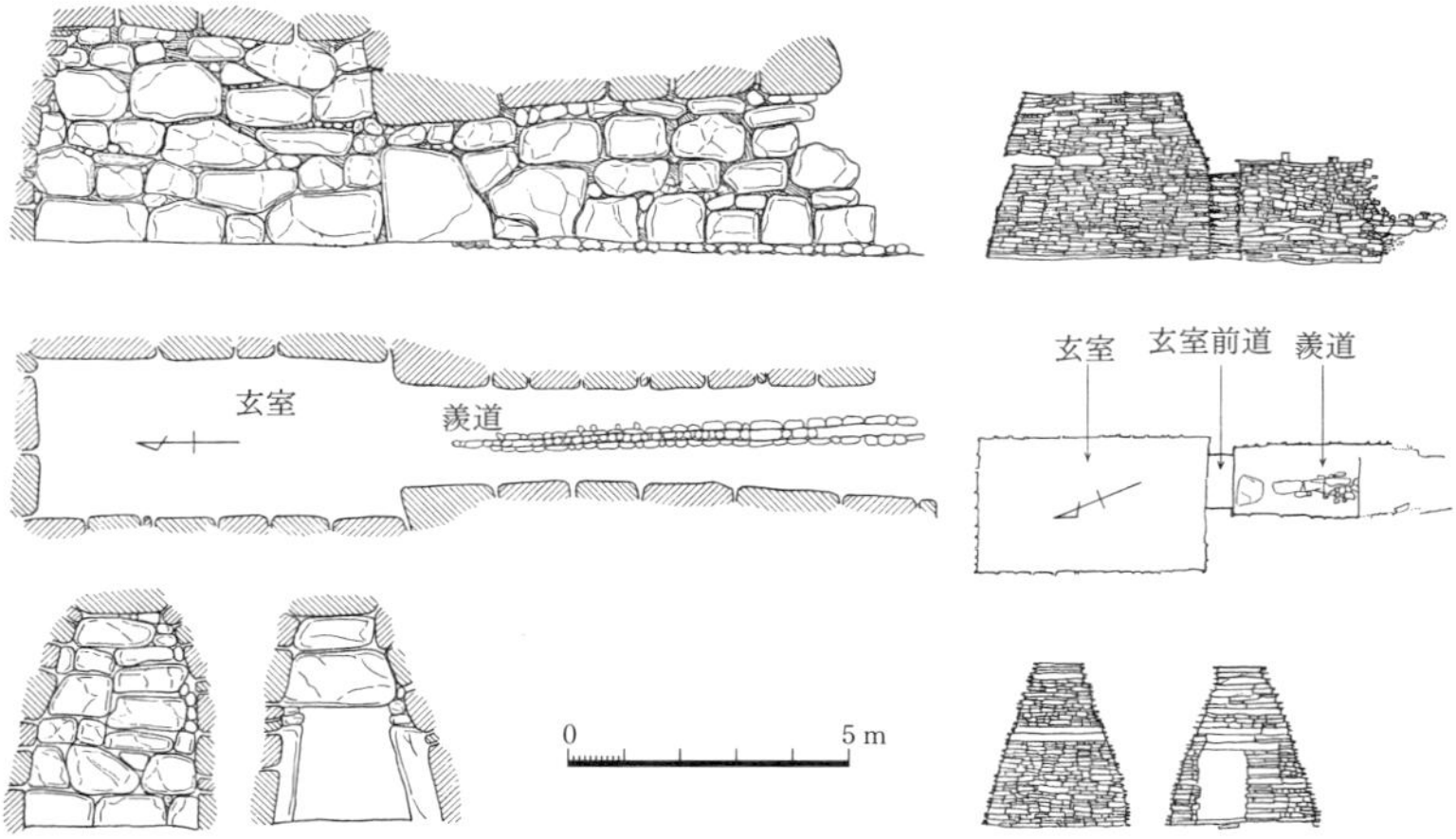

図4　横穴式石室の2形式

左：大和型－奈良県新庄町二塚古墳後円部所在

右：岩橋型－和歌山市岩橋千塚大谷山22号墳後円部所在

成るもの（便宜上、大和型と称す）ではなく、玄室と羨道との間に玄室前道と名付けた狭まった部分のつく型式で、岩橋型横穴式石室と称している（図4参照）が、高句麗の横穴式石室のなかに類似例が知られており、厳密に比較すると横田下古墳や丸隈山古墳の横穴式石室とは源流を異にしている。

岩橋千塚では、刀剣などの鉄製武器類、玉類、金銀の装身具、とくに耳飾、馬具、須恵器などが副葬されているが、四世紀にはなかった外来の文物が多い。すでに述べたように岩橋千塚をとりまくように紀の川の水を利用する名草の溝が掘鑿されているが、岩橋千塚での爆発的な古墳の営造の背景には、この溝の開発による食糧生産の増大があったのであろう。しかし単に食糧生産の飛躍的増加だけが原因であれば、何故この地に高句麗的な横穴式石室をもつ古墳が群集墳形態をとって出現するのかの理由は説明できない。

この疑問を解くための一助に、古代における集団の移住について『播磨国風土記』の説話を参考にしよう。『播磨国風土記』には、朝鮮から日本列島、日本列島の各地から播磨、播磨から日本列島の各地へなどの集団移住の説話が数多く記録されているが、揖保《いぼ》郡大田の里の説明で「大田と称ふ所以は、昔、呉《くれ》の勝《すぐり》、韓国より度り来て、始め、紀伊の国名草の郡の大田の村に到りき。其の後、分れ来て、摂津の国三嶋の賀美の郡の大田の村に移り到りき。其が又、揖保の郡の大田の村に遷り来けり。是は、本の紀伊の国の大田を以ちて名と為すなり(30)」とある。この伝承で朝鮮からの最初の移住地とされている紀伊国の名草の郡の大田は岩橋千塚のすぐ西方にあって、弥生から古墳時代の大きな集落遺跡の存在が確認されている。伝承での最後の移住地である播磨国の大田は、姫路市勝原区下太田から太子町太田の一帯で、周囲の山塊には横穴式石室を有する円墳からなる群集墳が数箇所認められている。そのうち奈良時代の寺院址のある下太田の南に接しているのが丁古《よろ》墳群(31)であり、一〇〇基近くの古墳が知られている。丁古墳群での横穴式石室は六世紀中ごろ以降は玄室・羨道からなる型式になるが、五世紀後半から六世紀初頭には玄室前道を具えた岩橋型横穴式石室であり、『播磨国風土記』の伝承に符合するようである。中間の摂津国の大田は茨木市太田に比定されるが、賀美の郡が島の上の郡を指すのであればその比定には検討を要する。太田の北方山麓には三島地方最大の群集墳である塚原古墳群があって、百余基の古墳の存在は確認されているが、破壊が進んでいて、現在分かるのでは六世紀中ごろの横穴式石室に始まっており、岩橋型横穴式石室の分布は不明である。しかしながら太田の北西約二キロにある海北塚《かいぼうづか》古墳では横穴式石室の内部に紀の川流域に産出する緑泥片岩を用いた石棺を安置していて、この地方が紀の川流域と交渉のあったことを示している。

『播磨国風土記』の集団移住の伝承から史実の一端がうかがえるとすると、伝承の最初の部分の朝鮮から紀伊国への移住についても同じ扱いをする必要がある。紀伊国の名草郡には、紀の川の右岸にも著名な古墳があるが、ここでは古墳群形態をとって点在する。その一つの大谷《おおたに》古墳(32)は阿蘇溶岩を用いたと推定される九州的な家形石棺が埋葬施設であり、棺の内外に武器・馬具などを大量に埋めていた。とくに馬冑・馬甲は高句麗の古墳壁画にえがかれていたものが、現実に出土したのであり、銀製の耳飾や唐草文で飾った馬具など朝鮮系の文物が目立っている。古墳の年代は五世紀後半と推定されているが、ここに優秀な朝鮮系の文物を集積した二〇〜三〇歳の青年（遺存した歯牙による算出）については、従来の一般論では、大和政権の部将として朝鮮に出兵し高句麗と交戦した紀氏の有力者と理解されていた。しかしその結論を提出する過程で『記』『紀』の伝承に依存していたきらいがある。

大谷古墳のある山麓を下った低地には、集落遺跡と推定される楠見《くすみ》遺跡(33)があり、ここからはおびただしい陶質土器が発掘されている。土師器や古式の須恵器をも混じえているが、伽耶地方での製品、もしくはその地から移動した陶工の製品が多い。このような船載土器は西日本各地で点々と出土するが、楠見遺跡でのようにそれが日常の用具の主体をなしていたと推定されるところは知られていない。楠見集落の存続期間の後半に大谷古墳が築かれたと推定されるから、大谷古墳の被葬者にも関係した居住地の可能性がつよい。

紀の川流域では楠見遺跡だけでなく、船載された陶質土器の出土が近畿の他の地域より濃密であり、岩橋千塚にも数例出土している。しかし五世紀末ないし六世紀初頭には、副葬されている土器総数に船載された陶質土器が占める割合は激減し、阪南窯址群や岩橋千塚に隣接した山東窯址群の製品が普及し、〝朝鮮への出兵によって断続的に船載土器がもたらされた〟という形ではない。もちろん紀の川流域には前方後円墳もあるし、そこでは埴輪も使っており、それらは広義の意味での大和の古墳文化であろう。しかしこの地方には、大和の古墳文化からは生まれてこないものも多い。私は古墳群の形態や埋葬施設の種類、集落での遺構や遺物の在り方が、失われた集団の性格の復原の基本資料であると考えている。

4　見瀬丸山古墳

岩橋千塚では横穴式石室を具えた前方後円墳と円墳が一部分をのぞくと群集墳形態をとって共存しているけれども、五世紀末から六世紀前半にかけての近畿地方の横穴式石室は、むしろ単独または小古墳群を構成する前方後円墳に採用されている。例えば滋賀県高島町の鴨稲荷山《かもいなりやま》古墳(34)は朝鮮系の金銅冠、沓《くつ》など支配者の威儀をたかめる装身具や馬具・須恵器を副葬しているが、長さ約四五メートルの前方後円墳で、横穴式石室には家形石棺を蔵していた。このような古墳が従来から形成のつづく古墳群にあらわれるのでなく、単独で築かれていることが多い。

和泉では百舌鳥の南方に富木車塚《とのぎくるまづか》(35)が単独で存在する。長さ四五メートルの前方後円墳で、後円部には横穴式石室があり、金環、挂甲《けいこう》、馬具、須恵器などが盗掘をまぬがれて遺残していた。このほか後円部と前方部の六箇所に木棺を埋葬しており、新旧両様の埋葬法があった。河内では高安千塚のある山腹を平地に下ると、長さ五四メートルの前方後円墳郡川《こおりかわ》西塚古墳があり、横穴式石室があった。また東大阪市の芝山古墳も、長さ二六メートルの前方後円墳で、横穴式石室には木棺をおさめていた。これらはいずれも、高安千塚や一須賀古墳群に横穴式石室が出現する時期またはその直前であるから、五世紀代の代表的な古墳群とは別の位置に新しい遺物群と埋葬施設をもった古墳が営造されるのである。

これに関して将来に問題をなげるのは河内大塚古墳である。古市・百舌鳥のちょうど中間に位置するこの前方後円墳は、墳丘の長さ三三〇メートルの超大型の前方後円墳である。この古墳については雄略陵の可能性が、主として所在地と墳丘規模の二点から説かれているが、円筒埴輪の使用が明らかでない。円筒埴輪は継体陵に推定されている高槻市の今城塚古墳にも使用が認められるので、河内大塚古墳の年代は六世紀中ごろの可能性がつよい。その後円部には横穴式石室の天井石と思える巨石が露出しており、そのような巨石を用いた横穴式石室は五世紀代や六世紀初頭には知られていない。『記』『紀』にある天皇名や陵墓の所在地にこだわると別の結論がつくりだされるが、考古学資料でいえば河内大塚古墳は六世紀中ごろの大王の墓の可能性があり、これらの陵墓参考地の古墳の学術的な公開がのぞまれる。

　奈良県を見ると、横穴式石室をもった古墳は平群谷《へぐりだに》や桜井市阿部山の周辺にまず少数出現する。これらは円墳で、大きな古墳群とは別の位置をとっている。六世紀になると、天理市の東乗鞍古墳（全長約七五メートル）や平群谷の勢野《せや》茶臼山古墳（全長約四〇メートル）など前方後円墳に横穴式石室が具えられ、東乗鞍古墳では家形石棺を使っている。六世紀前半には山口千塚や竜王山古墳群などにも横穴式石室が普通にみられ、群集墳の形成がはじまった。六世紀中ごろから後半になると、石上《いそのかみ》古墳群、杣之内《そまのうち》古墳群、珠城山《たまきやま》古墳群、平群谷古墳群などでは、前方後円墳に巨石を用いた壮大な横穴式石室が構築されるようになり、支配者層の埋葬施設になった。とくに平群谷では巨大な横穴式石室を有する古墳はその後、円墳、方墳へと累世的につづいていく。六世紀中ごろ前後の奈良県の顕著な前方後円墳は、付近に群集墳を伴う場合とそれがない場合などさらに問題を深める必要はあるが、墳丘規模は全長一一〇メートルの石上大塚古墳[36]が最大で、四〇～六〇メートル級が多い。このころの奈良県では、横穴式石室を有する前方後円墳が最大規模の古墳なのか、それとも古い伝統の埋葬施設をもつ大型の前方後円墳のうちにこの時期まで年代の下る古墳があるのかを説明するにはなお資料不足であるが、佐紀古墳群の市庭《いちにわ》古墳（現平城陵・復原全長約二五〇メートル）や狐井城山《きついしろやま》古墳（全長一四〇メートル）

などは六世紀まで年代の下る候補にあげられる。

六世紀後半には、広義の飛鳥地方に奈良県最大の前方後円墳である見瀬丸山古墳が築かれている。全長約三一八メートルの墳丘は、自然の独立丘を利用しており、盛土の量は見かけよりは少ないとは言え、超大型古墳である。後円部の横穴式石室も桁外れに大きく、二六メートルもある。河内大塚古墳の出現と共通性が感じられるが、現在墳丘の頂だけが陵墓参考地になっている。私は欽明陵[37]に、和田萃は宣化陵[38]にあてる説をだしているが、墳丘や埋葬施設の規模を資料にすると、この時期に支配者の権力に画期があったということができる。見瀬丸山古墳は高安千塚や山口千塚などの群集墳の形成がもっとも盛んな時期に相当している。この古墳はすでに埴輪を用いず、横穴式石室と家形石棺といった五世紀に先駆的存在の見られた朝鮮系と九州系の二要素を統合し、それを極限にまでたかめた姿であり、被葬者像の復原に参考となる。

5　方墳

敏達陵古墳（大阪府太子町）は天皇陵として最後の前方後円墳であるとはよくいわれるが、学問的な根拠は弱い。近畿地方各地で最後の前方後円墳をひろっていくと、おおむね見瀬丸山古墳のころで終わっているが、秦氏の本貫の地に営まれたと考えられている京都市嵯峨野古墳群では七世紀になっても、巨石で構架された横穴式石室をもつ前方後円墳の蛇塚《へびづか》古墳が築かれている。

このように近畿地方の前方後円墳の消滅期にも約半世紀の幅があるが、このころ新しい意味をもって登場するのが方墳である。方墳は前述のように高句麗の代表的墓制であるが、日本列島では出雲地方、とくに松江市周辺が分布の中心で、確認されただけでも一一二基に達する。[39] 安来市荒島《あらしま》造山《つくりやま》古墳のように、一辺六〇メートルもある大方墳がすでに四世紀に築かれ、六世紀にいたるまで方墳は築かれている。九州・四国には少なく、出雲からの交通路でつながっている丹波・山城には点在する。奈良県では四世紀代にも少しあるが、大規模なものはない。五世紀になると、一辺九八メートルの桝山古墳が新沢千塚に接して築かれる。また南大和の北宇智《きたうち》古墳群にも、つじの山古墳（一辺五一メートル）、西山古墳（一辺四五メートル）、猫塚古墳（一辺三〇メートル）などの方墳が群の構成体になっている。このように奈良県に限っても、方墳は四世紀以来ほとんどたえることなく築かれていたのだが、六世紀後半になると新しく古墳群の形成がはじまる地域での最大級の古墳として方墳が構築されている。

桜井市の山間にある倉橋には小さな群集墳があって、小規模な前方後円墳もあるが、その付近に構築されているのが方墳の赤坂天王山《あかさかてんのうざん》古墳である。一辺約四五メートル、家形石棺をおさめた壮大な横穴式石室がある。江戸時代には崇峻陵に比定されており、その可能性はつよい。桜井市の阿部山古墳群も、六世紀後半に形成が活潑になったところである。一辺三八メートルの谷首《たにくび》古墳、一辺二八メートルの艸墓《からと》古墳はいずれも横穴式石室をもつ方墳で、艸墓古墳は七世紀初頭に編年できる。この群にはさらに切石を用いた横穴式石室の文殊院西古墳があって、終末前期の傑作をみることができるが、墳形は円墳である。付近には安倍寺址がある。

大阪府の太子町磯長谷《しながだに》は、『記』『紀』によると、天皇・皇族などの墓の集中するところである。磯長谷古墳群は用明陵古墳・推古陵古墳などの方墳、二子塚古墳のような双方墳、聖徳太子墓のような円墳などで構成されるが、この群の大部分は、例えば高安千塚のような群集墳の形成が急激に終わったころから、つまり古墳の終末前期に形成がはじまっている。磯長谷古墳群でも個々の天皇陵を特定の古墳に比定することはむつかしいけれども、群として整理するとおおむね、用明から天智までが方墳であった可能性がつよい。そこで方墳の在り方をさらに詳しく調べてみよう。

岩橋千塚では五〜六世紀での群の構成体のなかでも規模の大きい古墳は前方後円墳であったのに、六世紀末ないし七世紀初頭には横穴式石室を有する井辺《いんべ》方墳が出現しているが、その直後に古墳群形成は急速に衰え、やがて終わっている。平群谷では前方後円墳は烏土塚《うどづか》古墳を最後にし、その次に編年されるツボリ山古墳の形は円か方か未調査であるが、最後に編年できる西宮《にしのみや》古墳は方墳である。西宮古墳は切石を用いた横穴式石室で、終末前期にぞくし、七世紀前半でも中ごろに近い時期と考えられる。平群谷には七世紀代には天皇陵選定の記録がなく、平群氏の本貫に比定され、したがって平群氏の首長も方墳を営造することがあったとみられる。同じような例は大阪府池田市でもあらわれていて、北摂最大の横穴式石室を有する鉢塚《はちづか》古墳も、一辺四〇メートルの方墳であることが知られている。

天皇陵に方墳が相ついで採用されている終末期に、方墳が群の構成体となっている古墳群をさがすと阿部山、平群谷、さらに広義の飛鳥の古墳群がある。都塚《みやこづか》古墳、石舞台古墳、越岩屋《こしいわや》山《やま》古墳、平田岩屋《ひらたいわや》古墳などがある。このうち石舞台古墳は蘇我馬子の墓説、越岩屋山古墳は斉明陵説がある。また石舞台古墳と飛鳥寺、見瀬丸山古墳と軽寺などの関係に見られるように、古墳と同時、もしくはやや年代の下る寺院が古墳付近に営まれている。これらの終末前期の整備された横穴式石室の多くは高麗尺で設計されているが、それ以前の使用尺については晋尺とか南朝系の尺説などあり、なお検討に時間を要する。

六世紀末以降、方墳が支配者層の古墳となり、とくに群集墳衰退後の終末前期にはますますその傾向が強まるけれども、一つの古墳群内において前方後円墳から方墳に推移するのは天皇陵を含む古墳群だけではない。その代表例はとくに関東地方での著名な古墳群に多い。群馬県総社《そうじゃ》古墳群、埼玉県若小玉《わかこだま》古墳群、千葉県竜角寺《りゅうかくじ》古墳群、千葉県内裏塚《だいりづか》古墳群などがそれで、それぞれ古墳群近辺に八世紀ごろに建立された寺院を遺跡として確認することができるから、支配者層の文化に共通性があったことが知られる。これらの古墳群内の方墳では、横穴式石室の設計に高麗尺より後にあらわれる唐尺を使っている例(40)(総社の宝塔山《ほうとうざん》古墳)が知られており、関東での方墳が近畿地方での終末後期にも営造されたことを示している。また竜角寺古墳群の岩屋古墳は一辺が八〇メートルもある大方墳で、用明から天智ごろの畿内の方墳よりはるかに大規模であり、古墳を資料に使っての国家の統一の時期とか支配構造の証明は七世紀代でもむつかしいのである。

六世紀後半から七世紀にかけて、それぞれの地域での主要古墳が方墳になるのは近畿と関東の一部で見られたが、石川県の能登半島での院内勅使塚《いんないちょくしづか》も見逃せない。一辺約二〇メートルの方墳で、この地方屈指の巨石を用いた横穴式石室が開口している。能登では七尾湾の小島にある蝦夷穴《えぞあな》古墳が積石の伝統をのこす方墳で、一つの墳丘に横穴式石室二基を設け、石室の石積み技法をも含め高句麗的特色の強いことが指摘される。蝦夷穴古墳と院内勅使塚古墳の前後関係はなお明らかでないが、日本海をとおしての高句麗との交渉を復原するうえで重要であるし、近畿の支配層たちが方墳を重視したことの背景に、高句麗の政治体制や文化への憧憬、あるいは模倣があったのかもしれない。六〜七世紀においては、百済の支配層は円墳を採用しており、新羅では双円墳であり、高句麗は方墳であるというのが大勢であった。新羅の双円墳も、六世紀中ごろの大阪府河南町の鍋山古墳［金山《かなやま》古墳］のように墳形だけでなく、新羅での規格までもちこんだと推定される例もあるが、支配者層の墓制の主流とはならなかった。

三　終末期の諸問題

1　群集墳の衰退

平尾山千塚をやや異例とするならば、近畿地方での群集墳は七世紀初頭になると急激に群の形成を停止し、古墳時代の終末期になる。この状況は、近畿地方だけでなく、北部九州から関東まで軌を一にしているところが多い。七世紀初頭で群形成が終わる群集墳では、なお約半世紀はすでに構築されている横穴式石室に追葬がおこなわれている。平尾山千塚での造墓活動も、ほぼ一般的な群集墳での追葬がおこなわれている期間に平行しているのである。

終末期になってから、近畿地方で新たに形成のはじまる群集墳もわずかに存する。兵庫県宝塚市の長尾山古墳群のうちの雲雀山《ひばりやま》B小支群で、東西四五メートル、南北五五メートルの小範囲に二三基の古墳が密集し(41)、すでに各古墳が独立した墳丘を保つことも混乱している。このような小規模な群集墳も一般の群集墳の追葬期に平行して形成されたのである。七世紀後半になると、群集墳では追葬活動が弱まるし、そればかりか小石室や、あるいは火葬にして遺骸の容積をへらした遺骨をおさめた蔵骨器などを群集墳型墓地の内部に埋葬することもほとんどなく、火葬の蔵骨器などは群集墳とは別の土地に埋められているのが普通である。これは要するに群集墳型墓地はまさしく凍結された形になっており、追葬はもとより古墳にたいして祭祀がおこなわれた形跡も顕著ではない。試みに畿内で墓誌を伴った墳墓の所在地をみると、六六八（天智七）年の船首王後《ふねのおびとおうご》の墓誌から七八四（延暦三）年の紀朝臣吉継《きのあそんよしつぐ》の墓誌にいたる一三例のうち、二例が群集墳の隣接地である以外は、群集墳とは関係のない土地に埋められていた。七世紀初頭における群集墳型墓地での古墳の激減および同世紀の中ごろでの群集墳型墓地の凍結状態の開始は、おそらく当時進行していたであろう国家権力による土地制度の変革に関連のある現象

と推定される。(42)

群集墳型墓地のその後の状況については、例えば和同開珎や万年通宝など八世紀代の銅銭を伴う追葬例もほとんど知られていない。ところが九世紀ごろになると、各地の群集墳で追葬や祭祀がおこなわれるようになり、その後数世紀はそのような現象が各所で見られる。もちろん、その場合、群集墳の埋葬者の末裔が利用したのか偶然の利用かは不明であるが、群集墳型墓地の推移をたどるうえで見落とせない。これを考えても群集墳の衰退、さらには追葬活動の停止も、その原因は国家権力による干渉と考えられよう。七世紀後半以降の墓地については、考古学資料よりも文献のうえで求めることができるが、のちに平安京が設置される北山城を例にとると、一郡一処的な地域の埋葬地の設定の方向が示されている。それらの埋葬地はおそらく死者の遺体の処理の場であって、個人または家の標識としての造墓は厳しく禁ぜられたのである。六四六(大化二)年にだされたといういわゆる薄葬令も『日本書紀』に収載されている条文を読むと、大勢としては群集墳衰退以後の終末期を反映していると考えられる。

2　終末期の古墳

飛鳥地方の越岩屋山古墳に代表例をみるような切石造りの横穴式石室の古墳は、奈良県全体でもせいぜい一〇〇基にすぎず、六世紀代の古墳が約三〇〇〇基あったのにくらべると、古墳を営造できる人たちがいかに制限されたかが分かる。仮に終末期の古墳を近畿地方の京都府や三重県に求めるとなると、その数はさらに少ない。私は終末期を二分し、奈良県で横穴式石室がなお構築されるのを終末前期、横口式石槨や小石室などが構築されるのを終末後期とし、その境をほぼ七世紀中ごろにおいている。終末前期の古墳と終末後期の古墳を実際の数で比較するにはなお資料不足であるが、終末前期の方に多くの古墳が指摘できるのは確かである。したがって同じ終末期とはいえ、古墳を営造できた人たちの身分が二つの小期でも違っている可能性がつよい。

終末前期には、奈良県の飛鳥地方ですでに普通の集落遺跡とは様相を異にした居住遺跡が発掘されていて、宮跡と推定されており、このころには考古学的な資料によっても古代国家の存在が把握できるようになる。畿内、とくに大和・河内の終末前期の古墳はこのような古代国家の支配層を形成した人たちを葬っているのであろうが、同じ横穴式石室とはいえ後期古墳のような多数埋葬例は知られておらず、一人の埋葬を主として、そこにあと一人から二人を加えていることが多い。これらの横穴式石室は、美しく磨かれた切石を用いており、すでに専門の石工技術者が石室の構架に当たっていて、後期古墳でのように自然の石材を用いたのとは異なっている。しかも切石造りの横穴式石室では、しばしば石室の長さ・幅・高さなどが同じ規格に造られており、国家による造墓の規定とともに造墓にさいしての公的な技術者の派遣・提供なども推定される。このように大和・河内の終末前期の古墳は、七世紀前半の官司制の実態を示しているようであるが、その萌芽を後期古墳のなかに求めることができる。

終末後期に河内と大和とに分布する横口式石槨というのは、木棺や夾紵棺《きょうちょ》をおさめるための設備で、小口《こぐち》の一方が開閉できるようになっており、大阪府オーコ山古墳のように羨道のつくものと、奈良県高松塚古墳のように無羨道のものとがあるが、いずれにしても棺をおさめると石槨はほぼ一杯になって追葬活動はまったくできない。棺をおさめることを主目的にし、死者のための墓室の創出という意図が薄れた横口式石槨は高句麗の六世紀代の古墳（平安南道土浦里）にみられるし、小型化した横穴式石室は百済の王墓を含む扶余《ぷよ》陵山里《りょうざんり》古墳群に見ることができる。そこで大和・河内での横口式石槨の系譜をたどると、小口に開口した家形石棺に切石の長い羨道をつけた大阪府富田林市のお亀石古墳がもっとも遡る。お亀石古墳はすぐ下に七世紀初頭に建立された新堂廃寺《しんどうはいじ》があって、石棺の周囲には寺の瓦を積んでおり、この古墳の被葬者が寺の創設者でもあったと推定されている。すでに終末期にはいっているといえ、この古墳の被葬者は寺院を建立できたほどの人物であり、また古墳に立派な羨道を切石でつくっているのにもかかわらず、横穴式石室はつくっていないから、お亀石古墳の場合は、被葬者の死後の世界観が新しい種類の埋葬施設を採用したと考えられる。横口式石槨は河内に多く、磯長谷古墳群では方墳の松井塚古墳にもあるが墳丘の明確でない場合が多く、概して墳丘は小規模であったようである。横口式石槨や小型化した横穴式石室では、石棺にくらべはるかに軽量で運搬しやすく、しかも豪華な飾金具で装飾した夾紵棺や漆塗り木棺を用いることが多く、古墳に棺が埋置される以前に、死者を収容した美しい棺が、ある期間どこかに安置するような儀式

（おそらく殯《もがり》）に大きな意味が生じはじめたようである。

『日本後紀』によると、七九九（延暦一八）年、菅野朝臣真道《すがののあそんまみち》らは、河内国丹比郡野中寺《やちゅうじ》より南の寺山にある葛井・船・津三氏の先祖の墓地が、樵夫の冢樹の採伐によって先祖の幽魂が帰する所を失っていると嘆願し、その禁止を訴えている。この行動の中心となった菅野氏は居所にちなんでの氏の名の変更をうけていて元は津氏であった。葛井・船・津の三氏はいずれも百済王の宗族辰孫王《しんそんおう》ののちと伝え、同族意識がつよく、同族としての行動をすることの多い血縁集団であり、三氏の本貫も藤井寺市と羽曳野市の直径約一・五キロの範囲内に想定されており、野中寺以南の寺山というのは七世紀末創建の善正寺《ぜんしょうじ》址と推定されている。善正寺址の周辺には、切石の横穴式石室のある方墳一基とさらに、主として終末後期の横口式石槨が点在しており、埴生野《はにゅうの》古墳群が形成されていて、群集墳衰退以後に新たに認められた「氏々祖墓」あるいは「諸氏家墓」の実例であろう。この場合は百済系の同族集団を単位に認められているのであるが、菅野朝臣真道らの文言からも分かるように地域集団による同族の墓地の否定行為が盛んであった。このような氏々祖墓は、人間の力によって「樹を栽えて林とした」（『類聚三代格』巻一六）場合にはじめて自然の山野としての山川藪沢《さんせんそうたく》と区別されて私地になるのであったから、栽樹が採伐され、林の状態が否定されることの意味は痛切であった。

終末後期の古墳は藤原京の時期でほぼ終わっている。この時期の古墳としては、八角墳の形跡のつよい天武・持統陵、円墳と推定される高松塚古墳、江戸時代に文武陵説のあった八角墳の中尾山古墳などが名高く、中尾山古墳では蔵骨器をおさめる横口系の小石室が設けられていて、すでに火葬が実施されていたことはほぼ確実である。このように支配者たちは、方墳からさらに八角墳を採用し、やがて畿内の中枢部でも古墳築造の風習は消滅していくのであるが、これらの八角墳が、寺院の八角の堂塔と関連[43]をもったものか、あるいは唐の祭壇の影響とするかはなお検討の余地があるが、このころになると、日本列島にのこされた遺跡のうえでは、古墳文化にかわって仏教文化の遺跡が多くなるのである。

むすび

私が古墳研究に熱中しはじめて間もない一九五二年に、古墳群の構成や差異が史料になるのではないかと考え、「古墳と古墳群（上）—古墳の史料的把握への一試企—」という一文を『古代学研究』に書いた〔本巻所収〕。それは主として四世紀に限ったもので今日からみると基本資料の脱落があり、細部の修正はもちろん必要である。その時、早急に続篇を書かねばと気がかりになっていたが、いつしか二十数年がたった。その間、一つでも多くの古墳を、できるだけ群として観察することに努め、今回本稿をまとめてみると、はからずも青年の日の続篇になってしまった。あたえられたテーマから必然的にそうなったともいえるし、古墳群がやはり基礎資料であるからだともいえる。そのため、ぜひ書きたかったことで扱いきれなかった事柄がいくつもでた。横穴のこと、壁画古墳のこと、南九州の地下式横穴や地下式板石積石室墓のこと、長野県の積石塚のこと、東北や北海道の古墳のこと、火葬のこと、古墳と寺のこと、石人石馬のこと、埴輪のこと、装身具のこと、髪形のこと、それらについては、先人のすぐれた業績を参照下さることを希望して筆をおく。

註

（1）日本考古学では前方後円墳の規模を簡単に表現する語として、超大型・大型・中型・小型の区別が用いられるが、地域ごとの印象に左右されていることが多い。ここでは四八六メートルの大山古墳（大阪）から、応神陵古墳（大阪）、履中陵古墳（大阪）、造山古墳（岡山）、河内大塚古墳（大阪）、三一八メートルの見瀬丸山古墳（奈良）にいたる六基を含めた。

（2）日下雅義「「応神天皇陵」近傍の地形環境」『考古学研究』二二―三、一九七五年。

（3）日下雅義「地理学と考古学―石川下流左岸を中心として―」。一九七五年六月二一日「古代学研究会例会」（大阪）での発表による。

（4）上田宏範「前方後円墳築造の計画性」『古代学研究』二、一九五〇年、一〇―一七頁。

（5）間壁忠彦・間壁葭子「石棺石材の同定と岡山県の石棺をめぐる問題」『倉敷考古館研究集報』九、一―二三頁。

（6）野守健・神田惣蔵「忠清南道公州宋山里古墳調査報告」『昭和二年度古蹟調査報告』二、一九三五年。
（7） 秋山日出雄「前方後円墳の企劃性と条里制地割」『古代学論叢』末永先生古稀記念会、一九六七年。
（8） 日本考古学での遺跡の命名法は、それぞれの土地での地名を用いることが慣習としておこなわれているが、古墳研究では明治時代に法的に決定された陵墓名をそのまま用いているので、混乱が生じ、また学問の発達の支障となっている。そこで手はじめとして、大山古墳の名称を使用する。
（9） 森　浩一「古市と百舌鳥の古墳群」『古墳文化小考』三省堂、一九七四年。
（10） 梶山彦太郎・市原実「大阪平野の発達史」『地質学論集』七、日本地質学会、一九七二年、一〇一―一一二頁。
（11） U字形の鉄製刃先は機能と民俗例などからスキ・クワ先であることは確実視されていたが、静岡県伊場遺跡で木製スキ先に着装された遺品が出土した（『伊場遺跡第六・七次発掘調査概報』浜松市遺跡調査会、一九七五年）。これにたいして、長方形鉄板の両端を折りまげ、木部に挿入する鉄器があり、U字形鉄製刃先以前のスキ・クワ先に推定する説があるが、簡単な土掘り具であったとしても固い土の耕起具ではなかろう。なお北部九州の数カ所の弥生遺跡で青銅製のU字形刃先が検出され、使用痕のある遺品も出土しているから、今後の研究によっては四世紀代にも同種の鉄製品が用いられている可能性はある。しかし数が多くなるのは五世紀後半以降である。
（12） 薗田香融「岩橋千塚と紀国造」『岩橋千塚』和歌山市教育委員会、一九六八年、五一〇―五二〇頁。

(13) 古代・中世の窯址群には、猿投・知多・渥美・十瓶山などの地名を遺跡群の名称として用いるのが慣例であるのに、陶邑窯址群の場合は、実在の遺跡群に『日本書紀』の地名を安易に結合させている点に方法の混乱がある。
(14) 新羅の王の子、天日槍の従人が近江国鏡村の谷の陶人であるとする伝承(垂仁紀)と百済が派遣した工人中に新漢陶部高貴がいたとする伝承(雄略紀)。
(15) 李 殷昌「土器」『韓国の考古学』河出書房新社、一九七二年、二〇四—二一八頁。
(16) 鏡山猛・木下之治・小田富士雄『帯隈山神籠石とその周辺』佐賀市教育委員会、一九六八年、五六—五七頁。
(17) 森 浩一「南海道の古代窯業遺跡とその問題」『日本歴史』二三七、一九六八年、三四—四八頁。
(18) 堅田 直『日下貝塚』帝塚山大学、一九六七年。
(19) 大野嶺夫「明楽山山塊の古墳群について」『古代学研究』六二、一九七一年、一—一六頁。
(20) 白石太一郎「畿内の後期大型群集墳に関する一試考—河内高安千塚及び平尾山千塚を中心として—」『古代学研究』四二・四三合併号、一九六六年、三三—六四頁。
(21) 同前、四八—六〇頁。
(22) 清水真一「奈良県天理市龍王山古墳群の問題Ⅰ」『古代学研究』六二、一九七一年、同「奈良県天理市龍王山古墳群の問題Ⅱ」『古代学研究』六三、一九七二年。
(23) 宮川芳照・磯部幸男・杉崎章「尾張国日間賀島北地古墳群の調査概報」『古代学研究』四二・四三合併号、一九六六年。
(24) 近藤義郎『佐良山古墳群の研究』津山市、一九五二年。

(25)和島誠一「古墳文化の変質」〝旧版〟岩波講座『日本歴史 古代二』一九六二年、一三七頁。
(26)西嶋定生「古墳と大和政権」『岡山史学』一〇、一九六一年、一六八頁。
(27)同前、一九七頁。
(28)森 浩一「和泉」(「後期古墳の研究」)『古代学研究』三〇、一九六二年、三五—三六頁。
(29)朱 栄憲『高句麗の壁画古墳』永島暉臣慎訳、学生社、一九七二年。
(30)『播磨国風土記』日本古典文学大系2『風土記』岩波書店、一九五八年。
(31)上田哲也『姫路丁古墳群』東洋大学附属姫路高等学校、一九六六年。
(32)樋口隆康・西谷真治・小野山節『大谷古墳』和歌山市教育委員会、一九五九年。
(33)薗田香融編『和歌山市における古墳文化』和歌山市教育委員会、一九七二年。
(34)浜田耕作・梅原末治『近江国高島郡水尾村鴨の古墳』(『京都帝国大学文学部考古学研究報告』八)一九二三年。
(35)上田舒・森浩一・藤原光輝・秋山進午・宇田川誠一『富木車塚古墳』(『大阪市立美術館学報』三)一九六〇年。
(36)前方後円墳の墳丘規模で、古墳の被葬者およびその営造者たちの政治勢力の大きさを比較しようとする試みがしばしばおこなわれている。前方後円墳が単一の国家権力によってきびしい統制下で構築されたのであればこの試みは重要である。ただしその場合も各古墳の年代を正確に把握することが重要で、たとえば被葬者の推定がほぼ確実とされている筑紫君磐井の墓(『筑後国風土記』)に比定できる福岡県岩戸山古墳は、墳丘の全長一三二メートルの前方後円墳であって、六世紀前半での摂津・河内・大和のそれぞれの地域の最大規模の古墳との比較が正確にできると、いわゆる磐井の反乱の実態認識に役立つ。

(37) 森　浩一『古墳の発掘』中公新書、一九六五年、一五二―一六〇頁。
(38) 和田　萃「見瀬丸山古墳の被葬者―「継体・欽明朝内乱」に関連して―」『日本書紀研究』七、塙書房、一九七三年。
(39) 山本　清『山陰古墳文化の研究』山本清先生退官記念論集刊行会、一九七一年、四九―八〇頁。
(40) 尾崎喜左雄『横穴式古墳の研究』吉川弘文館、一九六六年。
(41) 石野博信「兵庫県宝塚市長尾山古墳群」『論集 終末期古墳』塙書房、一九七三年、九―三四頁。
(42) 森　浩一「古墳時代後期以降の埋葬地と葬地―古墳終末への遡及的試論として―」註(41)前掲書、三五―七八頁。[本巻所収]
(43) 菅谷文則「八角堂の建立を通じてみた古墳終末時の一様相」註(41)前掲書、四四五―四七〇頁。

――一九七五年『岩波講座 日本歴史2 古代2』岩波書店

前方後円墳と平城京の三山

一

古墳とは、墳丘をもつ墓であり、墓にはいうまでもなく、遺骸を埋葬する。ごく例外として、海難事故などに遭遇して遺骸のない人の古墳をつくるには、故人の持物などで遺骸の代用にすることはあるだろう。それでも埋葬施設に類する施設はのこすであろう。埋葬施設の有無は、外観上での古墳状の遺構について、それが古墳であるか、古墳以外の構築物であるかを決める一つの重要な条件である。

私が今までに直接に見聞した古墳の発掘で、埋葬施設の検出が成功しなかった例を二つ知っている。一つは、大阪府茨木市耳原《みのはら》の鼻摺《はなずり》古墳である。この古墳（?）は、三方に濠をめぐらした一辺約三三メートルの方墳である。この方墳に隣接して耳原古墳があって、これは二つの石棺をおさめた横穴式石室の開口する円墳として名高い。群構成をも参考にすると、鼻摺古墳も後期古墳と類推されていたが、大阪市立美術館のおこなった発掘では、埋葬施設があらわれず、また過去の盗掘によって埋葬施設の失われた形跡もなく、不思議な〝古墳〟という印象をうけた。

もう一基は奈良市大安寺町にある杉山古墳である。南北に墳丘の主軸方向をおく前方後円墳で、墳丘の長さ約一二〇メートル、前方部の幅約八〇メートル、高さ約七メートル、後円部の径約八〇メートル、高さ約九メートルで、周囲に濠をめぐらしていた痕跡があり、古墳中期ころの前方後円墳と推定される。

この古墳の後円部の発掘は、一九五五年三月二十四日から四月一日までおこなわれた。元号による年度が両年度にかかっているためか、発掘概要は昭和二十九年度の『日本考古学年報七』と、昭和三十年度の『日本考古学年報八』とに収録されている。『年報七』によって「後円部中央に長さ一〇メートル、幅五メートル、深さ四メートルの発掘溝により調査したが、埋葬施設や遺物を見ず」[1]という調査内容がわかるし、『年報八』によって、「内部構造主体は、後円部頂上で約四八平方メートルの広さに、深さ四メートルまで掘り下げたが性質不明の粘土塊が三カ所から、またこの粘土塊の一カ所から土師器の壺一個が検出されたにすぎない」[2]ということがわかる。つまり後円部を四メートル掘り下げたが埋葬施設はなく、また盗掘をうけたというよく見られる状況もまったくなかったのである。私も発掘の終わった直後に見学したが、何とも奇妙な古墳であった。

杉山古墳は、太平洋戦争のころ、食糧難のため畠に開墾されていたことがあり、そのため本来あったと推定される埴輪（『年報八』によると、円筒埴輪と家形埴輪）や葺石の遺存も良くないが、開墾によって古墳が損傷をうけるのは墳丘の表面部分であり、大型・中型の前方後円墳の埋葬施設が開墾にともなう土の攪乱のために消失するほどの損傷をうけることはまずなかろう。

一九七六年九月十六日から三十日まで、大安寺旧境内の第二次発掘がおこなわれた。この調査で、杉山古墳外堤にたてられていて、大安寺造営の削平工事で除去されたと推定される一六〇片の埴輪が出土した。ほとんどが円筒埴輪である。その埴輪を観察した関川尚功氏によると、若干の須恵質埴輪を含んでいた。それを佐紀古墳群の主要古墳と比較すると、ウワナベ古墳の埴輪より少し時期的に下降し、五世紀後半のやや古い時期とする結論[3]をえている。

一九七六年の大安寺旧境内の発掘によって出土した埴輪による杉山古墳の年代観は、墳丘や周濠の状況からみても妥当な見解である。その年代観は、平城宮北方に点在する佐紀古墳群の形成途上に求めることができる。佐紀古墳群に属する主要古墳は、今日天皇陵や陵墓参考地になっているものが多く、江戸時代の『元禄山陵図』や『前王廟陵記』などの古記録では佐紀石塚山古墳、佐紀陵山古墳、コナベ古墳などで石棺の存在を記していて、その場合、いずれも後円部の頂上部にある。そのことは、これらの古墳では中世に祭祀や管理がたえ、さらには盗掘などによって地上に埋葬施設が露出したものであることを推測させる。このことによって、佐紀古墳群の主要古墳の埋葬施設は、後円部頂上直下にあることを示していて、杉山古墳のように四メートルも掘り下げて見当たらないというのは中期の前方後円墳として異常なことである。

二

杉山古墳[4]が研究者のあいだで注目されているのは、平城京内にあること、さらにいえば大安寺の旧境内に位置することである。しかも旧境内にたまたまとりこまれたというのではなく、七四七(天平十九)年二月十一日に作製された『大安寺伽藍縁起幷流記資財帳[5]』によると、大安寺の寺院地の一構成単位の「池幷岳」として記帳されている。因みに、大安寺の寺院地は、塔院、堂・僧坊等院、禅院、食堂・太衆院、池・岳、賤院、苑院、倉垣院、花園院からなっているから、池幷岳として登録された杉山古墳はたんなる敷地の一部ではなく、古墳としての人為の構築物が資財として扱われたのである。なお「岳」について参考となるのは、中国吉林省集安(通溝)にある高句麗の太王陵で使われている「願太王陵安如山固如岳」の文字磚である。この基壇式積石塚は、高句麗の王陵であることは確実で、好太王陵とする説もあるが、それはともかくとして、〝山〟と〝岳〟についての違いを知ることができる。

平城京内に、造都以前から存在していた古墳が造都にさいしてどう扱われたかについては杉山古墳の例のほか、さらに二つの場合がある。

①大極殿跡の東北の地下に痕跡をのこす神明野《しめの》古墳の例で、墳丘の長さ約一〇〇メートルの前方後円墳が地上部分を完全に削平され、かつ地上部分が大極殿として利用された。この場合

は、古墳が地上からは完全に抹殺されたのである。

②宮外に現在では大円丘（もとの後円部）をのこし、宮内にとりこまれた前方部の削平された市庭《いちにわ》古墳の例である。後円部が平城天皇陵として扱われている市庭古墳は、復元すると墳丘の長さ約二五〇メートルの前方後円墳であることがわかったが、この場合、削平と新しい用途への利用が前方部に限られている。なお後円部が故意にのこされたかどうか、さらに仮に故意である場合の理由についてもいくつか考えられるが、これについては後にふれることにする。

三

平城京の造営にさいして古墳の破壊されたことについては、考古学の成果によって明らかになっただけでなく、文献史料からも知られている。七〇九（和銅二）年十月、造平城京司に勅として「若彼墳隴、見発掘者、随即埋斂、勿使露棄、普加祭酹、以慰幽魂」（『続日本紀』）と命じている。このときの勅の対象が、宮内の神明野古墳であったのか、それとも左京一条四坊で削平された二つの小型の前方後円墳（平塚一号墳）などをも含んでいたのかはわからない。しかし平城京域の発掘によって平塚一号墳、二号墳の例が示すように、造都にさいして削平されたのは宮内だけでなく、京内にも及んでいたことが判明した。

平城京内での古墳の破壊は、造都にさいしての工事で終わったわけではない。七八〇（宝亀十二）年十二月、左右京に勅して「今聞、造寺悉壊墳墓、採用其石、非唯侵驚鬼神、実亦憂傷子孫、自今以後、宜加禁断」（『続日本紀』）と述べている。この勅によって、古墳の破壊が造都にさいしての工事だけではないことがわかるが、この場合は、土地空間をつくりだすことではなく、古墳の石をとることが目的であったこと、さらに古墳の子孫が明らかであったことなどが知られる。そうなると、杉山古墳が造寺にさいしての被害にあうことなく、いちはやく、大安寺の資財としての扱いをうけていたことがいよいよ興味ぶかいのである。蛇足ながら、宝亀十一年の勅が述べているのは、古墳を削平して寺の敷地に利用することではなく、古墳の石をとることに目的があったことがわかる。古墳の石といえば、つい竪穴式石室の天井石や横穴式石室の巨石といってよいような石材をおもい浮かべるけれども、むしろ平城京域にある古墳についてで考えるならば、葺石が庭園用の礫石（磔）としてねらわれたのではないかとおもう。

造都にさいしての古墳の破壊は、平城京がはじめてではない。難波宮の造営にさいして「冬十月、為入宮地、所壊丘墓、及被遷人者、賜物各有差」の処置が六五〇（白雉元）年にだされている（『日本書紀』巻第二五）。難波宮のある上町台地北端部では、まだ古墳そのものの破壊例は知られていないが、三輪玉、小玉、金環など古墳の副葬品の一部と推定されるものが整地土層から発掘されているし、上町台地の最北端の大阪市大淀区本庄東四丁目からは家形埴輪が出土し、古墳のあったことが推定されている。

造都による古墳の破壊は、藤原京においてもおこなわれた。藤原京については、六九三（持統七）年二月、造京司衣縫王《いぬいおう》らに「収所掘尸」と詔している。掘りだす所の尸《かばね》を収めさせたという記事だけでは、破壊の対象が古墳なのか古墓なのかはわからないが、藤原京域からは埴輪が出土していて、まだ平城京ほどには古墳破壊の実態は明らかとなっていないが、ここでもかなりの数の古墳が破壊されたようである。このほか長岡京の造営にさいしても、直径二三メートルの円墳が削平されていることがわかった。この古墳は、山開古墳と命名され、周濠内から子持勾玉が出土していて、五世紀代の古墳であろう。

四

難波宮、藤原京、平城京、長岡京などでの造都にさいしての古墳の破壊例をみてくると、杉山古墳の問題がいっそう奇異に感じられる。結論を先に述べるならば、杉山古墳は造都全体の計画性のうえから必要とされ、存続させられたと考えるのである。

七〇八（和銅元）年二月、平城遷都の詔がだされているが、その一節に「方今平城之地、四禽叶図、三山作鎮、亀筮並従、宜建都邑」がある。この有名な詔についてことさら付言することはないが、私が関心をもつのは、〝三山鎮を作し〟の件りである。

この三山について、平城京調査に長年たずさわっている金子裕之氏は、藤原京での耳成、香具、畝傍の三山と平安京での船岡山、神楽岡、双ヶ丘の三つの山の位置関係を考慮にいれ、平城京の三山も平城京の周辺に求めなければならないとする見通しをたてた。金子氏はさらに平城京の三山として、北の山は「平城天皇陵」、東の山は春日社の神体山としての御蓋山、西の山には垂仁天皇陵をそれぞれの候補にあげた。[6] この金子説では、三山のうち北と西の山が前方後円墳を利用しているのにたいして、東の山は自然の山という違いがある。

私は、文献上での記載では垂仁陵という表記を使うが、遺跡名としては普通の古墳の命名法によっていて、平城陵は市庭古墳、垂仁陵を宝来山古墳としているので以下の記述ではそれによる。ところで市庭古墳は墳頂部が海抜八六メートル、宝来山古墳は九二メートルとさほどの差はないのにたいして、御蓋山は二八三メートルあって、いちじるしく異なる。平城宮の朝堂院での海抜は約六五メートルであるため、三つの山を比高で示すと、市庭古墳は約二一メートル、宝来山古墳は約二七メートルにすぎないのに、御蓋山は約二一八メートルもあって、仮に三山とするには比高差が大きい。

このように考えてくると、平城京内の東部にある杉山古墳が浮かびあがってくる。この古墳が『大安寺伽藍縁起幷流記資財帳』には「池幷岳」として記帳されていることについてはすでに述べたが、五世紀ごろに造営された前方後円墳を、外観上では依然として前方後円墳状の構築物であるにもかかわらず、池と岳としての土地柄になるについては、おそらく厳粛な埋葬施設をぬきとる行為があったのであろう。これもすでに述べたことだが、後円部を掘り下げても、埋葬施設が見つからず、しかも盗掘の形跡がなかったというのは、埋葬施設を他へ移したとす

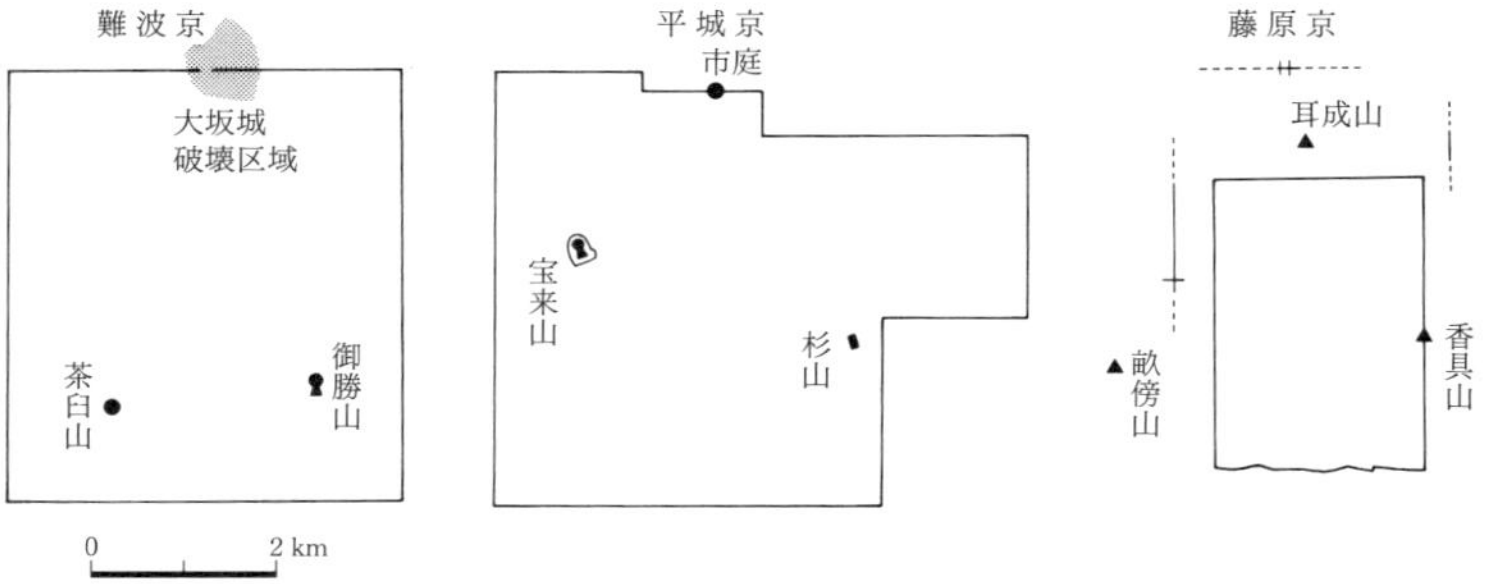

藤原京・難波京・平城京の三山・三古墳

るのが一案であろう。とすれば一九五五年の発掘で粘土塊が出土しているのは、杉山古墳の埋葬施設が粘土槨であって、移葬にさいして小塊がのこされたという推測もなりたつのである。

　前に紹介した金子氏は、日本の都城における三山を神仙思想による蓬萊、方丈、瀛洲を意識したもので、それによって宮城が不老不死の永遠の理想郷であることを意味したという説をとっている。その場合、「神仙伝説の三山は海中であるとされるのに対し、内陸部の小丘にあてはめてよいものかどうか」と自問し、将来への検討点にしている。だが前記の資財としての表現に「池弁岳」として記帳されているのをみると、池が意識されているのに気付くのである。つまり杉山古墳のような約一二〇メートルの墳丘の中型の前方後円墳では、濠がさほど目立つことはないのに、その濠が資財の明細になっている。

　宝来山古墳は、大和に数多い周濠をもつ前方後円墳のなかでも周濠部分がくっきりしていることで名高い。もちろん東南部の一部は幕末に拡張されているが、その部分を除いてもたいへん水域が広い。また市庭古墳でも、後円部側の内濠・外濠はともに存続させられ、とくに外濠は園池として模様がえされた形跡がある。このように平城京の三山を市庭、杉山、宝来山の三前方後円墳に想定すると、岳としての墳丘部分と、池としての濠の部分の両方に利用価値があったようである。

五

平城京造営にさいして、北と東西に三山を配する思想は、藤原京の景観を踏襲したとみてよかろう。だが大きな問題は、耳成、香具、畝傍の三山が自然の山であるのにたいして、平城の三山は造山であり、しかも平城京より二、三百年以前に造営された墓山であった。そこで、市庭、杉山、宝来山の三古墳が確かに三山として利用されたかどうかについて、今後の検討点をあげておこう。

①杉山古墳は、埋葬施設を移築した可能性が強く、埋葬施設を撤去したあと〝岳〟として扱ったとすると、市庭と宝来山の二古墳はどうであるのか興味ぶかい。市庭古墳と宝来山古墳は、ともに陵としての指定をうけていて、現状調査は認められないが、過去の記録では宝来山古墳には一八四九（嘉永二）年九月に百姓佐蔵が盗掘をしていて、そのさいの奈良奉行による取調書では、長持形石棺とおもわれるものがあったようである。[7]

②宝来山古墳の長持形石棺について、さらに考えねばならないのは、人骨や副葬品を移葬して石棺を空の状態にしたのか、それとも八世紀初頭の段階で、陵として扱われていたため、陵と山との二重の性格をもたされたのかということである。これは、検討点としてあげるにとどめる。

③もう一つの問題は、杉山古墳の東方には、規模の点では杉山古墳より小さいが墓山古墳と野神古墳という二基の前方後円墳があることである。とくに野神古墳は、竪穴式石室に家形石棺がおさめられ、副葬品ものこされていたから、平城京造営にさいして、移葬した形跡はない。したがって同じ古墳群にありながら、杉山古墳だけが別扱いをうけたとしてよいか。この点も検討点になる。

④都城と三山の配置は、平安京にも指摘されているが、この場合は船岡山、神楽岡、双ヶ丘の三山でいずれも自然の山である。これにたいして難波京では、京域の東に御勝山古墳があり、西に天王寺茶臼山古墳がある。天王寺茶臼山古墳は、最近の試掘では古墳かどうかにも疑問がでていると聞くが、もしそうであれば人工的に築いた三山の一つの可能性がある。ただ難波京の北部は、石山本願寺や大坂城の造営によって旧地形が大きく変更されているため、この部分での〝山〟の存在はわからなくなっている。それはともかく難波京にも古墳利用の三山があった形跡があるけれども、ここでは指摘するにとどめておく。

以上、杉山古墳をめぐって一つの仮説を述べた。

古墳時代後期が終わって、すでに前方後円墳を造営することのない終末期をむかえると、過去につくられた前方後円墳にたいする考え方にも変化が生じるのは当然のことであろう。平城京北方にある松林苑でも、塩塚古墳が園池にとりこまれ、前方部を平坦にし、瓦葺の亭を設けた形跡がある。つまり過去の古墳についても、忌避することなく、積極的に再利用することも知られている。古墳が八世紀以降どのような扱いをうけたかの変遷も、日本人の精神史を知るうえで見逃せない。資料不足ではあるが、一文を草した次第である。

註

（1）末永雅雄博士執筆。
（2）小島俊次氏執筆。
（3）関川尚功「大安寺七六―二次調査出土の埴輪」『奈良県遺跡調査概要 一九七六年度』橿原考古学研究所、一九七七年。
（4）杉山古墳の名称の「杉山」については、『多聞院日記』一五六六（永禄九）年四月十二日の条に「大安寺杉山」とあるのが古い例である。
（5）竹内理三編『寧楽遺文』中巻、一九六二年。
（6）金子裕之「平城京跡」『月刊文化財』一九八三年八月号。

（7）田中英夫「長持形石棺の再検討」『古代学研究』七七、一九七五年。

――一九八八年『橿原考古学研究所論集 第九』吉川弘文館

古墳時代後期以降の埋葬地と葬地

古墳終末への遡及的試論として

はじめに

一九五〇年ごろから、日本考古学で盛んに使われだした「古墳時代」という時代名は、そののち、発想を異にする別の名称の提案もあったけれども、駆逐されるきざしはよわい。この時代名は、日本歴史の時代区分を確立するための作業過程として、物質史料から整理された現段階での結果にもとづくものではあるが、日本列島のいたるところに高塚古墳や横穴（以下両者を古墳とよぶ）を造営した時期が数世紀間存在したということは、視覚的に設定することのできる時代特色として軽視すべきではない。

現在、古墳時代研究において、弥生時代からの変遷の分野に関心が集まっているようであるが、それにもおとらず終末問題では未解決の問題が山積している。この稿は主に平安京周辺地域での八～九世紀の造墓地と埋葬地の性格やたどりゆく方向を氏々祖墓のそれと比較することを通して、古墳時代終末の原因について遡及しようとするものであるが、本論にはいるまえに古墳時代終末期についての私の考えを少々整理しておこう。

一　後期と終末期

1　造墓期と追葬期

古墳が造営された最後の時期を、そのまま古墳時代終末期とよぶべきではなかろう。畿内を例にとると、七世紀後半や八世紀になっても、前代におとらぬ規模をもった天皇陵や少数の皇族や貴族の墓が構築され、その傾向は九世紀初めにまで継続されている。これらのごく少数の陵墓においても、高塚造営の風がたえるのは、淳和（八四〇年死）、嵯峨（八四二年死）の両天皇の崩御にさいしての徹底した薄葬の実施以後であり、のちにふれるように、この時点での薄葬は、造墓に制限をくわえ、葬事を簡略にしたものではなく、埋葬地ひいては墓地を否定するという注目すべき側面をもっている。このように、たとえ少数例にしても、造墓を前提にした厚葬の風は、畿内においては九世紀初めまではつづいているのである。しかし、少数の陵墓にみられる古墳の構築の継続は、広義の古墳文化の最終末の様相ではあっても、全国的なひろがりにおいて規定できる古墳時代の終末とは別個の扱いをした方がよかろう。

一九六二年に後期古墳の問題を少々概括したとき、後期を特色づける最大の条件として、

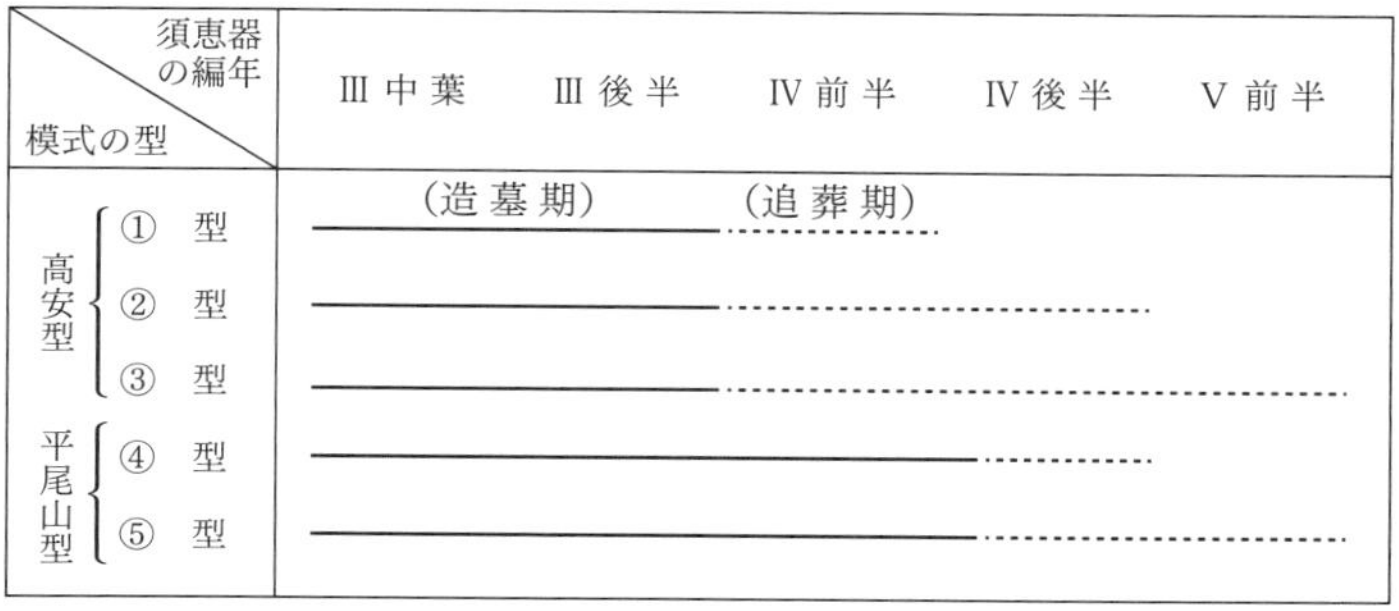

図1　群集墳の造墓期と追葬期の模式図

「群集墳の全国的発生」をあげたことがある。[1]その稿のなかで、おもに小円墳で構成される平面的な群集墳も、封土をもたない横穴で構成される立体的な群集墳も、須恵器編年私案のⅢ後半〜Ⅲ末（のち、Ⅲ後半をⅢ中葉、Ⅲ末をⅢ後半とそれぞれの名称だけを変更した。[2]以下その名称による。一七五頁挿図参照）で群形成いいかえれば、群としての拡大を終わるものが多く、畿内ではⅣ前半になってあらたな古墳を造営し、なお拡大をつづけていた群集墳は少ない事実を指摘した。さらに横穴式石室の内部において、従来共存関係にあるとして漠然と認識されていた副葬品のうち、第一次埋葬時の副葬品よりも型式の新しい副葬品は、追葬という事態で混じたものが多く、そのような追葬がひろくみられることを指摘した。以上の関係を模式図に示すと図1のようになる。

　この模式図にあらわした造墓期には、群集墳が空間的に拡大したり、さらに一般的には密集度がつよくなるのだが、群を構成する古墳数が増加することはいうまでもない。造墓期にもすでに造営された古墳に追葬[3]することはまれではないが、その場合の追葬は個々の古墳の問題で、群としては造墓期にほかならない。追葬期とは、群集墳の拡大、数的増加が終わってからひきつづきその群内の横穴式石室が追葬に利用されている時期をいい、数世代をへだてて偶然に利用される場合は別に扱っている。

2　後期と終末期の区分

模式図に示した①~③と④⑤の相違は群集墳形成の終焉の時期のずれであることは明らかであるが、私の見たかぎり①~③に属する群集墳が多い。仮に①~③には大阪府八尾市高安千塚[4]の名をとって高安型、④⑤には大阪府柏原市平尾山千塚[5]の名をとって平尾山型と称しておこう。つぎに①~③、④⑤の二組内での相違は追葬期の終焉にある。この問題を詳細に論じるのは本稿の目的ではなく、厖大な資料を整理してから検討することにするが、この場合③と⑤のようにV型式の須恵器の時期まで追葬期がつづく例は少ないようである。もちろん群集墳のゆきとどいた調査研究例がきわめて乏しく、可能性として指摘するにとどめるが、各地の群集墳は造墓期の終焉の時期にさほどのバラツキがないばかりか、その利用期としての追葬期の終焉の時期にもさほどのバラツキが認められないのである。もしこの観察に一応の妥当性があるならば、造墓活動と追葬活動の終焉には、そのことを生ぜしめた重要な背景があったにちがいない。

そこで、以上にのべた観察結果を前提にして、古墳時代後期とは大勢として群集墳の形成

(造墓活動)の終わるⅢ後半までで、時代区分上での古墳時代は後期までとすべきであろう。仮に実年代をあてるとすると七世紀初頭前後にあたる。それ以降は終末期と総称するが、内容的に終末前期と終末後期に二分できる。終末前期は、先述の一部の群集墳(平尾山型)の形成期、多くの群集墳の追葬期であるⅣ期にほぼ相当し、古墳群の形をとってあらたに築かれるのは切石造りの壮大な横穴式石室が多い。終末後期になると、あらたに築かれる古墳の数はさらに少なくなり、小型化した横穴式石室や横口式石槨が採用されるようになり、かつての群集墳は利用されることもまれで凍結された形になったものが多い。

3　追葬期以降の群集墳

前項でふれたように、畿内の代表的な群集墳での追葬期は、ほとんどが須恵器型式のⅣ期で終わっているようである。奈良県山口千塚、竜王山古墳群、新沢千塚、大阪府高安千塚、平尾山千塚、陶器千塚、信太千塚、塚原古墳群などを通観しても、Ⅴ型式の須恵器を継続的な追葬によって副葬品に加えた例はほとんど聞かない。これらの群集墳では、個々の古墳の横穴式石室に追葬例がとぼしいばかりでなく、おそらく当代人が墓地地域と意識していたであろう群集墳所在地内に、単独で埋められた骨壷などの蔵骨器、あるいは小石室などの新形式の埋葬施設が見出されることもまれである。このことは、六世紀から七世紀初頭にかけて旺盛な造墓活動と、それを前提にした埋葬活動を行なっていた同一の墓地が七世紀後半から八世紀になると、造墓はもとより埋葬に利用することも少なかったことを示している。

　試みに、畿内での墓誌を伴った墳墓の所在地について一瞥しよう。六六八（天智七）年の船《ふねの》首王後《おびとおうご》の墓誌から七八四（延暦三）年の紀朝臣吉継《きのあそんよしつぐ》の墓誌にいたる一三例のうち、群集墳の所在地内にあったものはない。そのなかで、奈良県天理市岩屋町出土の佐井寺僧道薬《どうやく》の墳墓(6)と京都府右京区大枝町塚原出土の宇治宿禰《うじのすくね》の墳墓(7)とは、それぞれ群集墳に近接しているのが注目される。すなわち、道薬の墳墓は岩屋谷古墳群の支群の位置にある十三塚古墳群の北西約一〇〇メートルにあり、宇治宿禰の墳墓は大枝山（塚原）古墳群の南方約四〇〇メートルにある。この二例も群集墳に近接した位置にあるだけであり、群集墳をのこした集団の後裔が墓誌に銘された人物であると考えられる積極的な条件は乏しいようである。

　群集墳が形成されなくなり、さらに追葬もほとんど絶えてからの状態を以上のように観察したが、このような現象が一般的であるならば、群集墳を営みそこに埋葬された集団の後裔たちが、みずからの意志によって群集墳所在地を利用することが許されない事態が生じていたことが予想されるし、ひいてはそのような事態が追葬期そのものをも短期間に終わらせたことを考えせしめるのである。その事態とは仏教や火葬の影響、あるいは姓制の変化の墓制への反映では説明できないものであろう。二章以下で、八〜九世紀の埋葬地や葬地の性格を展望することによってその事態について推測できるかもしれない。

4　横穴式石室のある群集墳の性格

あまりにも常識的であるので論じられず、見過されていた問題がある。群集墳は多くの場合、横穴式石室を施設する古墳で構成されている。横穴式石室は、一見小規模であっても、天井石や側壁の石材は、竪穴式石室の用材にくらべると大きく、巨石と表現してよいものが大部分であろう。このような巨石は、粘土槨の粘土、木棺の木などと基本的に異なるのは永久不変の材である点である。つまり巨石を使った古墳は、永久堅固な特色をもっているため、それが構築せられた土地そのものが永久にその墓によって占有され、他の目的の使用は不可能である。視点をかえると横穴式石室をもつ群集墳とは、それが形成されつつあった時点においては、仮の、あるいは短期間の埋葬地であるということは、全く考慮されておらず、永久に存続することが当然とされていたのである。しかもこのことは、群集墳を営んだ集団だけがもった意識ではなく、他の地域集団や、地方や中央の政治権力も干渉しないという慣習があったと考えられる。群集墳をつくる単位が、血縁集団ばかりか、それとも地縁集団もあったのかはともかくとして、そのような「群集墳集団」が、ある一定の土地をその墓地として永久に占有することが他の集団、または地方や中央の政治権力によって承認される状態があった(8)から、六世紀から七世紀初頭にかけて、広範な地域に群集墳が出現したのである。仮にこの時期に一般的であった占有関係で成立した墓地を「群集墳型墓地」とよんでおく。

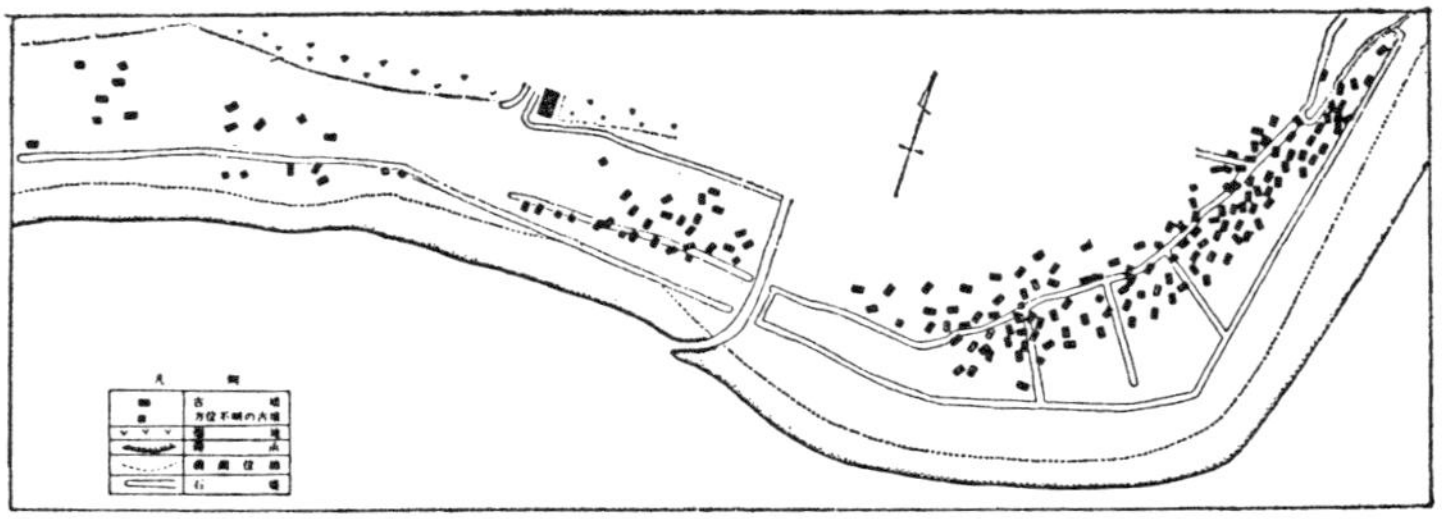

図２　見島古墳群の分布図
（斎藤忠・小野忠凞『見島古墳群』による）

石材を造墓に使うことにたいする制限は、孝徳紀におさめられた六四六（大化二）年のいわゆる薄葬令にうかがうことができる。この令では「王より以下小智以上の墓は、宜しく小さき石を用いよ」（『日本書紀』史料①）と規定されており、それをふまえて規定を読むと「庶人亡なん時には地に収め埋めよ」の埋葬には小さき石も使用できなかったのであろう。大化の薄葬令が反映するのは、すでに群集墳型墓地において新しい古墳がつくられなくなった時期のことであろう。

　群集墳型墓地は全国一律に七世紀初頭で消滅したのではない。その例として、日本海に浮かぶ山口県萩市の見島にある見島古墳群[9]をみよう（図2）。これは約二〇〇〇基の積石塚で構成されていて、石室からは和同開珎・神功開宝・隆平永宝・承和昌宝・貞観永宝などの銅銭が出土しており、とくに貞観永宝は八七〇年に鋳造されたもので、この古墳群の形成または利用の下限を決定することができる。銅銭や須恵器の検討によって、見島古墳群は七世紀とくにその後半ごろから一〇世紀初頭まで営まれたことが推定される。見島古墳群は、各古墳に顕著な封土がなく、弥生時代の密集墓（たとえば福岡県夜須町八並）に共通した性格があり、後期の典型的な群集墳とは異なる。しかしそれにしても、このような沿海的離島にみられる古墳時代終末前期以降に形成された一種の群集墳は、その成立の原因の一つに群集墳型墓地を認めている古い土地関係の存続を考えることが必要であろう。

二　平安京周辺地域での埋葬地と葬地

1　深草山型埋葬地

古墳時代の終末期以後、とくに八～九世紀における造墓と葬送の実態を文献から復原するため、史料が比較的豊富な現在の京都市市街地とその周辺を対象にしよう。この地域は律令制下においては、北東部が愛宕《おたぎ》郡、南東部が紀伊《きい》郡、北西部が葛野《かどの》郡、南西部が乙訓《おとくに》郡に分かれ、さらに紀伊郡の東方と南方には宇治《うじ》郡がつづいている。地形的にみると、盆地の北・東・西は山地でかこまれ、北方山地の水を集めたかも川が盆地の中央を南下し、北西方から流れてきた桂川と合してやがて淀川にそそいでいる。かも川は、現在では賀茂御祖神社の南方で、近江との境途中越《とちゆうごえ》に源を発する高野川と合し、盆地の東よりを不自然な姿で迂回しているけれども、これは平安京造営にさいして、京域ぞいの外側へつけかえた人為の流路であり、もとは賀茂別雷神社付近からほぼ直線で南下しており、その河筋の名残りが堀川であろうと推定されている。

京都盆地の南西には、七八四（延暦三）年に、長岡京が造営され、短期間ではあったが都となり、さらに七九三年以降、この地域の中央平坦部の大半が平安京で占められ、さらに新たな人たちの移住が活発になるにつれて、この地域に新都造営の以前から居住していた人たちの造墓や葬送の慣行に変化が生じたことも当然おこったであろう。

七九二（延暦十一）年八月、次のような禁制が出ている。「禁レ葬二埋山城国紀伊郡深草山西面一。縁レ近二京城一也」（『類聚国史』巻七九、史料②）。この時、葬し埋むるを禁じた深草山は、東山の南方の山地、今日の稲荷山一帯の総称であろうが、七九二年には都は長岡にありそこから深草山までは六キロ離れている。たしかに喪葬令の規定では、「凡皇都及道路側近並不レ得二葬埋一」（『令義解』巻九、史料③）とはあるが、この条文を適用しての禁止であったのか、ほかに理由があったのかはわからない。しかし、史料②によって、八世紀末に京都盆地に居住した紀伊郡の地域集団が利用する一つの埋葬地が、深草山西面であったことが知られる。深草山は、厳密には稲荷山の南につづく一山塊であるが深草の地名が稲荷山の西麓では南北にひろく使われているから、当時は稲荷山全体の呼称であったのであろう。

稲荷山の西面には平安時代以降の天皇・皇族・貴族・僧侶らの墓が点在している。また前期と中期の古墳もいくつか存在の痕跡をたどることはできる。

前期古墳としてまず注意されるのは稲荷三峯《いなりさんのみね》古墳である。稲荷山の山頂に近い尾根（海抜約一九〇メートル）上に位置し、墳形は稲荷信仰の奉祭物であるお塚の建設でいちじるしく変わっているが、全長五〇メートル前後の南面の前方後円墳の可能性がつよい。この古墳（前方後円墳とすれば、後円部の頂上の位置）から一八九三年に銅鏡二面と一個の鉄器が発見されている。銅鏡は、二神二獣鏡と変形四獣鏡である。今日まで伝わっていない鉄器は当時の発見記録[10]に「竪六寸、横幅二寸、目方三百五十五匁」とあるので前期古墳に時々副葬されている短冊形鉄斧と推定される。この古墳は畿内の前期古墳でも山頂部に築かれたもののうち代表例といってよかろう。

稲荷山の南西麓には前期から中期にかけての古墳群が復原される。これを深草古墳群と呼んでおく。確実に遺跡の認められるのは、国鉄奈良線で寸断された西面の前方後円墳の番神塚《ばんじんづか》が深草極楽寺町にある。その南東約六〇〇メートル、現在の仁明陵が築かれているすぐ北側で、名神高速道路開設の事前調査が行なわれた時、おびただしい円筒埴輪の破片が出土し付近に古墳があったことを推測させた。この埴輪をもっていた古墳を深草瓦町古墳と名づけておく。仁明陵の南東三〇〇メートル、浄蓮華院の境内に桓武陵の伝説が付会されたやや規模の大きい円墳がある。後期まで年代が下ることも考えられる。さらに仁明陵の東方約四〇〇メートルに車輪石が出土したと伝えるケンカ山がある。しかし名神高速道路開設前の調査では古墳の痕跡は見出せなかった。

深草古墳群は、記録や伝承でその数をふやすことができる。しかし、以下に述べる古墳はすでに説明した古墳と重複するかもわからない。仮記号をつけて、内容を述べよう。

a号墳、極楽寺に所蔵されている遺物群から存在が推定されるもので、変形六獣鏡と銅鏃一五個がある。

b号墳、松浦弘の『撥雲余興《はつうんよきょう》』(11)に一八五四（安政元）年に山城国深草山で掘り出した遺物の記載がある（図3）。本文に記された六花鏡は内行花文鏡と推定されるが、七個の石製品の図を掲げているのは役に立つ。現代風の名称にすると、車輪石二、石釧三、変形石釧一、紡錘車（？）一であり、地名の詳細を欠くとはいえ資料として十分使うことができる。

c号墳、仁明天皇の深草陵（位置やや不明）の東方、同じく後深草陵の南方に平安時代にあったと推定される古墳である。『三代実録』によれば、貞観八年十二月二十二日に勅によって、深草陵の四至を改定している。それには、「東至㆓大墓㆒。南至㆓純子内親王冢北垣㆒。西至㆓貞観寺東垣㆒。北至㆑谷」（『三代実録』史料④）とあり、四至の目標になるほどの大墓があった。この大墓は『延喜式』諸陵寮の後深草陵の四至にもでている。すなわち「東限㆓禅定寺㆒、南限㆓大墓㆒、西限㆓極楽寺㆒。北限㆓佐能谷㆒」（史料⑤）とある。

深草古墳群は、このように復原するとすでに失われた姿をたどることができるが、このうち、a号墳と深草瓦町古墳、c号墳と深草瓦町古墳、あるいは、a号墳、c号墳と深草瓦町古墳が同一古墳である可能性があり、ケンカ山とb号墳の関係についても同じことを考慮しておく必要がある。しかし以上の操作によって前期から中期におよんで盛んに形成された古墳群の存在を確実に復原することができた。

さて私の関心は深草山西斜面での後期古墳にある。後期古墳としては、前記の深草古墳群の南東端の位置に一基の小型の横穴式石室がある。古く山伏塚と呼んだものに相当するようであり、深草古墳群の形成の最後の古墳であろう。この山伏塚以外には、史料②にあらわれた深草山西斜面には後期古墳、とくに群集墳が存在した証拠は何も見出すことはできない。とすれば

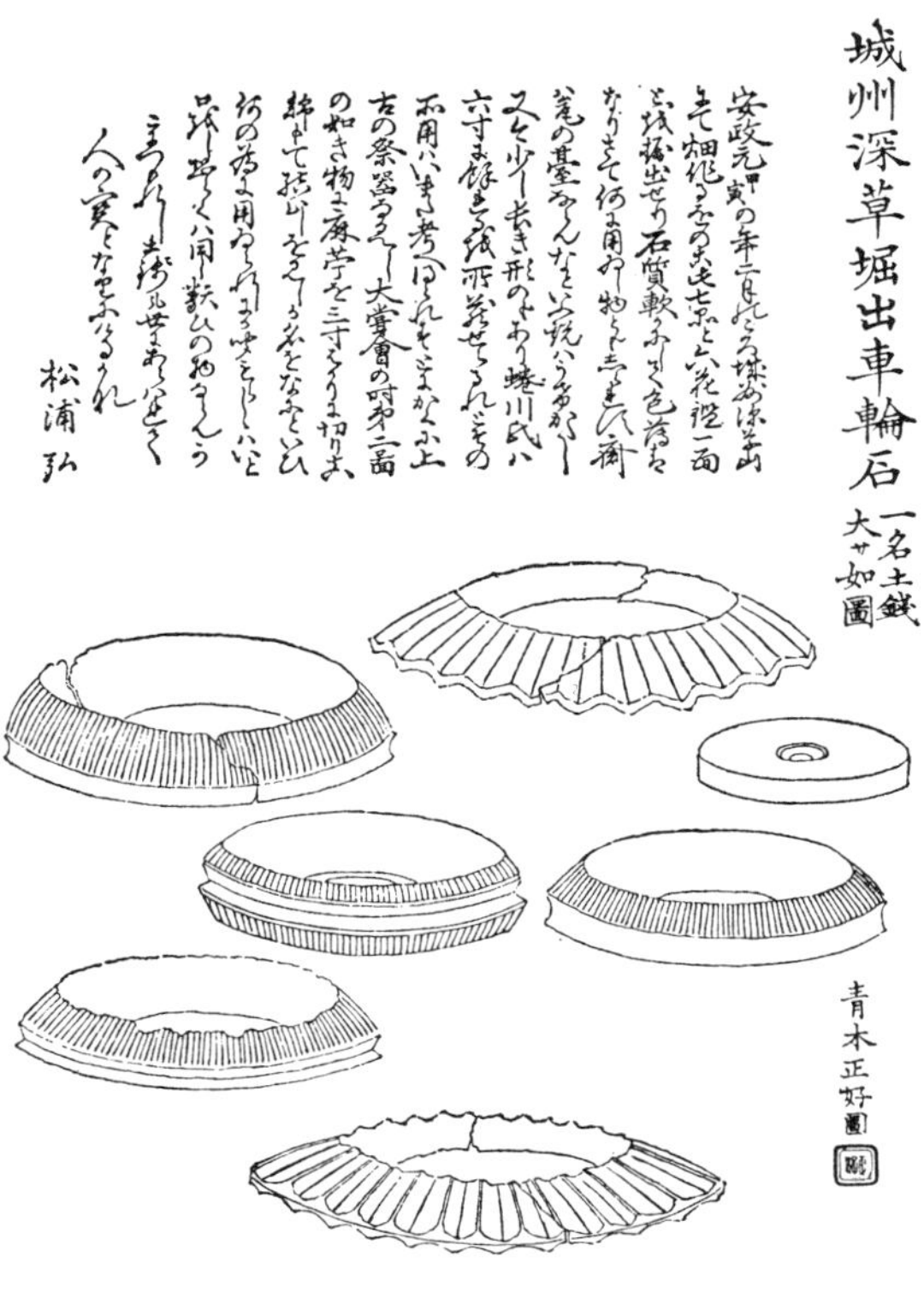

図3　深草b号墳の遺物
（『撥雲余興』二による）

深草山埋葬地は横穴式石室に代表されるような永久堅固な石材を用いた墓に葬る墓地ではなく、埋葬のみが慣習として地域の諸集団によって認められていた可能性がつよい。このような造墓を前提にしない埋葬地を深草山型埋葬地と名づけるが、その発生が群集墳の造墓期に平行するか、あるいは追葬期に平行するか、それとも古墳時代終末前期以後にあらわれるのかを考察する資料は今の段階では欠いている。この型の埋葬地の発生の時期の問題は今後の検討にまつとしても、深草山埋葬地が、考古学でいう群集墳ではなく、またそれを追葬で利用したのでもないことと、埋葬地のなかに小石室といえども造られた墓の認められる地ではないの二点は結論として導きだせるのである。

深草山西面で埋葬を禁じた翌七九三年八月「禁下葬二瘞京下諸山一及伐中樹木上」(『類聚国史』巻七九、史料⑥)と制しており、しだいに埋葬地としての山地がうばわれているのである。八六六(貞観八)年九月、次のように勅している。

禁レ葬二歛山城国愛宕郡神楽岡辺側之地一。以下与二賀茂御祖神社一隣近上也。

(『三代実録』史料⑦)

神楽岡はかも川の東、如意が嶽の西にある吉田山の別名で、史料⑦によって神楽岡辺側の地、つまり斜面が九世紀においてなお地域の集団の埋葬地として利用されていたことが察せられる。

神楽岡周辺は住宅開発がかなりすすんでいて観察はむずかしいが、ここでも群集墳があった痕跡は見出せない。

深草山西面と神楽岡周辺に存在していた、八、九世紀の埋葬地についての特色を列挙すると次のようである。

一、山地形である。

二、禁制の文脈から推定すると、この埋葬地を利用する集団は特定の血縁集団ではなく、地縁関係で結ばれた地域の諸集団の共同利用が慣習化していたらしい。

三、埋葬地域内に群集墳がなく、この埋葬地の年代がいつまで遡るかはともかくとして、石材による永久堅固な造墓を認めない埋葬地であった。

四、紀伊郡では深草山、愛宕郡では神楽岡という具合に、一郡一処的、少なくとも一郡に少数地にまとめられている傾向がある。この傾向はすでに大化の薄葬令のなかで庶人の埋葬にふれたあとで、「凡そ畿内より諸国等に及ぶまで、宜しく一所に定めて収め埋めしめよ。汚穢しく処々に散し埋むることを得ず」（『日本書紀』史料①）の規定にも共通した形をみることができる。なお大化薄葬令は、六四六年の事件と考えているのではなく、その前後の状態を反映したものとして、史料的価値を見出していることをことわっておこう。

葛野郡についても間接的に埋葬地の存在を物語る史料がある。それは八〇六（大同元）年三月にあった桓武天皇崩御直後の小事件である。天皇の死後二日たった十九日に、葛野郡宇太野が山陵の地に決められるが、その日、京の北山、西山に火災がおこり、二十三日には大井、比叡、小野、栗栖野などにひろがった。その状景は「是日、日赤無レ光（中略）、煙灰四満、京中昼昏」と記すほど激しく、火災の原因は山陵の地が賀茂神に近い故の祟りであろうと『日本後紀』（史料⑧）は記している。このことがあって、桓武陵は紀伊郡柏原[12]に営むという結果になったのである。

この奇怪な事件は、もとより自然発生の山火事でなく、賀茂神（愛宕郡賀茂郷）信仰に象徴される鴨県主、あるいは葛野県主の旧勢力の人たちがおこした反対行動であろう。まず宇太野に陵地を定めたことであるが、奈良・平安時代には居所の北方に墓地を点ずる習慣があった。それは平城京とその北方丘陵にあると記録されている元明・元正・聖武・称徳の諸天皇陵の位置関係にもうかがえる。また、後でも引用する嵯峨天皇の遺詔（史料㉞）の一節に埋葬地は「択二山北幽僻不毛之地一」と述べていることや、九七二（天禄三）年に天台座主良源の書いた遺告をも参考にできる。この中で死後の葬送の細事を述べた部分で、「墓地自可レ点、若未レ点前命終者、可レ取二北方勝地一」（『平安遺文』第二巻、史料⑨）と述べている。これらの例から宇太野が陵地に決められたのは当時の慣例によったものと推定できる。では、陵地決定に対してなぜ強烈な反抗がおこったのか。すでに史料②⑥⑦でみたように、地域集団の埋葬地が政府によって禁止される方向がつよまっていたが、この場合は逆に地域集団の力によって天皇の陵地が否定されたのである。ここで古墳時代に築かれたと推定できる天皇陵の兆域とそれ以降の天皇陵の兆域についてふれておこう。

簡単にいえば、古墳時代が終わってからの天皇陵は墳丘の規模にたいして兆域が広大であるという特色がある。兆域とは墳丘だけではなく、周濠や時には周囲の地をも包括した墓域である。墳丘だけの長さが四八六メートルある最大の前方後円墳である、仁徳陵古墳（大阪府堺市）は、古墳時代の陵墓としては最も広大な兆域「東西八町、南北八町」をもつと『延喜式』[13]には記されている。この兆域は、墳丘と二重の濠幅、それにせいぜい周庭帯を加えた範囲にすぎない。これにたいして、天智天皇陵[14]（京都市東山区山科）は一辺の長さ約四六メートルの方墳であるが、兆域は実に東西・南北とも一四町である。つまり仁徳陵古墳では墳丘の長さの約一・七倍が兆域規模であり、天智陵では墳丘の長さの三五倍が兆域の一辺にあたり、両者のあいだに著しい相異がある。この傾向は八世紀には一般的で、佐保山西陵（文武天皇夫人陵、奈良市）の東西・南北とも一二町、田原東陵（光仁天皇陵・奈良県添上郡田原村）の東西八町、南北九町などはその代表例である。

陵墓の兆域が広大であることを前提にすると、陵が営まれるとその地域の生産活動に支障をきたすことがある。前記の天智天皇陵では、その兆域内にⅣ型式の須恵器窯址が数基と、兆域内または隣接地に製鉄遺跡とがあって、造墓や兆域設定によって生産が停止したものと推定できる。宇太野の場合は、その東方に洛北窯址群があり、小野瓦屋、栗栖野瓦屋の名称で九、一〇世紀にはよばれており、平安遷都以前から瓦と須恵器、遷都以後はそれに緑釉陶器も加わって盛んな生産活動がつづけられた。したがって窯業にたいする燃料供給地としての機能を失うことをおそれたことも考えられるが、陵地を否定する理由はこの地がむしろ地域の埋葬地であったからではないかと想像される。地域の埋葬地に陵を営むことで混乱が生じることはまれな事件ではなかったようである。

喪葬令の巻頭に「凡先皇陵置二陵戸一令レ守。非二陵戸一令レ守者、十年一替。兆域内不レ得二葬埋及耕牧樵採一」（『令義解』巻九、史料⑩、傍点筆者）が掲げられている。つまり陵は、地域の埋葬地的性格の土地に決定されることがしばしばあったために、このような禁制が必要になったのであろう。実際、紀伊郡に営まれた桓武陵の兆域は広大で、『延喜式』には「兆域東八町、西三町、南五町、北六町、加二丑寅角二峯一谷一、守戸五烟」（史料⑪）の範囲であったことが知られる。また八六六（貞観八）年に柏原山陵の兆域内に、道場をたて、死屍を埋めていたことが応天門炎上に関連して発覚し、伴善男失脚の重大な原因となっていることも注目すべきであろう。

以上のように、想像がまじったけれども、宇太野への桓武陵決定を、神の祟りという口実で反対行動にでたのは、地域集団の埋葬地を守るためという理由を考えるのが妥当であるし、そう考えることによって、紀伊郡・愛宕郡だけでなく、葛野郡の埋葬地を推定することができるのである。

2　家側型葬地

平安京に遷って三年たった七九七（延暦十六）年正月、次のような勅がだされた。

山城国愛宕葛野郡人、毎レ有二死者一、便葬二家側一、積習為レ常、今接二近京師一、凶穢可レ避。宜下告二国郡一、厳加中禁断上。若有二犯違一、移二貫外国一。（『日本後紀』史料⑫）

これは史料③に示した喪葬令の規定を拡大して適用したものであろうが、深草山西斜面にみられるような地域集団が一定の埋葬地を使用するという形以外に、家単位で、その側の土地に遺骸を葬する処理方法が存在していたのである。この葬法は、殯の伝統をひく仮埋葬的なものか、それとも有位の人や富者たちが行なっていた埋葬法なのか定かではないが、この場合でも、旧来の埋葬法と土地が政府によって禁じられたという方向では他の史料と一致している。

家側型葬地はこの禁止令であとをたったわけではない。一九〇六年、京都市下京区松原通大和大路東入小松町四七五番地で、西念の二通の願文や極楽往生歌が銅製磬《けい》と発掘された[15]。西念は浄土教史上でも特異な僧であり、極楽往生を念じて難波の海に入水を試みて失敗しているが、一一四二（永治二）年、住宅の内に穴を掘り、後世菩提往生の地としているが、間もなくその志をとげたものと推定される。したがって先の一括遺物の出土地こそ、西念の住宅であり、また埋葬地であったのである。しかし、家側型葬地については、詳論する史料を欠くので、その存在を指摘するにとどめたい。

3　佐比河原型葬地

八、九世紀においては、山地形にあった地域の集団埋葬地が次第に禁止され、それのみか、家側型葬地も制限される方向が顕著であった。では京都盆地においてはこれらの埋葬地をうばわれた集団は新たなる葬地をどこに求めていったのであろうか。そのことに起因したと思われる事態が九世紀ごろにはやくも発生している。

八四二（承和九）年十月十四日、「勅二左右京職東西悲田一、並給二料物一。令レ焼二斂嶋田及鴨河原等髑髏一。惣五千五百余頭」（『続日本後紀』史料⑬）の記録によって、河原地形が無秩序で大規模な葬地と化していたことがわかるが、その葬地はすでに厳密な規定での埋葬地ではなく、人骨の散乱する遺骸の処置場・遺棄場にすぎないのである。同月二十三日にも再び「太政官充二義倉物於悲田一。令レ聚二葬鴨河髑髏一」（『続日本後紀』史料⑭）とあり、葬地の整理が継続したことを示している。史料⑬⑭は、次のような状態を物語っている。

一、史料のうえに新しくあらわれた葬地は河原地形である。
二、禁制の文脈から地域集団が無秩序に利用したものである。
三、埋葬地・墓地と呼ぶにはあまりにも無惨であり、かつ乱雑であるので、葬地と呼ぼう。

四、八四二年には政府が京職悲田院をして葬地の掌握・制限を開始した。
五、地域的には嶋田および鴨河原の二箇所にあり、前者は史料⑮によって葛野郡内、または右京との境、後者は左京と愛宕郡との境にあったと推定される。

八七一（貞観十三）年閏八月には、八四二年に開始された葬地制限の結末的な太政官符がだされている。

　太政官符
定二葬送並放牧地一事
山城国葛野郡一処　在二五条荒木西里六条久受原里一
四至　東限二西京極大路一　西南限二大河一
　北限二上件両里北畔一
紀伊郡一処　在二十条下石原西外里十一条下佐比里十二条上佐比里一
四至　東限二路並古河流末一　西南並限二大河一
　北限二京南大路西末並悲田院南沼一
右被二右大臣宣一称。奉レ勅。件等河原、是百姓葬送之地、放牧之処也。而今有レ聞。愚暗之輩不レ顧二其由一、競好二占営一、専失二人便一。仍遣二勅使一、臨レ地検察。所レ定如レ件者。事須下国司屢加二巡検一、一切勿上レ令二耕営一。若寄二事王臣家一、強作者禁レ身言上、百姓者国司任レ理勘決。但葛野郡嶋田河原、今日以往加レ功耕作為二熟地一。及紀伊郡上佐比里百姓本自居住宅地、人別二段已下者不レ在二制限一。其四至之外若有二葬斂一者、尋二所由一糺責。勤加二検校一、不レ得二疎略一。

（『類聚三代格』巻一六、史料⑮）

八七一年に制定された二箇所の葬送、放牧の地を地図上に求めると図4のようになり、おおむね大河、すなわち桂川の左岸の河原である。史料⑮を史料⑬⑭に対応しながら考えると、次のような事柄が整理できる。

一、河原地形にあるこれらの葬地は、太政官符によって制定されたもので、地域集団の慣行的使用だけでは占有しえなかった。

二、たんなる葬地でなく、放牧の地でもあった。

三、官符による制定以前は、葬地の地域がより広大であり、制定以後面積が制限されたものであることは官符の条文に明らかである。さらに史料⑬に無許可の葬地としてでている嶋田の地は、八七一年の太政官符（史料⑮）では「今日以往は功を加えて耕作し、熟地とならせ」と変化しており、自然発生的に占有された葬地が否定されたことが明らかである。

四、葬地の地としての性格が官符制定の時点に始まったものでなく、それ以前に遡ることは、四至内にあらわれた地名のうちに葬送に由来したものがあることから推察できる。それは葛野郡の荒木、紀伊郡の佐比である。荒木の地名については、仮埋葬を意味する殯の語で

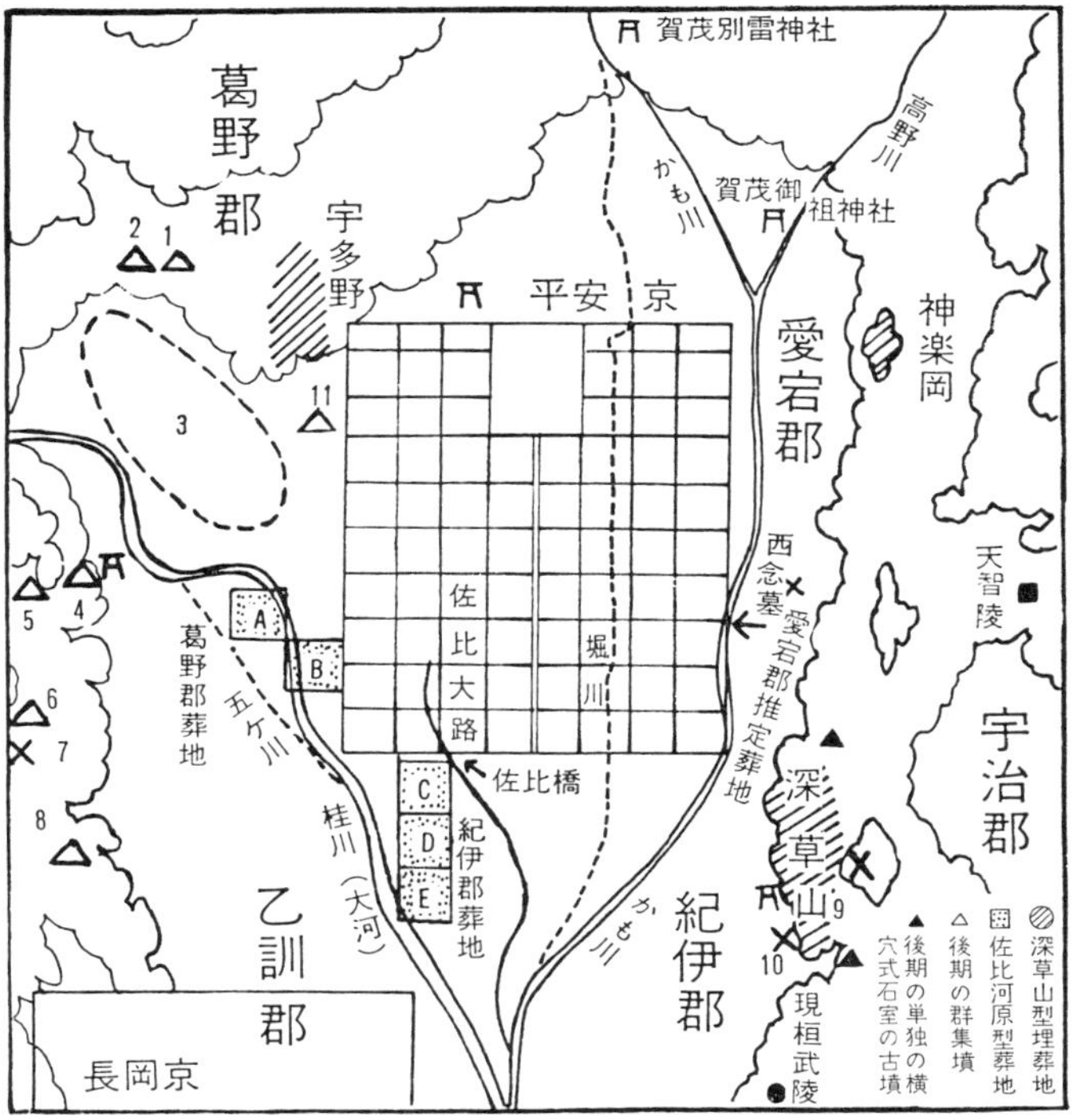

図4　平安京と埋葬地・葬地の分布

A～Eは、貞観13年の太政官符にあらわれた葬地の推定地（261・262頁参照）で、A荒木西里、B久受原里、C上佐比里、D下佐比里、E下石原西外里。荒木西里の位置の比定については問題が多いが、官符の四至の大河の位置と、現在の桂川の流路が必ずしも9世紀のままでないと考えて想定した。五が川になごりをのこす旧河道があるいは当時のものかもしれない。なお、嶋田の地はA、Bの南西方に求むべきかと思うが後考をまつ。紀伊郡の条理については、須磨千頴「山城国紀伊郡の条理について」『史学雑誌』65－4、1952年を参考にした。

1 御堂が池群集墳　2 七ツ塚群集墳　3 太秦（嵯峨野）古墳群　4 松尾山群集墳　5 ぼうじょう群集墳　6 大枝山（塚原）群集墳　7 宇治宿禰墓誌出土地　8 福西群集墳　9 稲荷三峯古墳　10 深草古墳群　11 双が岡古墳群

あり、殯の発音が「アラキ」ともよぶことによって推察できる。佐比については、俗にいう賽の河原を想起してもその関係がしのばれるであろう。

紀伊郡佐比の地が八七一（貞観十三）年の官符による制定以前すでに地域の慣行的葬送の地であったことは、散位正六位上弘野宿禰《ひろののすくね》河継《かわつぐ》が八六九（貞観十一）年十二月八日に自ら修した解文からもその一端がうかがえる。その中で、平安京の佐比大路（紀伊郡佐比の葬送地に通じるところから生じたものであろう。筆者註）の南極橋[16]の貧弱な現状と葬送の人びとが、不便にたえたことを述べている。

佐比大路南極橋、承㆓要路極㆒。在㆓曲流間㆒、体勢脆小、乗蹈無㆑力。四方負㆑重之駑、急傾㆓鞍於水上㆒。九原送終之輩、更留㆓柩於橋頭㆒。（下略）

（『三代実録』史料⑯）

この史料によって、佐比葬送の地は平安京内の住民も利用したことがわかる。史料⑯のように明らかに葬送関係を物語るのではないが、佐比の地名はさらに遡ることができる。七九六（延暦十五）年には、佐比川橋を造ったこと、七九九（延暦十八）年には佐比の渡を葛野川においたことが、『日本後紀』にみえている。もしこれらの地名もすでに慣行的葬送地に由来したのであれば、深草山型埋葬地から佐比河原型葬地への移行の開始は八世紀後半にまで遡ることになる。

小結

京都盆地を例にとって通観した八、九世紀の埋葬地と葬地の変遷からさしあたり必要なことを要約しておこう。

一、八世紀ごろには、地域集団の利用する慣習的な埋葬地は山地形に存在していたこと、深草山西面と神楽岡、それに若干の類推を加えると宇太野などである。このような埋葬地を深草山型と仮称したが、紀伊郡――深草山、愛宕郡――神楽岡、葛野郡――宇太野のように、一郡一処的傾向を示している。

山地形の埋葬地は京都盆地以外の地にもあったようである。八〇八（大同三）年、「禁レ葬ニ埋於河内国交野雄徳山一。以レ採下造ニ供御器一之土上也」（『類聚国史』史料⑰）によって、山城国と河内国との境にある雄徳山、つまり男山も地域集団の埋葬地であったことがわかる。また大和国の奈良山もその性格の山ではなかったかと思われる。それは元興寺の沙門道登が六四六（大化二）年に宇治橋を造るために往来したところ、髑髏が奈良山の渓にあって人畜に履まれていたとする説話が『日本霊異記』（史料⑱）に収められている。さらに七六九（神護景雲三）年に県犬養姉女らが配流されている。この事件は、佐保川の髑髏に称徳天皇の御髪をいれて宮廷内で呪詛していたことが、発覚したのであるが、これによっても佐保川の上流の奈良山に埋葬地があったのではないかと考えられる（『続日本紀』史料

⑲)。また別の地域であるが、八七一(貞観十三)年五月には、出羽国司が大物忌神社のある山上の噴火とその被害を報告し、このたびの噴火は、冢墓の骸骨が神社の山水をけがしたことによる神の怒りとして、旧骸をとりさって神に鎮謝の法を行なっている(『三代実録』史料⑳)。この記録によって、山形県の鳥海山のように僻遠の地においても山地形の埋葬地があらたに利用され、それが旧勢力と衝突したことがわかり、今後の考古学的調査の対象地とする必要がある。

二、深草山型埋葬地は、六世紀から七世紀初頭の顕著な群集墳を同一地域内に見出しにくい。宇太野をこの型の埋葬地に含めると、その隣接地に御堂が池群集墳があるが、それも宇太野の地域内ではない。このことは、男山や奈良山でも同じである。この型の埋葬地が、群集墳の盛行する古墳後期に、地域を別にして併存していたかどうかは、今後の考古学的調査にまたねばならないが、少なくとも群集墳そのものの衰退以後の変形ではない。この型の埋葬地では、石室のような永久堅固な施設は見られず、造墓を伴わない、あるいは認められない埋葬地であった。

三、深草山型埋葬地とは別に、各々の家の側に葬する慣習もあった。これは簡便な方法であっても、家単位の葬地をもつ点に特色があるが、葬地の土地は、家地またはその付近の園地を利用するであろうから、政府との間に深刻な土地問題はおこらない。

四、深草山型埋葬地も家側型葬地も、八世紀末から九世紀にかけて、政府によって厳しく禁止の対象とされた。つまり平安京以前にあった埋葬地と埋葬法がうばわれてゆく傾向がつよい。

五、九世紀には、地域の葬地は当然のこととして河原地形に移動したという形で記録にあらわれる。のちその葬地も太政官符で四至が定められたり、葛野郡嶋田のように葬地とすることを禁じることがある。佐比河原型葬地と仮称したこの型の葬地も一郡一処的であり、山地形埋葬地が一郡一処的であったのに対比することができる。おそらく両者の間には連関があろう。紀伊郡では、深草山西面(山地形)――下佐比里など(河原地形)、葛野郡では宇太野(山地形)――嶋田(八四二年、史料⑬。史料⑮にもあり)をへて、荒木西里など(河原地形)、愛宕郡では神楽岡(山地形)――鴨河原(河原地形)(史料⑬⑭)、の推移を想定することができる。このうち愛宕郡に属したと考えられる鴨河原の葬地の局地を定める史料はなお追求する必要がある。

六、群集墳を含め、その後の墓と土地との関係の推移について整理すると、造墓地――埋葬地――葬地と図式化することができよう。しかもこの変遷がおこる原因は、埋葬地から葬地の動きの場合についていえば信仰や葬送慣習の変化によるだけではなく、国家権力の干渉によるものであることは明らかである。

七、墓を営む土地の確保は、民衆にとって困難であっただけでなく、天皇陵が深草山型埋葬地をうばう時には激しい抵抗をうけ、ついには否定されている(桓武陵の例)。

八、九世紀にあらわれる百姓葬地は、放牧をも認めているところに特色がある。七九八（延暦十七）年十二月八日の太政官符（『類聚三代格』巻一六、本文略す、史料㉑）では、公私が利を共にする山川藪沢にたいして、収公という強い方針を示しているが、その時、墓地と牧地は収公の対象からはずされている。したがって、葛野郡と紀伊郡にある佐比河原型のような、政府によって認められた地域の葬地は、その当時墓地と表現していたと考えられる。同じ表現は、八〇六（大同元）年八月二十五日の太政官符、八三九（承和六）年閏正月二十五日の太政官符にもうかがうことができる。

九、太政官符で制定された佐比河原型葬地がいつまで存続するかはまだ検討していない。しかし、延喜ごろ（一〇世紀初頭）の『某寺資財帳』の断簡に「五条荒木里卅五卅六両坪七段熟田」（『平安遺文』九巻、史料㉒）とあって史料⑮に葬送放牧之地としてあった地域が耕地化されていることがうかがえる。

三　葛井・船・津氏の墓地

1　氏々祖墓

氏々祖墓という語は、格の文中にしばしば使われている。しかし、八〇六（大同元）年にでた太政官符「合四箇条事」の第一箇条「氏々祖墓及百姓栽レ樹為レ林等事」では氏々祖墓と墓地とを区別して使っているが、この墓地とはすでにみた佐比河原型葬地を指しているのである。もちろんこの場合は必ずしも河原地形を条件とはしない。

氏々祖墓という表現は、九〇二（延喜二）年の格にある「諸氏家墓」とは同義と考えられる。氏々祖墓、あるいは諸氏家墓にしろ、第二章にみた地域集団の埋葬地や葬地とは異なり、氏または同族集団に占有が限定された墓地である。そこで、氏々祖墓に該当するものをさがし、その地域の考古学的知見をくわえ観察しよう。

七九九（延暦十八）年三月、菅野朝臣真道等は、次のように言上してきた。

己等先祖、葛井・船・津三氏墓地、在二河内国丹比郡野中寺以南一。名曰二寺山一。子孫相守、累世不レ侵。而今樵夫成レ市採二伐冢樹一。先祖幽魂、永失レ所レ帰。伏請依レ旧令レ禁。許レ之。

（『日本後紀』史料㉓）

この菅野朝臣真道は、津連真道のことであり、これより先の七九〇（延暦九）年七月にも上奏文をだして、連姓から朝臣姓へ、そして居にちなんで菅野朝臣となった人物である（『続日本紀』史料㉔）。

葛井・船・津の三氏は、いずれも百済王の宗族辰孫王（智宗王）ののちと自ら伝え、同族意識がつよく、同族としての協同の行動をすることの多い血縁集団である。史料㉓は、七五八年、七九〇年、七九一年と同族が同じ姓に改められることを願いでた記録のあとにつづいている。この百済系の外来伝承をもつ人たちは、同一の祖からでたという意味では、広義の同族集団であるが、それぞれの本貫の地が接近していて、地縁集団の性格をもまじらせている。次に三氏の本貫地について考えてみよう。

船氏は、著名な僧である道昭をだした氏であるが、その伝記の中に「和尚河内国丹比郡人也。俗姓船連、父恵釈少錦下（下略）」（『続日本紀』文武天皇四年三月の条、史料㉕）とあり、丹比郡[17]との関係は明らかであるが、七四二（天平十四）年十二月二十三日の優婆塞貢進文には「船連次麻呂、年卅、河内国丹比郡野中郷戸主正六位上船連吉麻呂戸口」（史料㉖）としていて、丹比郡のなかでも野中郷に本貫があったことが知られる。野中の地には、七世紀代の古瓦をだし、また金銅弥勒半跏像を安置する野中寺があって、船氏の氏寺と推定されている。葛井氏の本貫は、野中寺の北方約一・三キロの藤井寺付近に求められよう。この寺も七世紀代の古瓦をだすから、その創建年代を推定できるし、また乾漆の千手観音座像を今日に伝えている。津氏については、船・葛井の二氏よりは史料が少ないが、その本貫は野中寺の北西約一・五キロ、河内松原市高鷲の大津神社を中心に求められよう。また中期の大型前方後円墳城山古墳の所在する津堂には、布目瓦の散布地があって津氏の寺があったことも考えられる。

このようにして葛井・船・津三氏の居住地域は、一応直径一・五キロの円であらわすことができるが、この地は羽曳野丘陵の北端につづく平野部にある。したがって史料㉓にでている葛井・船・津三氏の墓地のある野中寺以南の寺山は、羽曳野丘陵北端に近い廃善正寺址を中心に求めるのが妥当であろう。そこでこの寺址付近の遺跡を概観しよう。

羽曳野丘陵北端にも中期ごろの古墳があった可能性はある。一九五〇年ごろの開墾で、善正寺址の金堂基壇が除去された時、その地下に一つの埴質円筒棺が埋没しているのを実見し破片を採集したことがある。この地域でまず目立った古墳として来目皇子《くめのみこ》墓古墳をあげねばならない。現在、宮内庁の管理下にあるため断定はできないが、この古墳は方形墳で、内部の横穴式石室はかつては開口しており、駒が谷金剛輪寺の僧覚峰の描いた石室の図[18]が幸い世に知られていて、不完全ながらも資料にすることができる。それによると、この石室は両袖式の横穴式石室で、「上下左右ノ石ハダヘ美シテ削ガ如シ」とあり、切石造りまたはそれに近い石組み技法が推定される。石室の規模をメートルになおすと、玄室長さ四・五メートル、幅二・七メートル、羨道長さ四・五メートルで、これに近似した規模の石室は奈良県の谷首《たにくび》古墳にある。谷首古墳は、飛鳥期の方墳であり、考古学資料に関するかぎり、来目皇子墓古墳の年代とほぼ近いものである。

ところで、来目皇子は征新羅大将軍であったが、六〇三年に筑紫で薨じ、周芳の娑婆で殯したのを、のち河内国埴生山の崗上に葬ったと『日本書紀』に伝えており、この方墳を古墳の年代、規模、形式から来目皇子墓とする可能性がつよく、古墳編年の標準資料に加えることができる。

来目皇子墓古墳の北東約二〇〇メートルに薬師寺式伽藍配置の基壇をのこした寺址があり、付近は善正寺山とよばれていた。白鳳期の瓦が最も古いので来目皇子墓古墳の年代よりは新しい。これが寺山の名となった寺であろう。この寺の性格については考察する史料がないので、立地や環境から考えよう。河内国のこの地域では、飛鳥・白鳳期の寺は居住地付近の平地にあるのが一般の立地である。たとえば船氏の野中寺、葛井氏の葛井寺、土師氏の土師寺、西文氏の西琳寺、田辺氏の田辺廃寺などである。これにたいしてこの寺が丘陵上にあることは奇異の感をあたえる。来目皇子墓は、『延喜式』には記載されていないが、七、八世紀の陵墓の兆域の広さから推測すると、善正寺は来目皇子墓の兆域に隣接または重複する可能性がつよい。とすると、両遺跡の年代の近さから考えても、この寺は廟寺または墓辺寺的性格があったかと思われる。ひいてはその性格がこの寺の丘陵上立地の理由を導くものであろう。後期古墳にたいする墓辺寺的性格の寺は廃善正寺のほかにも探すことができる。奈良県橿原市の軽寺もその典型であろう。この寺は欽明陵と推定している見瀬丸山古墳(19)の周庭帯に接したところにある。『日本書紀』によれば、六一二(推古二十)年に堅塩媛を檜隈大陵に改葬する大儀式が軽の街《ちまた》で行なわれたが、その場所が軽寺になったと考えると、後期として最大の前方後円墳に接した寺の成立した理由を説明することができる。

さて、来目皇子墓古墳と廃善正寺について説明が長くなったが、この両遺跡を中心にして分布するのが埴生野《はにゅうの》古墳群であり、これが史料㉓にあらわれた葛井・船・津三氏の墓地であろう。

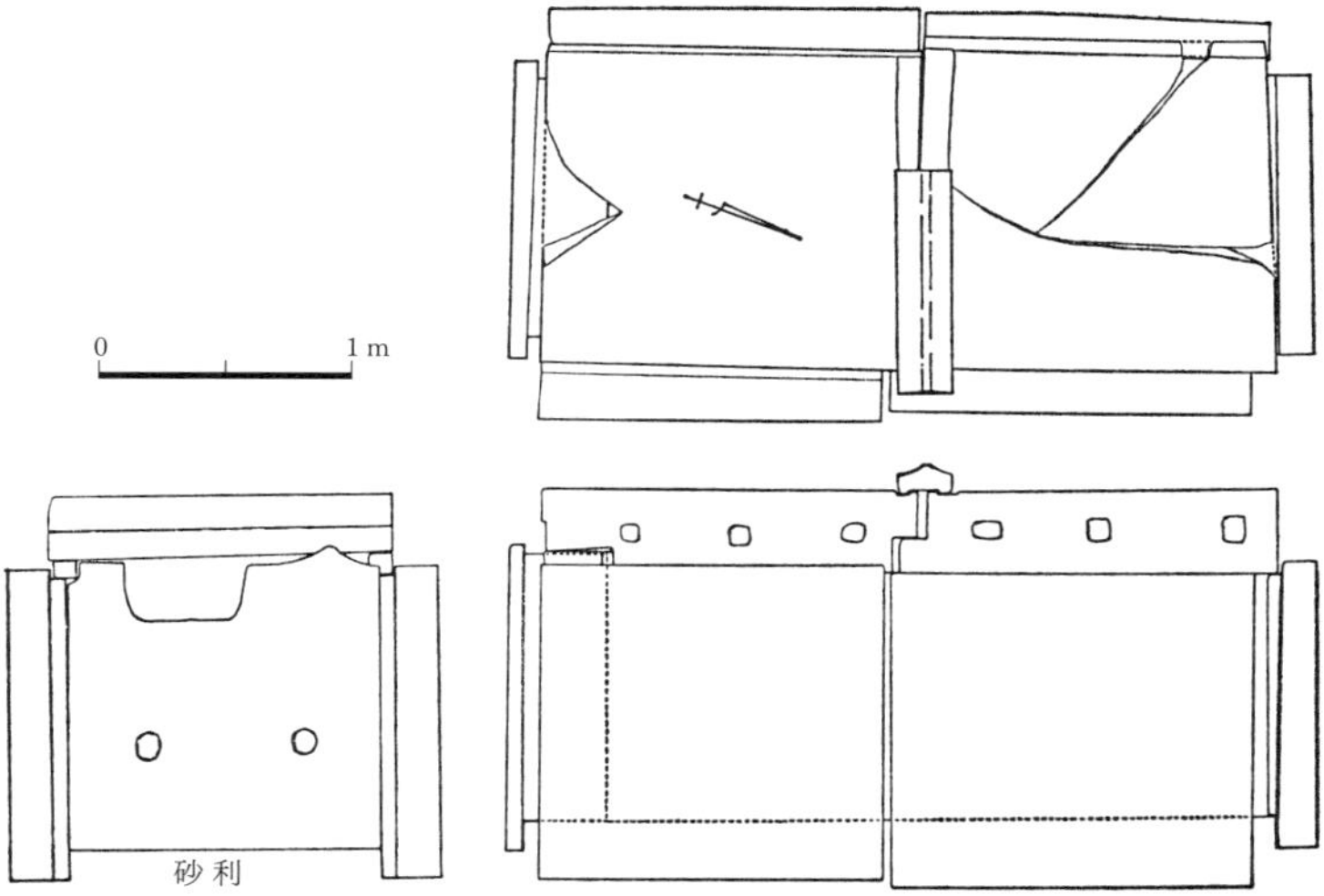

図5　ヒチンジョ池西古墳の横口式石棺形の石槨

埴生野古墳群は私の認めたところでは、刳抜式石棺を内蔵する古墳三基、組合せ石槨をもつ古墳一基と三基の円墳があったが、近年の開発でそのほとんどが消滅したのは惜しまれる。いずれにせよ一〇基程度で構成されるもので群集墳ではなく、また横穴式石室をもつのは前記の来目皇子墓古墳のほかは知られていない。

埴生野古墳群を特色づけるのは、二基の横口式石槨をもつ古墳であろう。そのうちの一基は軽里西山古墳として古くから著名で、他の一基は一九四六（昭和二十一）年三月五日にヒチンジョ池の西で開墾中発見されたもので、現在は野中寺境内にうつされている（図5）。後者については発見当時、緊急調査をした。封土は完全に失われており、石栓のさしこまれたままの石槨の内部に木棺の断片がのこり、銅釘に木質部が付着していた。この構造を槨棺の意味に照合すると、この場合の横口式石棺状の施設は、木棺をおさめるための施設、すなわち、槨にほかならず、組合せ式石槨なのであった。南に開口部をもち、南の小口には二個、蓋石側面には六個ずつの円孔の装飾をあけている。また蓋石の接合部に縄掛突起の退化的な置石があった。内法を唐尺に換算すると、長さ九尺、幅四尺、高さも石栓（南側小口）は四尺であり、大化薄葬令の大仁以下小智までの規格にかなっているが、年代は八世紀まで下るだろう。

さて、埴生野古墳群は七世紀代から八世紀に形成されたものであろう。したがって年代的には前章でみた深草山型埋葬地に接近または平行しているのである。そこで埴生野古墳群を例にとった氏々祖墓を深草山型埋葬地に比較してみよう。まず史料にあらわれた点では、

一、葛井・船・津氏という同族集団の埋葬地である。

二、このような氏々祖墓を侵害し、ひいては土地の占有を否定しようとしたのは、史料㉓では政府ではなく、地域集団である。

三、氏々祖墓の侵害・否定の具体的な形は「採伐冢樹」という行為で、それを裏がえせば古墳に樹をうえて、しかもその状態を保っておくことが重要な保証であった。

次に考古学的な観察での諸点を列挙すると、

一、古墳群またはその地域内に石材を組合わせた石棺や石槨があって、埋葬地である前提として造墓の許された地である。

二、系譜上、直接のつながりをもたない可能性のある来目皇子墓古墳を別にすると、後期に形成の中心のある群集墳でなく、古墳終末前期またはその直後に形成の始まった墳墓群である。

氏々祖墓の実例として、埴生野古墳群の問題を考えたが、次に冢、つまり古墳に栽樹しておく意味について私見を述べたい。

2　栽樹為林

八世紀ごろの陵墓や墳墓に常葉の樹がうえられていたことについては、すでに指摘[20]されたことはあったが、栽樹の目的については祖先の幽魂が宿る森をつくりだすことにあると解釈されていたようである。古墳や墳墓の樹は祖先の幽魂を宿らせる場所として重要であったのか。それを考えるまえに、関係史料を少し掲げておこう。

七九九（延暦十八）年二月、和気朝臣清麻呂の薨につづいてその詳細な伝記が記録されている。その一節に、「高祖父佐波良、曾祖父波伎豆、祖宿奈、父乎麻呂、墳墓在二本郷一者、拱樹成レ林。清麻呂被レ竄之日、為三人所二伐除一」（『日本後紀』史料㉗）。和気氏は佐波良以来、美作・備前両国の国造に任ぜられており、その墳墓の地はおそらく備前にあったと推定される。しかもそれは地域集団を埋葬するためのものではなく、氏の成員のみを埋葬する氏々祖墓、あるいは氏家墓の性格のものであろう。このような例は、九五八（天徳二）年十二月に橘元実がだした「伊賀国玉滝杣」の施入状にもうかがうことができる。その冒頭において、「右件杣、元是元実等先祖之墓地也。累代子孫相伝守領、其来尚矣。経年之間、樹木生繁、自為二杣山一（下略）」（『平安遺文』一巻、史料㉘）と記し、墓地の状景をよく記録している。

樹を伐る対象となったのは、氏々祖墓だけでなく、史料⑥が示すように地域集団の埋葬地もあっただろうが、氏々祖墓の場合は、樹を伐ることがそれだけにとどまらず、ひいては墓のある土地の占有権の否定につながる何物かがあったことをそれらの史料の文脈が物語っている。

日本古代の土地制度は、大化の前後から変革期にはいったことは否定できないだろう。新しい制度での土地は公地・山川藪沢・私地に大別でき、立地上から大別すると、水田地帯の多くは公地に、群集墳があるような丘陵や山腹は「公私共利」の山川藪沢に含まれる場合が普通であっただろう。もし仮に群集墳が氏々祖墓の性格をもつものであるとすれば、これが山川藪沢の地にあることで地域集団と対立を生じることはありうることで、その例を葛井・船・津、和気、橘などの氏にみることができた。

氏々祖墓については、七〇六（慶雲三）年三月の格が注目される。ここでは山川藪沢の原則を述べたあと、「氏々祖墓及百姓宅辺、栽レ樹為レ林、並周二三十許歩不レ在二禁限一焉」（『類聚三代格』巻一六、史料㉙）と規定している。つまり氏々祖墓は人功を加え林と為した場合にはじめて自然の林野である山川藪沢と区別されて私地となるのである。したがって、氏々祖墓があるというだけでは政府にとっても、また地域集団にとっても山川藪沢の地とみなすわけであり、それとの相違を主張するためには林と為すための栽樹が重要であり、林の状態が否定される時は占有権の喪失を意味するのである。

ここで氏々祖墓についての要点をまとめると、

一、氏々祖墓が私地として公認される条件には栽樹して林の状態にし、それを保つことが必要である。

二、氏々祖墓の面積は無制限でなく、個々の古墳または墳丘単位で付属地が認められる。

三、氏々祖墓は八、九世紀に新しくつくられるものではなく、平安遷都後にできたと推定される山城国愛宕郡鳥部郷榛原村にあった藤原氏の氏人の葬地(21)など例外をのぞくと、それ以前にあった祖墓が対象となるらしく、氏単位の墓地の面積が増大することは規制され、むしろ地域集団によって、私地としての占有権が否定される方向にあった。

結語にかえて

1 采女竹良の墓所

すでに各章節において中間の整理を重ねてきたので、全体としての結語ははぶいておこう。私たちが考古学的に古墳を扱う時、二つの側面をなおざりにしがちであった。一つは古墳は墓であり、当時のどのような思想が古墳という形の墓を全国的につくらせたのかという問題。いま一つは古墳や古墳群がつくられているその下にひろがる土地との関係である。本稿はこのうちの後者に焦点をしぼったものである。この点については将来検討すべき多くの問題をかかえているが、結語にかえてそのうちのいくつかをメモしておこう。

すでにふれたように、七世紀、ことによると六世紀においても、耕地を主にした土地制度の大変革があり、その変革は、土地の占有あるいは所有関係にとどまらず、条里制に象徴されるような区画の変革をもともなった。この土地制度の変革の実施にあたってその時点以前に存在していた古墳群が統合させられたり、他へ移転させられたこともあったであろうし、さらにその時点以後での造墓や埋葬に大きな影響をもたらしたことは十分予想される。しかも土地制度変革の波は、一度ではなく何回にも分かれておしよせたものであろうから、古墳や古墳群などへの影響も複雑な形であらわれていよう。

私は八、九世紀の造墓地、埋葬地、葬地のたどった方向と、その方向への変動をひきおこす原因を考えた時、さらに遡及するならば同種の原因が、古墳時代後期とさらに終末前期のそれぞれを終わらせた原因ではなかったかと考えている。もしこの仮説が成立するならば、古墳の研究を通して、土地制度の変革の時期を察知することができるのである。

六九一(持統五)年八月、政府は大三輪・雀部・石上・藤原・石川・巨勢・膳部・春日・上毛野・大伴・紀伊・平群・羽田・阿部・佐伯・采女・穂積・阿曇の一八氏に詔して、その祖等の墓記を提出させたと『日本書紀』(史料㉚)に記している。これは当時進行しつつあった何波

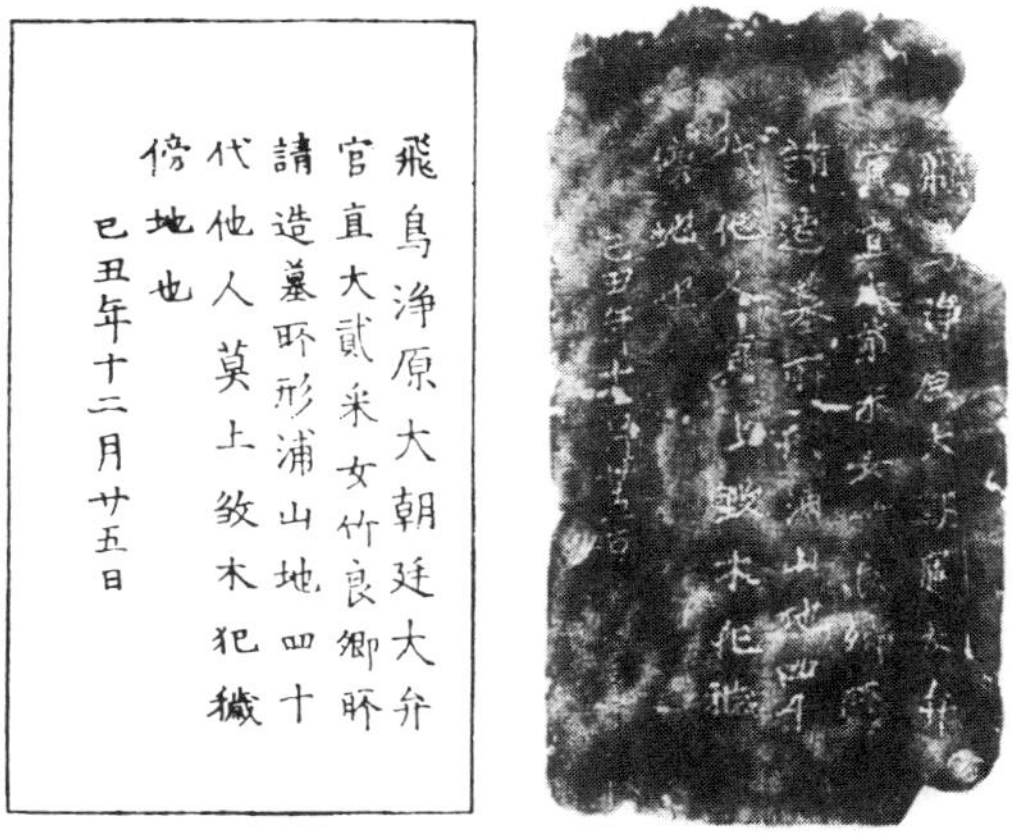
飛鳥浄原大朝廷大弁
官直大弐采女竹良卿昕
請造墓昕形浦山地四十
代他人莫上毀木犯穢
傍地也
巳丑年十二月廿五日

図6　采女竹良塋域碑
左:『好古小録』、右:『摂河泉金石文』

めかの土地制度の変革に応じて各氏の旧来の古墳群を整理し、その結果新たに各氏に認めた墓地の関係文書かと推定されるが、一八氏のうちの采女氏の塋域の碑が、大阪府南河内郡太子町から江戸時代に発掘されていて、墓記の実態を知る手がかりとなっている。その石碑は、高さ約四〇センチ、長方形をしており「飛鳥浄原大朝庭大弁官直大弐采女竹良卿所請造墓所形浦山地四千代。他人莫上毀木犯穢傍地也　己丑年十二月廿五日」(『寧楽遺文』下巻、史料㉛)の銘文があったという。文中の己丑の年は六八九年にあたる。

　この碑文については、岡田清子氏[22]も述べているように、土地公有制とのかかわり合いがうかがわれるが、問題はこの墓地が采女竹良個人の墓地か、それとも采女氏の氏家墓的性格をもっていたかということである。かりに形浦山の地を四〇〇〇代とすると、五〇〇代が一町という換算によって八町にあたり、便宜的に兆域の表示法をとれば四町と二町の地となり、群集墳をその中に含みきることができる。しかし、この石碑は現物が失われているので、江戸時代の記録にたよるほかないがそのうちの一つ、藤貞幹の『好古小録』では、「四十代」と書いており、この方が正しければあまりにも小面積であり、采女竹良個人の墓の土地ということになろう。幸いこの拓本が『摂河泉金石文』[23]におさめられているが、それによると「四千」と読める。図6にはその拓本と『好古小録』の文を、掲げて参考に供しよう。

采女氏の墓地については、その面積を四〇〇〇代とした場合は、氏家墓的性格のものと考えても障害となる資料はない。文中の「請いて造る所の墓所」は、私地とすることの承認であろうし、「上りて木を毀つなかれ」は、三章の「栽樹為林」の節で述べたように、私地とすることの条件の継続を示している。采女氏の墓地のあった磯長谷には、墓誌からいっても紀伊、高屋の二氏も墓地をもっていたらしく、また別の機会に論じるが蘇我氏（宗岳朝臣の祖）もここに墓地をもっていたらしいことが「竜泉寺氏人等解案」（『平安遺文』三巻、史料㉜）などから類推できる。磯長谷における後期の古墳群と、終末期あるいはそれ以降の古墳や墳墓との関係は今後にのこされた重要な研究課題である。

2　嵯峨天皇の埋葬地否定

すでに陵墓、古墳、墳墓、埋葬地、葬地のいずれもが、それを営む土地の占有をめぐって、制限や廃絶の方向をたどった実例をみたが、最後に九世紀中葉の淳和天皇と嵯峨天皇の薄葬にふれておきたい。淳和は八四〇（承和七）年五月に崩御しているが、それに先立って次のような勅を下している。

予聞、人歿精魂帰レ天。而空存二冢墓一、鬼物憑レ焉、終乃為レ祟、長貽二後累一。今宜三砕レ骨為レ粉、散二之山中一。

（『続日本後紀』史料㉝）

淳和の遺詔は実行されたが、この葬送はたんなる薄葬ではなく、「骨を砕きて之を山中に散ぜよ」とあるように、造墓はもとより、埋葬地をも否定したものである。私は淳和やこれから述べる嵯峨天皇の信仰や思想については何の知識ももっていないので、一面にしかふれえないかもわからないが、このような造墓地・埋葬地の否定は八、九世紀における一般の動向と無関係ではなかろう。すでに桓武陵に例をみたが、天皇や皇族といえども、個人が永久に占有できる陵墓の土地をもつことはきわめて困難であり、その社会的背景のもとに淳和の遺詔は理解すべきであろう。このことは八四二（承和九）年七月に崩御した嵯峨天皇の遺詔にいっそう明らかである。その一節に「不レ封不レ樹、土与レ地平、使二草生一レ上、長絶二祭祀一」（『続日本後紀』史料㉞）」とあるが、この場合は棺の埋置の箇所を不明にする工夫が行なわれている。おそらく封土をつくらず樹もうえず、地面と同じ高さにして草も生えさせ、その墓への祭祀を絶つというのは、当時の地域集団が佐比河原型葬地で一般に行なっていた遺骸の処理法に範をとったのであろうが、この二代の天皇が埋葬地をも否定したことは、畿内地方での古墳文化に最後の符がうたれたことであり、この研究ノートも筆をおこう。

註

（1）森　浩一・石部正志「後期古墳の討論を回顧して」『古代学研究』三〇、一九六二年。
（2）伊達宗泰・森　浩一「土器」『日本の考古学』Ⅴ、河出書房、一九六六年、二〇七頁。
（3）森　浩一「葬法の変遷よりみた古墳の終末」『古代学論叢』一九六七年。［本巻所収］
（4）白石太一郎「畿内の後期大型群集墳に関する一試考—河内高安千塚及び平尾山千塚を中心として—」『古代学研究』四二・四三合併号、一九六六年。
（5）同前。
（6）小島俊次「天理市岩屋領西山銀製墓誌」『奈良県史跡名勝天然記念物調査抄報』一三、一九六〇年。
（7）梅原末治「山城に於ける宇治宿禰の墳墓とその墓誌」『日本考古学論攷』弘文堂、一九四〇年。

(8) 群集墳型墓地は、その選定の最初から墓地の範囲が決められ、したがって結果的に狭い土地に古墳が群集したのではないかと考えられ、最近の私見を『高松塚古墳と飛鳥』(中央公論社、一九七二年)の拙稿にまとめた。

(9) 斎藤忠・小野忠凞「見島古墳群」『山口県萩市見島文化財総合調査報告』山口県教育委員会、一九六五年。

(10) 大場磐雄・佐野大和「山城国稲荷山を中心とする考古学調査」『稲荷山経塚』伏見稲荷大社、一九六六年。

(11) 松浦　弘『撥雲余興』二、一八八二年。

(12) 現在の桓武陵は京都市伏見区桃山町に治定されているが、この位置はおそらく山城国紀伊郡にあった柏原陵ではないと考えられる。桓武陵のようにいわゆる文献豊富な時代になっても陵墓の位置は簡単には決定できないのである。

(13) 本来の仁徳陵古墳が三重濠でなく、二重濠であったことについては、「形象埴輪の出土状態の再検討」(『古代学研究』二九、一九六一年)で指摘し、掘鑿の年代を一九〇三〜一九〇四年ごろとした。ところが浅田芳朗氏は「首ったけの乙女像」(『考古学ジャーナル』二五、一九六八年)で一九〇〇年七月三日の毎日新聞に三重濠新設の記事が掲載されていることを注意しておられ、工事の進行の年を知ることができた。いずれにせよ、この工事は日清戦争の賠償金によって行なわれた可能性がつよい。なお仁徳陵古墳の三重めの周濠については、浅田芳朗「仁徳陵古墳とその女人土偶」(『郷土文化』一一、一九七一年)に関係の史料を網羅されている。

(14) 天智天皇の山科山陵の営造開始の時期は、六七一年の崩御から六九九年の営造記事(『続日本紀』）の間に求められる。陵の完成は六九九年であっても、陵地の設定や工事の開始、ひいては須恵器窯の廃絶は天皇の死後間もなくであったと推定される。それは壬申の乱の発端に、近江側が山陵を造るため美濃・尾張の人夫を集めたことや、額田王の「山科御陵より退散りし時」の歌が『万葉集』に「近江大津宮御宇天皇代」のものとして収録されていることや、大津京址出土の須恵器と陵周辺の窯址出土の須恵器との比較などによる。

（15）三宅米吉・津田敬武「院政時代の供養目録」『帝室博物館学報』四、一九二四年。

（16）佐比大路の南にある橋が佐比橋で、その川は現在の天神川、史料⑮にある古河流であろうか。

（17）船氏が丹比郡に多く居住したことは半ば定説化しており、また本文に引用した史料でも疑う余地はないが、丹比郡以外にも居住しており、今後の研究がまたれる。たとえば優婆塞貢進文に河内国渋川郡竹淵郷に、船連石立なる者がみえる。また船首王後の墓誌に、「松岳山上」に葬ったとする有名な一文があり、この松岳山は江戸時代以来柏原市国分町の松岳山とされている。もしその所伝に理由があれば、この地は安宿郡であるから、なぜここに船氏が墓を営んだかということと、丹比郡寺山の氏々祖墓との関係などが考えられねばならない。これからの課題としておこう。

（18）清野謙次『日本考古学・人類学史』下巻、岩波書店、一九五五年、一〇七頁。

（19）森　浩一『古墳の発掘』中公新書、一九六五年、一四八〜一五六頁。

（20）藤澤一夫「墳墓と墓誌」『日本考古学講座』六、河出書房、一九五六年。

（21）八八七（仁和三）年五月の勅による。それによると、八八四年に中尾山陵内にとりこまれた藤原氏氏人の葬地があったことが分かる。その部分を掲げると、「院所領之山、元在二彼村一、即是藤原氏之葬地也。依二元慶八年十二月十六日詔一、被レ占二入中尾山陵之内一、由レ是、氏人

送葬之事、既失二其便一」(『三代実録』史料㉟)。

(22) 岡田清子「喪葬制と仏教の影響」『日本の考古学』V、河出書房、一九六六年。

(23) 木崎愛吉『摂河泉金石文』郷土史研究会、一九一四年。

——一九七〇年『古代学研究』五七号

のち、『論集 終末期古墳』塙書房、一九七三年に加筆・補訂。

解題

第一巻には、青年期から壮年期前半にあたる著作で古墳や古墳時代に対する基本的な考え方を示した論文を選び編集した。

よく知られているように、森浩一は論文発表以外にもシンポジウムの司会者や普及啓蒙の刊行物の編者として、古代史における議論の中心にいた。晩年に至るまでそれは変わることがなかった。一九六〇年代後半の列島開発にともない急増した発掘調査の成果をいちはやくまとめ、また他分野の最新研究を積極的に自説に照らして検討する姿勢は周囲を圧倒した。何より自ら現地に赴き、担当者から直接に取材するという徹底した「現場主義」に培われた広い視野と着眼の斬新性は、学界の内外に刺激を与え、多くの論点を生んだ。そのような軌跡のなかでも学史上に影響が大きく、引用頻度が高い論文のうちで学術雑誌などに掲載されたために、今日では一般に入手が困難となっている論文を多く収載した。

古墳文化の発生、成立、展開を、近畿中部における巨大な前方後円墳の存在に依拠して一元的に評価することへの懐疑や、その対案となる各地の古墳、古墳文化の実態を知って配慮したうえでの論評、三角縁神獣鏡の魏鏡説への反論、考古学用語の使用に対する厳格化などへの論及は、通説に安住する学界多数への警鐘となるとともに、自らに科した課題として継承し、後年の著作においても繰り返し検討している。それだけに論文が著された当時の考古学界のとりわけ、古墳時代研究の動向や到達点を知る手がかりにもなる。

具体的に本巻では、古墳時代の考古学用語に関する二論文と、古墳文化の発生や成立についての基本的な立場を示した二論文を「古墳文化の成立」として前半にまとめた。次いで地域のなかで古墳群を類型的に把握する試みを示した一論文、埋葬方法の変遷、終末期古墳の概念と時期、群集墳の構造を分析した三論文、平城京における前方後円墳の認識について考究した一論文、古墳時代以降のおもに平安京周辺の葬地から古墳の終末を解いた一論文の合計六論文を「古墳時代の展開と終末」として後半にまとめた。

（今尾文昭）

「古墳と古墳時代という用語をめぐって」

考古学や古墳、古墳時代という用語の社会的認知が広がっていくなかで、改めてその定義とその時代の実相を問いかけた一九七九年発表の論文である。森は大学教員となる前に高校教師の経験もあり、また教科書執筆にも関与した。そういったこともあり、日本史上の時代区分に強い関心を寄せている。とくに律令国家の成立過程にある古墳時代とほぼ重複する時代呼称として一般的であった〃大和時代〃が使われなくなった背景として、その前提となる日本列島における唯一の統一政権としての「大和朝廷」存立への疑念とともに四、五世紀代の政治勢力の実態について考古学の立場から解説した。

大和中心の編纂方針にもとづく『古事記』や『日本書紀』から導かれた歴史観に対局する存在として、日本列島のほとんどの府県に分布する古墳を「広汎な史料性」を備えたものとして、社会の階層や身分制の研究という視点にたっても、その分析は有用であると解いた。それだけに古墳の規定要件の明確化が必要だとした。結論として、〝つくり（造・作）山〟が古墳であり、「そこに葬られた死者と同時代の人たち、あるいは後世の人たちが、視覚によってある特定の土地を墓であると識別できる目的」で造営されたもの、すなわち高さと形のある可視的構築物が古墳だとする。

首長墓とされた前方後円墳の消長のみに、政治権力の動向の直截的反映を見ようとする研究姿勢への反立的な視座を示した論文である。（今尾文昭）

「考古学用語と地域名」

考古用語の予断のない使用と遺構論の重視を主張し、遺跡・遺構から遊離しての遺物に偏重した考古学研究への戒めとなる論文である。水野清一が「遺物も、遺跡のなかにおいて、はじめてほんとうの意味がわかる」と述べた論文（「考古学の問題点」『世界考古学大系』第一六巻、一九六三年）を引用して、遺物に対する分類や型式学的研究は考古学の方法としての基礎作業ではあっても、それだけでは歴史的な意味を解明するには至らないとする。そのため不用意に使用された「畿内」、また具体的には、大阪府堺市や和泉市にひろがる泉北丘陵に分布する須恵器窯跡群に対して、『日本書紀』崇神条にみる「陶邑」という呼称が遺跡名として使われることに強い批判を表明した。何より須恵器編年研究から導かれた操業の実態から乖離し、かつ崇神紀の史実性への無自覚な認定にもつながるものだとして、偏りのない地理観にもとづいた呼称として大阪府南部窯址群もしくは泉北窯址群の呼称を提案している。

普通の考古学的方法による遺跡呼称を採用する姿勢は、天皇陵古墳の呼称方法とも連動する。

（今尾文昭）

「北九州の弥生墳墓と古墳発生の問題」

北部九州の弥生系墳墓に、発生期の古墳の諸属性の抽出を試みた論文として注目を集めた。まず北部九州における弥生時代の大型甕棺墓の副葬品組成に「古墳的要素」を指摘する。佐賀県桜馬場遺跡の後期前半の甕棺の副葬品が銅鏡・刀・玉および腕輪の三種からなり、類例として福岡県三雲遺跡、井原遺跡、須玖遺跡をあげた。江戸時代後期の一八二二年に発見された三雲遺跡にちなんで、これらを「三雲型副葬品」とよんだ。一方、玉類を欠き、攻撃用武器と銅鏡の二種類の組み合わせからなる福岡県立岩遺跡にみられる類型を「立岩型副葬品」とよぶ。いずれも前期古墳の副葬品の基本的組み合わせと共通するものだとして、その継承から「前期古墳の被葬者達と北九州の甕棺墓の被葬者達との間に何らかの系譜的関連を想定せざるをえない」とした。次いで、弥生後期の集団墓のなかに、素環頭鉄刀と管玉、鉄鏃、鉄斧を副葬し、小規模ながら封土を備えた箱式石棺を内部主体とする福岡県臼佐原遺跡を見いだす。また福岡市姪浜の五島山古墳が箱式石棺を採用していることから、近畿の古墳文化の一元的波及ではなく、北部九州の弥生墓制から古墳文化へ発展した可能性についても示唆している。対するに、兵庫県田能遺跡や大阪府勝部遺跡、安満遺跡、瓜生堂遺跡などで相次いで明らかとなっていた近畿の弥生墓制の木棺墓では、「封土または墓域の存在、および副葬品の二点で類古墳、先古墳的要素を欠いている」ものと評価した。

本論で提起された多くの論点は、森の意図からは離れることになるが、やがて多くの論者を得て特殊器台の採用や墳形の巨大化は吉備地域や出雲地域、石材による墳丘築成は中・東部瀬戸内地域、副葬品組成は北部九州地域といった諸要素に分解され、型式的、時系的な整理を経て、各地域の弥生時代の首長墓にある諸要素を集合、統一されたものとして前期古墳が成立するという今日の認識にまで影響を及ぼすものとなる。

なお、森の著書には『日本神話の考古学』（朝日新聞社、一九九三年。のちに朝日文庫、一九九九年として刊行）がある。神話と史実のはざまを学的に探ることを忌避しなかった希有の考古学者だ。そのうえで、あえて触れておくと本論の執筆動機に「神話を日本古代国家の成立期の史料として義務教育に使用することが国家権力によって推進されようとしている状況では、国家の発生から成立にふかい関係のある古墳の発生についてたえず資料を検討しておくことが、われわれ考古学徒の責務でもあろう」との一文がある。発表に先立つ一九六六年には「建国記念の日」の制定、発表同年の一九六八年には学習指導要領での

「神話教育の復活」がうたわれたが、研究者、教育者としての森の時代趨勢への対処と責任を示した論文でもある。

（今尾文昭）

「日本の古代文化」

右に掲載された論文の先行となる。『古代史講座』（学生社）のうちの一論文だが、発表の一九六二年は、小林行雄が一九五〇年代に連続して著わした三角縁神獣鏡を中心とする前期古墳研究を『古墳時代の研究』（青木書店）にまとめた翌年にあたる。また、『古墳の話』岩波新書の刊行が一九五九年であるから、一連の小林の研究へのいちはやい反論としての性格を帯びたものとなっている。とくに、当時でも三〇〇面以上が出土していた三角縁神獣鏡の魏鏡説に対して、「魏鏡とできない理由は簡単であって、三角縁神獣鏡は中国大陸からかつて一枚も発見されていないからである。例えば、わが国に多く出土する画文帯神獣鏡は、中国では華南から多数、華北からも相当数が発見されていて、明らかに中国鏡であるが、三角縁神獣鏡は、戦後の中国大陸のおびただしい考古学上の発見でも、また朝鮮半島からもついに発見されていない」とみなした点は、今でも有効である。もっとも銅質や図像表現の簡略化についての指摘は、呉鏡の実態や中国北部に分布がみられる三国時代の銅鏡の分析が明らかにされつつある今日では、それが魏鏡説の否定根拠とはならなくなっている。とはいえ、三角縁神獣鏡の魏鏡説否定と中国から東渡した渡来工人の製作を唱えた早い時期の基本文献としての位置付けは変わらない。

さて、本論文を著名なものとしたのは右のとおりだが、その趣旨は三角縁神獣鏡の検討に留まらない。古墳文化成立の過程における奈良盆地の遺跡評価にも及ぶ。すなわち、奈良盆地の前期古墳は墳長二〇〇メートルを超える前方後円墳として当初から出現しており、最初に小円墳が発生して段階的に規模を増大させて前方後円墳が生まれるという図式の想定に対しては、これを明確に否定した。また集落にあっても、奈良盆地の弥生後期において他地域に優越した開発の進捗と人口密度の高水準を示す積極的資料は存しないとした。そのうえで、鏡・玉・剣を副葬する成人埋葬の習俗がいちはやく現れる北部九州の弥生墳墓に古墳文化の淵源を見ようとした。

古墳時代中期の解説もある。乗馬の風習、甲冑の定型化、鉄鉾（長柄の武器類）の多量副葬、盾の発達などをあげて「五世紀型の古墳文化」とし、前期の司祭者的性格から武人的な性格への支配者層の変化を指摘する。さらに五世紀型古墳への変化の理由を、政権の施策としての朝鮮半島への進出や中国南朝との交渉の結果とする立場と、奈良盆地を中心とする前期古墳文化の担い手と河内平野を主とする中期古墳文化の主体者における系譜上の断絶から考える立場の二者に分かれることを解き、自身は古墳副葬品の変化と日常生活で須恵器を使用する（その生産開始年代について、型式学的研究にもとづく年代観により四世紀末から五世紀初頭としている）といった支配者層の姿は「倭王武の宋への上表文にえがかれた征服者を彷彿させる」ものであると結ぶ。江上波夫の騎馬民族征服王朝説への共感を率直に表明したものともなった。

なお論文中において、この時代を「応神、仁徳時代の古墳文化」と称しているのは、論文が発表された一九六二年当時の認識においては、森にあっても古市古墳群（論文中では誉田古墳群と称している）にある「応神陵」、百舌鳥古墳群にある「仁徳陵」の存在を被葬者の実在性に直結させることに違和感なく、時代呼称の表徴に用いたことがわかる。この後、現行の陵墓比定への疑問を呈するのは、『古墳の発掘』中公新書、一九六五年のことである。

（今尾文昭）

「古墳と古墳群　古墳の史料的把握への一試企」

森によって実証史学による真実希求を理想として創設された古代学研究会は、雑誌『古代学研究』を一九四九年に創刊し、第一号には、「子持勾玉の研究」が掲載された。そして、その三年後の一九五二年に上梓された試論である。その立地環境から生産基盤を探り、群構成と変遷から古墳群を把握するという、近年でこそ、こうした研究が注目されているのであるが、当時としてはあまりみられない方法論であり、極めて早い時期において古墳の築造原理を解明する方法を的確に提示したものだといえる。これに先立って一九五〇年には『古代学研究』の第三号において「古墳の農耕的性格の展開」が示されている。

本論文の原題では、タイトルの次に（上）と記されているが、この続編は、二十数年を経た一九七五年の「群集墳と古墳の終末」が「はからずも」これにあたるものになったと、「むすび」のなかで記されている（本書二二二ページ参照）。そのなかで、「古墳研究に熱中しはじめて間もない」頃のものであり、「青年の日」に古墳を群として把握することの重要性を、主に四世紀代の資料を使って説いたものだとしている。

歴史史料として遺跡を捉えるということは、考古学者にとって最も基礎的で、必要不可欠な点である。本論の問題提起はそこにあり、近年の考古学者のなかにはややもすれば、それをないがしろにする傾向があることは悲しいことである。そして、その具体的な方法論として、古墳群を把握する必要性を説いた点をまず学ばなければならない。具体例として三重県名張市の美旗古墳群（文中では旧村名の美濃波多村が使用されている）において、盆地という完結した小地域において、その農業生産を背景にしながら、八基の前方後円墳・方墳が「一世代一墳的」に築造されているとし、それは「一氏族的に」古墳群が形成されたものと理解した。さらに、大阪府淀川北岸域の安威古墳群・三島（野）古墳群について、それぞれ小地域の農業生産を背景にしながら、重層的な地域間関係のもと、同一原理で古墳が築造されたものとした。なお、これとは対照的なありかたとして、一九七五年の「続編」において、後期の群集墳や終末期古墳が定義されていて、限定された墓域において「一世代多墳的な」築造がおこなわれていることが示されていている。

各古墳の年代観と首長系譜、女郎塚古墳など帆立貝式古墳の意義、前〜中期古墳と氏族とのかかわりについては、今日的には必ずしもこの論考の見解が踏襲されるべきではないかもしれない。しかし、農業生産を基盤とする地縁的集団の系譜に、古墳築造原理を認めたことは当時としてはまさに卓見であり、今日の考古学において、おこなわれるべき方法論であるといえよう。そうしたなか、継体陵と「断定される」今城塚古墳の築造背景に、三島野古墳群と淀川北岸域の広域な生産基盤があり、中期の茶臼山古墳の段階にそれにふさわしい実力をそなえるまでに成長した姿をもとめている点は、今日に続く検討課題をいちはやく捉え、そのひとつの指針を与えるものとして重要な意義をもつものといえるだろう。

（坂　靖）

「葬法の変遷よりみた古墳の終末」

一九六七年に上梓された早い時期の長編の論文である。ここでは、あえて政治的構築物としての古墳という観点を排除して、もっぱら墓としての古墳、とりわけ埋葬方法の変化に関心を寄せて、前期〜後期を通史的に検討しながら、その画期を正確に捉えた研究となっている。

前期〜中期の埋葬方法の特質は、「死者の厳重な隔離」にあるとし、一棺一体を原則とし、一棺に複数体が想定される場合も、極めて計画的なものであって、棺を開けて追葬することはなく、みだりに棺はあけられなかったことを、各地の資料をつぶさにふまえたうえで、証明している。そうした方法に大きく変化を生じさせたのは、地域では九州、埋葬施設としては横穴式石室の導入にある。九州の箱式石棺に、人骨の移動や骨化してからの埋葬を認め、棺が開けられたことを想定する。また、横穴式石室の場合は、計画的な多葬やさまざまなかたちの追葬がなされた点を指摘するとともに、棺や石障（本文中では「仕切石での区郭」）の配置から、遺体にふれることがしばしばあった点を強調する。これらは現在でも共通の認識であって、この段階でのこうした丹念な検討の結果であるということはいうまでもない。さらに、石室内で意図的に骨化させるような埋葬方法（「室内葬」）が古墳時代後期後半の段階におこなわれたとした。

その議論において窯槨（木芯粘土室）に注目し、ここで古い時期に短期間ではあるが実質的な火葬がおこなわれているとした。これは、石室内における意図的な骨化と目的を同じくするものであり、それをより簡略化した方法でおこなおうとしたもので、国内的な系譜のなかでの位置づけも可能であるとした。そして、横口式石槨（本文中では「横口式石棺」、一九七二年以降は横口式石槨の用語に変更　本書一七〇ページ参照）には、別の場所において骨化させて埋葬した事例があることを明らかにした。さらに、この周辺で検出された蔵骨器についても火葬骨をおさめるものばかりではなく、改葬されたものが含まれる可能性を考えた。改葬・再葬の系譜や展開を考えるうえで重要な提言である。

この論文の特徴は、文献との対応関係は最小限にとどめており、外来的要素や社会的背景についての詳細な考察や、民俗学的な見地での検討をあえておこなっていないことにある。もっぱら、遺骸や人骨にどのようにむきあったかということを、その出土状況のなかで解明するという、一元的でかつ禁欲的な論理での研究である。いたずらに解釈することをあえて避けて、埋葬方法の変化と画期を捉えたものであって、その真摯な姿勢には学ぶべき点が多い。

（坂　靖）

「終末期古墳」

高松塚古墳の発掘調査の翌年、一九七三年に塙書房から刊行された『論集 終末期古墳』は、今日の終末期古墳の概念を定着させたもので、学史のなかでも大きな意味をもつものであることは周知のことである。終末期古墳の提唱をおこない、学会を牽引するなかで、各執筆者の過去の論文から選択して、この論集の編集がおこなわれた。その編者として「あとがきにかえて」と題して、それぞれの執筆者の論文を紹介しつつ、群集墳と終末期古墳の意義と問題点について詳細に論じている。そして、この二年後には本書所収の「群集墳と古墳の終末」（一七八～二二七ページ）が発表されて、より群集墳や終末期古墳の概念や歴史的な背景などが明確になっていく。なお、この『論集 終末期古墳』には「古墳時代後期以降の埋葬地と葬地―古墳終末への遡及的試論として」（初出は一九七〇年、本書二四一～二八五ページ）も掲載されている。

ここでは、「古墳時代の区分」、「後期と終末期」、「古墳群と群集墳」、「近畿の群集墳の終焉」、「終末期古墳の数」、「須恵器からみた終末期の年代」という六項目から終末期古墳についての概念規定と時期設定などが明確化される。ここで注目されるのは、古墳時代とそれに続く時代を画することになる後期と終末期の区分を、古墳の存在形態とその造営数のなかにもとめていることである。

まず、この段階では必ずしも明確ではなかった群集墳の用語が定義され、その築造原理が明快に解き明かされていく。後期後半に築造される丘陵上に築かれた群集墳は、あらかじめ限定された「墓地域」のなかで次々と築造されたものであり、この論考では、この「墓地域」が中央政権から付与されたものである可能性が指摘される。そして、その後の七世紀代には、ほとんどの群集墳で新たな造墓活動がおこなわれなくなり、古墳の数が激減することを明らかにしている。この状況に画期をもとめ、それを終末前期とした。さらに、終末前期になってから、新たに造墓活動をはじめる群集墳があって、それは、小型の埋葬施設と小規模墳丘で構成されるものであるとした。

さらに、その年代観が、生産地（窯跡）と消費地（宮跡・寺跡）の須恵器編年により裏付けられる。須恵器の生産と編年にかかわっては、このシリーズの第三巻においても触れられるのだが、極めて早い時期に、須恵器の型式編年を完成させ、その体系を確立したうえで、有意な年代観を付与した意義は大きい。この論考により、その編年観と実年代観がほぼ確定したといえる。こうして群集墳や終末期古墳の意義づけとその年代観は、研究者相互の共通認識を確立させ、この論考を出発点として個別の研究がさらに深まっていくことになったのである。

（坂　靖）

「群集墳と古墳の終末」

本論文は、古墳時代後期以降（六〜七世紀）の古墳の変遷を、主に群集墳の規模や分布、埋葬施設の構造の相違などを通して多角的に捉え、背景に朝鮮半島の文化の影響が存在することに注目している。また、中国にならった律令国家へと向かうためには、最も基本的な条件であった土地の占有の否定が、古墳時代を終焉させることにもなったとしている。「むすび」にもあるように、本論文は、前出の「古墳と古墳群―古墳の史料的把握への一試企」(本書一〇六～一二二ページ)の二十数年を経ての続編になっている。

まず、群集墳が普遍化する古墳時代後期の直前、五世紀の古墳の動向から検討を進める。この時代は大型前方後円墳の時代で、突出した規模を誇る古市古墳群と百舌鳥古墳群のなかに初期の横穴式石室が見られること、出土品に鉄製耕起具が顕著であること、さらに大規模な須恵器窯群である阪南窯址群が含まれることなど朝鮮半島からの明らかな影響を重視し、六世紀になって全国的に伝播する普遍的な古墳文化の基礎的な部分は、五世紀に河内地帯で完成したことを指摘する。

そして、群集墳が各地で爆発的に出現することに対しては、これまでの三つの視点(生産力の発展、個々の古墳を家族構成単位として捉える見方、身分的表現として営造されたとする観点)だけでは説明できないとし、全国の群集墳の埋葬施設や形成時期を詳細に見てゆく。

群集墳のあり方は一様ではなく、群の形成過程において、おおよその範囲を中央または地方の政治権力によって限定された可能性が強いとみて、典型的な群集墳の所在地は、国、もしくは地方の政治支配のもとにあったとも理解し、さらに二つの面からも検討を加えている。

一つは地域の墓地についての慣習を考慮すべきことで、弥生社会以来の共同墓地の伝統を引き継いでいると見られるところでは、小面積に多人数の埋葬がおこなわれていることもあるとした。
もう一つは朝鮮半島の古墳群のあり方との比較検討の必要性である。特に高句麗文化の強い影響力の可能性を指摘している。また方墳の変遷についても注目し、高句麗との関係を示唆し、六世紀後半から七世紀にかけて、方墳が近畿や関東地域での主要古墳となったことの背景にも言及した。

（前園実知雄）

「前方後円墳と平城京の三山」

他の論文でも指摘しているように、古墳時代終末期以降に古墳がどのような扱いを受けていたかを知ることは、日本人の精神史を考えるうえでも重要であることを示唆する論考である。
平城京左京の一画に、広大な敷地をもっていた大安寺旧境内には、現在も前方後円墳の杉山古墳（全長約一二〇メートル）がある。出土した円筒埴輪から、五世紀後半でも少し古い時期、つまり古墳時代中期とみられる古墳である。一九五五年に後円部の発掘調査がおこなわれたが、そこには埋葬施設も、副葬品もみられず、わずかな粘土塊とそれに付着するような形で一個の土師器壺が出土したのみだった。
平城京内の他の地域では、大極殿造営に際して削平された神明野古墳、後円部だけが残され平城天皇陵として扱われている市庭古墳がある。さらに左京一条四坊で平塚一号・二号墳とよぶ二基の前方後円墳の痕跡も検出されている。

森は、寺を造る際には古墳の子孫が明らかな場合でも壊し、使用されている石材までも転用するという『続日本紀』の造都記事に着目した。杉山古墳の埋葬施設は意図的に取り出されたにもかかわらず、墳丘は完全に残されていることの意味を考え、元明天皇が七〇八（和銅元）年二月に出した平城遷都の詔のなかの「三山鎮を作し」の件《くだり》に注目し、杉山古墳の存在価値をそこに見いだしたのである。

藤原京における耳成、香具、畝傍の三山、平安京における船岡山、神楽岡、双ケ丘の三山の位置関係を考慮し、平城京においてもそれに該当する三山の存在を指摘し、日本の都城をめぐる三山は神仙思想の蓬萊、方丈、瀛州《えいしゅう》の海中に浮かぶ三山を意識したものではないかと提起したのは金子浩之である。北は市庭古墳、西は宝来山古墳（垂仁天皇陵）と古墳をあて、東は春日神社の神体山としての御蓋山を該当させた。

しかし、森は古墳と御蓋山では、その高さが著しく異なることに疑問を呈し、御蓋山にかわるものとして、杉山古墳をあてることを提起した。つまり、平城京を囲む三山は周濠をもつ古墳であり、海中に浮かぶ三山とみなされる。杉山古墳の埋葬施設が意図的に壊されたことも、そのことに関連しているのではないかとした。ただ、市庭古墳と宝来山古墳の埋葬施設の遺存状況が不明であることから、この問題は将来にゆだねなければならないとも述べている。

（前園実知雄）

「古墳時代後期以降の埋葬地と葬地　古墳終末への遡及的試論として」

古墳時代の終末の問題について、平安京と葬地の関係を明らかにし、遡及的に追究していった本論文が、高松塚古墳の調査（一九七二年）の二年前に書かれていることに驚きを覚える。

古墳時代後期と終末期を区分すべきこと、さらに終末の原因についての見解は、古墳研究者の間でも出されてはいたが、それを土地の占有問題として捉えた見方は斬新である。

森は、まず古墳時代終末期を整理し、古墳時代の後期と終末期を群集墳の造墓期と追葬期として捉え、横穴式石室墳という恒久的な墳墓を「群集墳型墓地」とよび、その造営がしだいに減少していくのが、六四六（大化二）年の薄葬令の時期とみた。そのうえで古墳時代の終末期以降、八、九世紀の平安京周辺の造墓と葬送の実態を文献から見いだし、考古資料から導き出した古墳のあり方を重ね合わせ、埋葬地がどのように変化していったかを克明に追っている。

八世紀中頃には地域集団が利用する埋葬地は、山城国紀伊郡では深草山、愛宕郡では神楽岡、葛野郡では宇多野といった京都盆地周辺の山地形の地域に、一郡一処的なあり方をしているとし、これを「深草山型埋葬地」とよび、この埋葬地内に古墳時代後期の群集墳を見いだし得ない点に注目している。平安京周辺ではこのほかに、各々の家の側に葬る例もあった。「家側型葬地」とよび、これは家地または付近の園地を利用したと考えられ、あまり大きな土地問題とはならなかったようだ。

この二つの埋葬型式も八世紀末から九世紀の長岡京、平安京の造営に伴う人びとの移動と関連し、埋葬地は国家の強い圧力によって京南辺の河原地形の地に移っていく。八七一（貞観十三）年には、葬地制限の太政官符が出され、紀伊郡は、上佐比里、下佐比里などに、葛野郡は荒木西里に移動したことが想定されるが、これを「佐比河原型葬地」とよんでいる。公権力の圧力によって、葬地は利用可能な地域から利用価値の薄い河原地形の狭い範囲に追われてゆく様子を示す。

また、葛井、船、津の同族三氏の墓地についての詳細な分析をおこない、地域集団ではなく有力氏族の葬地においても、次第に変化する埋葬地の姿を明らかにし、それは国家の土地制度の変革によるものと結論づける。その根拠として、六九一（持統五）年八月に、有力豪族一八氏に対して墓記の提出を命じた詔、さらにそれを二年遡る六八九（持統三）年に、一八氏のうちの采女氏が残した塋域《えいいき》碑の存在などがあげられている。

古墳の築かれた土地に焦点を当て、その変容過程を追い、古墳の終末を論じた本論文は、我が国の古代国家が、氏族制から律令制へと転換してゆく姿を、考古学の手法と文献史料を駆使し、まさに森の古代学という立場で遺憾なく論じた画期的な論文といえよう。

なお、本論考は、一九七三年に加筆・補訂されて『論集 終末期古墳』（塙書房）に収載されている。本書では、この加筆・補訂部分を『論集 終末期古墳』によった。（前園実知雄）

森 浩一 ◎もり こういち

一九二八～二〇一三年

大阪市生まれ。一九五一年同志社大学文学部英文科卒業。

一九五七年同志社大学大学院文学研究科修士課程修了。

大阪府立泉大津高校教諭、関西大学講師を経て、一九七二年同志社大学文学部教授。

一九九九年同志社大学を退職し、同大学名誉教授。

二〇一二年第二十二回南方熊楠賞受賞。二〇一三年八月六日逝去（八十五歳）

著書

『古墳の発掘』『考古学と古代日本』（中央公論社）、

『日本神話の考古学』『記紀の考古学』（朝日新聞社）、

『古代史の窓』（新潮社）、『天皇陵古墳』（大巧社）、

『古代史おさらい帖』『倭人伝を読みなおす』（筑摩書房）、

『敗者の古代史』（中経出版）など多数。

写真・画像提供
2頁　奈良県立橿原考古学研究所
74頁　図2：奈良県立橿原考古学研究所（鏡作坐天照御魂神社所蔵）
　　　図3：奈良県立橿原考古学研究所（東京国立博物館所蔵）

ブックデザイン――堀渕伸治◎tee graphics
本文組版――tee graphics
図版制作――あおく企画

森浩一著作集

第1巻　古墳時代を考える

二〇一五年八月一五日　第一版第一刷発行

著　者　森　浩一
編　者　森浩一著作集編集委員会
発行所　新泉社
東京都文京区本郷二－五－一二
電話　〇三－三八一五－一六六二
ファックス　〇三－三八一五－一四二二
印刷・製本　萩原印刷株式会社

ISBN978-4-7877-1521-0　C1321

新泉社の本

森浩一著作集

四六判上製
各巻二八〇〇円＋税

第1巻 古墳時代を考える
第2巻 和泉黄金塚古墳と銅鏡
第3巻 渡来文化と生産
第4巻 倭人伝と考古学
第5巻 天皇陵への疑惑